教育科学与人生

JIAOYU KEXUE YU RENSHENG

苏州大学教育学院、教育科学研究院 编著

苏州大学出版社
Soochow University Press

图书在版编目(CIP)数据

教育科学与人生 / 苏州大学教育学院,教育科学研究院编著. —苏州:苏州大学出版社,2015.5(2023.8 重印)
 ISBN 978-7-5672-1315-9

Ⅰ.①教… Ⅱ.①苏… ②教… Ⅲ.①教育科学-研究 Ⅳ.①G40-03

中国版本图书馆 CIP 数据核字(2015)第 112090 号

书　　名	教育科学与人生
编　　著	苏州大学教育学院、教育科学研究院
责任编辑	刘一霖
出版发行	苏州大学出版社
	(苏州市十梓街 1 号　215006)
印　　刷	广东虎彩云印刷有限公司
开　　本	700 mm×1 000 mm　1/16
印　　张	12.5
字　　数	238 千
版　　次	2015 年 5 月第 1 版
	2023 年 8 月第 4 次印刷
书　　号	ISBN 978-7-5672-1315-9
定　　价	38.00 元

苏州大学版图书若有印装错误,本社负责调换
苏州大学出版社营销部　电话:0512-67481020
苏州大学出版社网址　http://www.sudapress.com

编者的话

"教育科学与人生"是苏州大学教育学院、教育科学研究院为本院本科新生开设的一门"新生入门课",始于2010年秋季学期。

这门课程共40学时,计2学分,由本院教授共同讲授,每位参讲教授承担一讲。各讲内容主要结合参讲教授各自的研究方向,重在介绍教育科学各分支领域的基本知识和理论,展示教育科学的研究范式和思维方式,激励学生学好教育学科并上好四年大学,力求体现课程的专业性、通识性和励志性目标。

在5年的教学实践中,各位参讲教授高度重视这门课程的教学,他们结合自己的研究方向,针对教育学科本科生的特点,不断更新教学内容,不断改进教学方法。在他们的努力下,这门课程逐渐形成了自己的特色,取得了良好的教学效果,受到学生的欢迎。

"教育科学与人生"课程在5年的教学过程中,得到来自校、院领导及教学管理部门的有力支持和帮助。多位校领导亲自指导并参与本课程的教学,教育学院党委宋清华、张芸两位副书记先后为本课程的教学做了大量具体的教务工作,在此一并表示感谢!

目 录
Contents

第一讲　大学别史　周　川/1

第二讲　做学习的达人:谈大学学子学习的成功之道　刘电芝/18

第三讲　人类幸福的终极指向
　　　　——临床心理学科　黄辛隐/30

第四讲　与大学生漫谈心理健康　童辉杰/44

第五讲　教育平等的内涵与意义　许庆豫/52

第六讲　大学生:成为"操心"的"此在"　母小勇　蒲　杨/65

第七讲　如何过好四年的大学生活?　吴继霞/76

第八讲　中国教育经济学学科发展的特点与贡献　崔玉平/91

第九讲　故事里的教育　和　汇/102

第十讲　大学之大与大学人生　尹艳秋/108

第十一讲　大学生模糊容忍度与创造力关系研究　陈羿君/121

第十二讲　非正式学习与人生　赵蒙成/135

第十三讲　大学生职业素质与人生　冯成志/147

第十四讲　中国传统文化心理学与自我成长　彭彦琴/161

第十五讲　工业心理学概观　段锦云/172

第十六讲　用美的礼仪包装人格　张　明/182

第一讲　大学别史

周　川

在各种各样的社会机构中,大学算得上是最长寿的一个品种。在世界现有的大学中,最高寿的岁数已近千年,这还没有算上它们的"史前期"。莫斯科大学校长维·萨多维尼奇说:"大学在人类历史上已经存在上千年了。在这期间,很多其他教科文机构如雨后春笋般涌现,随后又昙花一现般湮灭,甚至没有在人类历史上留下一丝痕迹。"[1]唯有那些古老的大学,历经风云变幻,饱经沧桑,得以延续。

大学生是大学的重要成员。大学生既要上大学,也要识大学;为了更好地上大学,需要更真切地认识大学。本讲以大学社会职能的演变为主线,简略地描述大学发展的历史轨迹,为大学生们识大学、上大学提供参考。

一、欧洲中世纪大学

早在古希腊及古罗马时期,甚至古埃及及古印度时期,就已经出现了具有高等教育性质的活动。但是,西方独立形态的高等教育,滥觞于 12 世纪前后,其标志就是欧洲中世纪大学。

欧洲中世纪大学是当时欧洲社会和文化发展的产物。公元 11 至 13 世纪,欧洲社会显露出复苏的迹象,先是有农副业和手工业的发展,随之有商业、贸易、交通、航海诸业的兴旺,一批新兴城市开始形成。与此同时,东西方文化交流空前繁荣,经院哲学和基督教文化兴盛,新的学术思想、法律规范、医疗技术纷纷面世,以至于出现了所谓的"12 世纪文艺复兴"。欧洲早期的中世纪大学,就是在这样的社会条件之下诞生于这些新兴的城市之中的。

当时的求学青年和学者们从四面八方涌进城市,自发地进行求学与授课的活动。出于自我保护的需要,求学青年和学者们分别组成了松散的团体,

---

[1]　维·安·萨多维尼奇. 基础科学教育与大学的未来//教育部中外大学校长论坛领导小组. 中外大学校长论坛文集. 北京:中国人民大学出版社,2004:106.

前者大多按照籍贯组成"同乡会",后者则按照各自的专长组成"教授会"。后来,求学青年和学者们由于彼此的需求关系,相互靠拢,遂形成了一种比较紧密的"组合"(拉丁文为 Universitas,英语 University 即由此演化而来)。这种组合,就是中世纪大学的雏形。意大利的萨莱诺大学、波隆那大学,法国的巴黎大学,相继形成于 12 世纪前后,是最早的 3 所中世纪大学,因而被称为"母大学"。其他著名的中世纪大学还有,英国的牛津大学和剑桥大学,意大利的帕多瓦大学和那不勒斯大学,葡萄牙的里斯本大学,西班牙的帕伦西亚大学,法国的图卢兹大学和蒙彼利尔大学,等等。至 1500 年,欧洲大约已有 80 所这样的大学。

在早期中世纪大学的形成过程中,由于学生和教授各自所起的作用不同,因而出现了两种类型的大学。一种主要是以学生为主体、由学生主导组合而成的大学,称为"学生的大学",以意大利的波隆那大学为代表——从课程的设置到教师讲课费的发放等各种学校事务均由学生团体决定。另一种主要是以教授为主体、由教授主导组合而成的大学,称为"先生的大学",以法国的巴黎大学为代表——学校的一切大小事务的决定权均掌握在教授团体手中。

中世纪大学作为一种社会机构,有比较鲜明的组织特征。第一,行会性。中世纪大学最初是由求学青年和学者自发组织起来的,是一种很典型的行会组织。这种行会性,一方面体现在它的自我保护机制上,"同乡会"和"教授会",源于教学活动中求学者和学者对各自利益的维护;"组合"的产生,原因之一也是为了维护学生和教授的共同利益以免受当地人的欺负和盘剥。另一方面,行会性也体现在大学的专业性质上。中世纪大学实施的是专业教育,当时主要有四大学科专业,即文学、法学、医学、神学;"教授会"也主要按照教授的专业所长来组建。第二,自治性。自治,既是一般行会组织的共同特点,又是中世纪大学与教会势力和世俗势力斗争的结果。正是经过他们的不懈斗争,中世纪大学后来不但获得教会、王室或世俗政权的正式承认,并且还争取到许多自治特权。这些特权包括:独立的司法或宗教审判权,免除赋税和兵役权,罢教、罢课、迁校权,教职资格审定与发放权。正是凭借着这些特权,中世纪大学才能够保持高度的自治。第三,国际性。早期的中世纪大学没有任何地域的限制,学生和教授全都来自于不同的国家、民族和地区;大学本身也不隶属于某一国家或某一地区,它可以在各个地区甚至国家之间自由的迁徙,因此,它的领域是整个欧洲、整个基督教世界。

中世纪大学是比较单纯的教学机构,它以培养人才为主要的社会职能。中世纪大学在教学上也表现出鲜明的特点。在培养目标和内容上,中世纪大学实行的是专业教育。早期中世纪大学主要有四大学科:文学、法学、医学、神学。波隆那大学、萨莱诺大学、巴黎大学分别是法学、医学、神学教育的重镇。文学学科在当时具有基础学科的性质，大体相当于后来的预科，各科学生在学习各自的专业课程之前，都必须共同学习文学课程作为基础。文学课程是由古希腊的"三艺"和"四艺"发展而来的"七艺"，即文法、修辞、辩证法、算术、天文、几何、音乐。法学专业的课程分民法和教会法两类，当时的一些法典、律例是主要的教材。医学课程则以希波克拉底和盖伦等医家的医学著作为主，并且还有临床实习。神学在中世纪大学里占有至高的地位，《圣经》无疑是最重要的神学教材。中世纪大学的教学方法，主要有读课和辩论两种。读课是由教师在课堂上诵读讲义或教科书原文并加以注解（教学语言为拉丁语），学生在课堂上主要是听讲、做笔记。辩论的方法自古希腊罗马沿袭而来，有两个学生或两组学生的对辩，也有一个学生就某一问题的正反两面自问自答的独辩，这是一种有效的训练逻辑思维能力和表达能力的教学方法，但是在经院哲学的影响下，辩论法后来有繁琐化、格式化的倾向。

中世纪大学已有学位制度的雏形。学生修毕规定的专业课程且考试通过，可获"硕士"或"博士"称号。早先的"硕士""博士"并不是学位，只是代表任教资格，而且也没有程度上的差别，唯一的不同是硕士不须进行公开的考试答辩，而博士则须经此环节。至于"学士"，当时仅表示低于硕士、博士的任教候补资格，大多在学完文学课程的前"三艺"后即可授予。

中世纪的大学生是大学生的始祖。1480年德国海德堡大学的一份《学生指南》记载，一位大学生从入学到学位获得，必不可少的阶段是：到达学校，报名注册；按照当时的风俗，必不可少地受到"恶作剧的捉弄"；随后开始学习，"每天聆听三次讲座，学习唯名论，学习特伦斯的喜剧，质疑法律，学习辩论各大学的优点、食品的价格、大学镇啤酒的质量"……最后，这名学生"被他的父母告知，到了该拿学位和回家的时间了"。于是"他开始为此焦躁不安"。[1]在中世纪大学"布道里"称赞的"好学生"是，"略显苍白、顺从、恭敬、求知心切、听课认真、辩论勇敢，甚至晚间沿河边散步的时候也思考功课"的人。在《学生手册》里称赞的"好学生"，"是把他们的箴言付诸实践的人"。在大学生的家信中提到的"好学生"，不外乎总是写信人的自我标榜："全身心地学习，尽管钱有点儿不够用。"[2]

欧洲中世纪大学有其时代的局限性，诸如浓厚的宗教性质、师生的良莠不齐、教学上的繁琐低效，等等。但是，中世纪大学对世界近现代高等教育的开创之功却是举世公认的。它们是历史上最早、最有代表性的独立形态的高

---

[1] 查尔斯·霍默·哈斯金斯.大学的兴起.上海：上海人民出版社,2007:58—59,77.
[2] 同[1]。

等教育机构,为后世的大学教育确立了一种基本的组织框架,确立了大学自治和学术自由的传统基因;中世纪大学在专业与课程设置、教学方法与形式等方面积累了培养高级专门人才的经验,并且通过人才的培养和思想的求索,还"在某种程度上孕育着尔后出现的文艺复兴运动和宗教改革运动,预示资本主义黎明时期的行将到来"[1]。因而,中世纪大学被看作是所谓"黑暗的中世纪"中的一盏明灯。

二、洪堡与柏林大学

德国最早的大学诞生于 14 世纪中叶,而且不在自己的本土。总的来看,德国的大学在欧洲是个后来者,既无悠久的历史,又缺少自己的特色,长期为法、英等国所睥睨。从 17 世纪末开始,德国的大学开始改革,先是有哈勒大学,而后有哥廷根大学,在培养目标、教学内容、教学形式等方面进行了一系列的改革,令人耳目一新。但是,由于各种历史条件的限制,这些改革未能从根本上改变德国大学的面貌。

1806 年普鲁士在耶拿战争中惨败于法国,国难当头,朝野上下检讨失败的原因,高等教育遂成为众矢之的。就是在这样的危难之时,哲学家、语言学家威廉·冯·洪堡于 1808 年受命担任普鲁士教育部部长。洪堡上任之后,着手改革德国的教育体系。在高等教育方面,他总结了哈勒大学、哥廷根大学的早期改革经验,比较系统地提出了具有现代意义的大学教育新思想,发动和领导了对德国大学的一场广泛而深刻的改革,从而开创了大学教育史上的"洪堡时代"。

洪堡从新人文主义的基本思想出发,秉持"完人"教育目的观。他认为:大学作为"高等学术机构","乃是民族道德文化荟萃之所,其立身之根本在于探索深邃博大之学术,并使之用于精神和道德的教育"。"高等学术机构的特点还在于,它总是把学术视为尚未解答之问题,因而始终处于探索之中。……高等学术机构中的师生关系与中学迥然有异,教师不是为学生而设,两者都是为学术而共处。"[2]

为此,洪堡提出了大学教育的两条基本原则。一是"教学与科研相统一"的原则。针对当时德国大学因循守旧的弊端,洪堡主张,大学"务必遵守一条根本的原则,即学术是一个尚未穷尽且永远无法穷尽的问题,当锲而不舍地

---

[1] 藤大春.外国教育通史(二).济南:山东教育出版社,1989.
[2] 威廉·冯·洪堡.论柏林高等学术机构的内部和外部组织//陈洪捷.德国古典大学观及其对中国的影响.北京:北京大学出版社,2002:197—199.

探索之"[1]。因此,应该在一种"批判性、创造性的复杂思维活动"中,将教学和科研形成"一种连续发展的统一体"[2]。二是"学术自由"的原则。洪堡强调大学的自主性和独立性,学者要有思想自由和言论自由,他们可以不受任何威胁地探索真理并发表自己的意见。学术自由体现在教学过程中,就是"教学自由",即"教自由"和"学自由"[3],前者是指教师有教什么和怎样教的自由,后者是指学生有学什么和怎样学的自由。

为了实践这些全新的大学教育原则,使大学真正成为全新的大学,成为科学研究的重镇,而不单单是教学和考试的地方,洪堡于1809年创建了柏林大学。洪堡亲自为柏林大学聘请了一批当时欧洲第一流的学者,著名者如哲学家费希特(柏林大学首任校长)、化学家克拉普罗特、法学家萨维尼、神学家施莱尔马赫、语言学家沃尔夫等。目标明确,师资一流,柏林大学的改革和创新便勇往直前了。第一,柏林大学提高了哲学学科(含自然科学)的地位,不仅使哲学学科从神学中分离出来,而且使其一跃而成为大学里的核心学科,成为其他学科的基础,随之"哲学博士"也成为柏林大学最高级的学位。第二,柏林大学推广了始于哈勒大学的"习明纳尔"(研讨班),并使其制度化;同时成立各种研究所,成为与"讲座"并列的专门研究机构。"习明纳尔"和研究所,是有效促进"教学与科研统一"的一种组织形式,在这样的组织形式中,科学研究不再是一种口头的倡导,而是成为教授和学生都必须承担的一项职责。第三,由于"习明纳尔"和研究所招收许多已经修完大学主要课程的学生,以学生在导师指导下进行研究为主要学习方式,因此柏林大学开创了研究生教育的先河。第四,柏林大学孕育了自由选修制度的雏形,这所大学没有固定的课程计划和课程表,甚至没有很正规的考试。教授自由地按照自己的方式开设课程和教学,学生自由地选择教师和课程,他们各自都完全按照自己喜欢的方式在教与学。

马克思就是教学自由的一个直接受益者。1835年,青年马克思考入波恩大学法学院。他选修了九门课,由于他当时体弱多病,学习并不顺利;为寻找慰藉,他加入了特里尔同乡会,开支庞大,"账单既无层次又无结果"。无奈之下,马克思于次年秋转学柏林大学,在这所新型的大学里,他充分地利用了教学自由的便利。几年里,他只选了十二门课,即便如此,他也很少去听课;他

---

[1] 威廉·冯·洪堡.论柏林高等学术机构的内部和外部组织//陈洪捷.德国古典大学观及其对中国的影响.北京:北京大学出版社,2002:197—199.
[2] 赫尔曼·勒尔斯.经典的大学理念:洪堡构想的大学观念的起源及其意义.外国高等教育资料,1990(4):13.
[3] 伯顿·克拉克.探究的场所——现代大学的科学研究和研究生教育.杭州:浙江教育出版社,2001:21.

几乎将可能利用的时间都花在柏林的公共图书馆里,他在那里发奋阅读、自学(摘记、写诗、写小说);如果还有时间,他就在"习明纳尔"和俱乐部里与教授、同学们辩论各种学术和社会问题。尽管马克思的"生活杂乱无章",经常搬家,"在校方登记在册的居所就有7处",但是,"作为一个思想家,马克思在大学时代就已经独立地工作了。他在两个学期中所获得的大量知识,如果按照学院式的喂养方法在课堂上点点滴滴地灌输的话,就是二十个学期也学不完"[1]。

全新的柏林大学,取得了极大的成功,成为德国其他大学争相效仿的样板,从而引发了德国大学的全面改革。随之而来的结果是,德国的大学从欧洲落伍者的窘境中,势不可挡地一跃而走到欧洲乃至全世界的最前列。从19世纪上中叶起,"到德国去留学"已经成为浩浩荡荡的世界性潮流。这些留学生在德国的大学里,不仅学习了最新的学术和科学,而且还经受了洪堡思想的洗礼,体验了柏林模式的精髓。在这些留学生中,有后来成为牛津大学副校长的普雷费尔,有后来成为美国哈佛大学校长的艾利奥特、密歇根大学校长的塔潘、霍普金斯大学校长的吉尔曼、克拉克大学校长的霍尔、康乃尔大学校长的亚当斯、哥伦比亚大学校长的巴纳德,也有后来成为日本东京大学校长的加藤弘之,还有后来成为中国北京大学校长的蔡元培、广西大学校长的马君武、中山大学校长的朱家骅……正是靠着这些留学生,洪堡思想和柏林大学模式迅速越过德国的国界,被传播移植到欧、美及东方大多数国家,并且在新的土壤里生根、开花、结果。从此,世界的大学教育进入了一个新的纪元:"发展科学"被确立为大学的第二项社会职能,"科学研究"成为大学的第二项重要工作。

三、从州立大学到巨型大学

从17世纪上半叶起,早期移民到北美的欧洲清教徒们,借鉴各宗主国的大学模式,在新大陆相继开办了哈佛学院、威廉—玛丽学院、耶鲁学院、金斯学院、达特茅斯学院等高等院校,初步满足了新移民们对高等教育的需求。然而,这些不满足于现状、敢于冒险和开拓的新移民们,并未就此止步,他们很快又开创了北美大学教育发展的新征程。

1776年美国建国,根据州管教育的宪法原则,州立大学就成为美国高等教育的第一个创举。第一所真正的州立大学是弗吉尼亚大学,创办于1819年,1825年正式开学。作为一所州立大学,其前所未有的特点主要是:校董事

---

[1] 弗·梅林. 马克思传. 北京:人民出版社,1965:18.

会由州长任命,校务受州立法机关控制,经费由州政府提供,增设与本州社会经济有关的应用专业和课程,实行分类选修。此外,弗吉尼亚大学不设神学讲座,不允许教会人员担任校董,并且为贫穷学生设立州奖学金。所有这些新特点,无不集中地体现了"美国高等教育所具有的革命性的启蒙运动精神"。紧随弗吉尼亚大学之后,密执安州立大学、俄亥俄州立大学、亚拉巴马州立大学等也都相继面世。州立大学超越了古典大学的象牙之塔,以其面向本州经济社会发展实际的办学取向,公平、适应、灵活的办学体制,显示出生机勃勃的活力,取得了显著的社会效益,同时也在古典院校一统天下的高等教育界独树一帜,甚至还影响到那些私立的古典大学。19世纪20年代中期,哈佛大学就曾经以弗吉尼亚大学等校为榜样,进行过增设应用型专业、实行选修制的课程与教学改革。

与州立大学相呼应的是"赠地学院"。19世纪中叶,美国的工农业生产迅猛发展,对实用技术人才提出了广泛而迫切的需求。1861年,国会通过了著名的"莫利尔法案",该法案规定:联邦政府以赠送土地的办法,资助每州至少建立一所从事农业和机械工艺教育的农工学院,即史称的"赠地学院"。"莫利尔法案"翌年由林肯总统签署生效后,大批赠地学院应运而生。赠地学院扩大了美国高等教育的规模,满足了美国工农业发展和人口激增对高等教育的需要;拓展了高等院校的社会职能,表明了高等学校为当地经济社会发展服务的可能性和必要性。后来的康乃尔大学、威斯康星大学、俄亥俄大学都是赠地学院出身,都是由赠地学院演变而成的。甚至连著名的研究型大学麻省理工学院,也部分具有赠地学院的血统。

威斯康星大学是由赠地学院发展而成的一所州立大学。1904年,查理斯·范海斯出任威斯康星大学校长。范海斯在总结威斯康星大学办学经验的基础上提出,高等学校的基本任务应包括:① 把学生培养成有知识、能工作的公民;② 进行科学研究,发展科学与文化;③ 把知识传播给广大民众,直接为全州社会与经济服务。范海斯特别强调了第三项任务的重要性,这样就在培养人才和发展科学职能的基础上,明确了高等学校的第三项职能,即直接为地方经济社会服务的职能。1912年,威斯康星州公共图书馆管理员查尔斯·麦卡锡在其题为《威斯康星思想》的著作中,首次提出了"威斯康星思想"一词,以此概括范海斯的办学思想和实践。[1] 从此,"威斯康星思想"遂成为高等学校三大职能确立的标志,被载入了高等教育发展的史册。

社会服务职能确立以后,美国大学教育发生了多方面的变化。比如在大学的课程方面,20世纪30年代哥伦比亚大学的一名学生,"既可以按一种严

---

[1] 王廷芳.美国高等教育史.福州:福建教育出版社,1995:140.

肃的方式学习严肃的学科",也可以通过学习"广告原理""广告文字说明写作""广告版面设计""广告研究""实用家禽饲养""秘书簿记""商业英语""初级速记""新闻实践""新闻报道和文字编辑""特写写作""书评写作"及"摔跤、角斗与自卫"等课程,达到取得学士学位的要求。在威斯康星大学,计入文学士学位课程的有"新闻报道""编辑技巧""零售广告"和"社区新闻"等课程,计入理学士学位课程的有"护理术""药店实习""急救术""社区娱乐""运动学""初级服装设计"和"教练守则",等等。[1]

随着"威斯康星思想"的广泛传播和三大社会职能的全面履行,美国的高等院校进一步向上下两端分层发展。向上端,1876 年创办的霍普金斯大学具有标志性意义。霍普金斯大学首任校长丹尼尔·吉尔曼早年曾留学于柏林大学。在长达 25 年的校长任期内,吉尔曼始终把研究生教育放在首位,设立研究生院,从而将大学的第二项社会职能进一步制度化、组织化、规范化。霍普金斯大学在研究生教育和科学研究方面取得了堪称辉煌的办学成就,因而被誉为"设于巴尔迪摩的柏林大学",也成为美国"研究型大学"的原型。向下端,美国在 19 世纪末发展出大批的二年制初级学院,后来又出现大批社区学院。这些学院具有广泛的社会适应性,接地气,重实用,成本低,见效快,成为美国高等教育的一大特色。总的来看,美国在 20 世纪初叶基本完成了现代高等学校体系的建构。在这个体系中,层次上从二年制的初级学院、社区学院,到本科学院,再到研究生院,性质上有私立大学、州立大学、市立大学、社区院校,类型上有侧重教学的本科文理学院和侧重科学研究的研究型大学,形式多样,各行其道,高等学校的三大社会职能都得到充分的实现,美国也因此成为世界高等教育的最强国。

"二战"结束以后,世界高等教育入学人数急剧扩张,美国更是率先进入到马丁·特罗所定义的"大众化高等教育"阶段[2]。入学人数的增长导致大学规模的急剧膨胀,其中尤以追求公平和平等的公立大学为甚,以致加州大学校长克拉克·克尔认为,中世纪出现的"University"一词已经不足以表示现代大学这个庞然大物。因此,他在 1963 年创造了一个新词"Multiversity",用以标示所谓的"多元化巨型大学"[3]。克拉克·克尔是一名经济学家,曾任教于华盛顿大学,1952 年任加州大学伯克利分校校长,1958 年至 1966 年接任加州大学总校校长。当时的加州大学,堪称美国州立大学的巨无霸,共有 9 个校区或称分校,其中著名的有伯克利分校、洛杉矶分校、圣巴巴拉分校等。克

---

[1] 亚伯拉罕·弗莱克斯纳. 现代大学论——美英德大学研究. 杭州:浙江教育出版社,2001:44,49.
[2] M. 特罗. 从精英向大众高等教育转变中的问题. 外国高等教育资料,1999(1):1.
[3] Clark Kerr. 大学的功用. 南昌:江西教育出版社,1993:2,13.

尔身为这所典型的"多元化巨型大学"的总校长,对学校规模之庞大、职能之多样、结构之复杂、事务之繁琐,自然会有着深切的体会和独到的见解。他认为,"多元化巨型大学是一个不固定、统一的机构。它不是一个社群,而是若干个社群——本科生社群和研究生社群,人文主义者社群、社会科学家社群与自然科学家社群,专业学院社群,一切非学术人员社群,管理者社群。多元化巨型大学的界限很模糊,它延伸开来,牵涉到历届校友、议员、农场主、实业家——而他们又同这些内部的一个或多个社群相关"。克尔比喻道,如果说中世纪古典大学是一个"僧侣的村庄",洪堡模式的"现代大学"是"一座由知识分子垄断的城镇",那么"多元化巨型大学"则是一座"充满无穷变化的大都市"。[1] 因此,"多元化巨型大学"的管理,既不能用古代的行会方式,也不能用后来的研究所方式,而只能采取"联合国的形式"。

　　克尔认为,"多元化巨型大学对学生来说是一个混乱的地方",因为在那里,学生"既遇到种种机会,又处于进退两难的自由境地",还有衣食住行和安全等问题。在"多元化巨型大学"时代,大学生的入学动机不同,因而学生的类别也显多样。牛津大学副校长阿什比引用美国伯顿·克拉克等人的研究,描绘了20世纪60年代美国几种类型的大学生。"第一类学生,他们上大学的主要目的是为了参加社会活动和体育活动,对学术生活并无兴趣。""第二类学生,他们上大学的唯一目的是混取就业的资格。在他们看来,出售知识的大学并不比出售咖啡的超级市场更有兴趣。'学者'一词对他们是毫无意义的,他们对大学也没有什么感情,仅仅是为了购买文凭而来。""还有两类学生,一类是专心致志于学术的青年,他们上大学所希求的正是大学所应完成的目的,他们忠于大学的传统,并深感大学的不完善。……他们热心地关切学校的校务和威望。"另一类是"造反派。这类学生深切关怀政治问题和思想问题,具有热烈而沸腾的社会良心,对校外的问题具有浓厚兴趣。他们自炫不干预校务,但他们那由于激烈反对常规而形成的抗上态度,结果仍不免插手干预"。阿什比对后两类大学生显然是赞赏有加的,"专心向学的学术派和造反派两类学生,对三位一体的大学组合都是有作用的。'学者'一词对他们来讲,也是富有现实意义的"[2]。在高等教育大众化和"多元化巨型大学"的时代,大学生类型的多样化是一个必然的趋势。

---

[1] Clark Kerr. 大学的功用. 南昌:江西教育出版社,1993:2,13.
[2] 阿什比. 科技发达时代的大学教育. 北京:人民教育出版社,1983:66—67.

四、中国近现代大学

19世纪中叶,当沉重的国门被西方列强的坚船利炮轰塌,古老的帝国便一步步沦为半殖民地半封建社会。中国近现代意义上的大学,正是出生在这样一个内忧外患的历史时期,走过了将近一个世纪艰难曲折而又极其独特的发展道路。

从19世纪60年代开始,清廷中的洋务派在"师夷长技以制夷"的旗号下兴办了一批洋务学校,如京师同文馆、福建船政学堂、江南制造局工艺学堂。这些洋务学校,"中学为体,西学为用",主要培养外语人才和技术人才,可以看作是中国近现代大学的前身,是中国近现代高等教育的最初尝试。

19世纪末,维新运动兴起,进而引发了1898年的"戊戌变法"。正是在维新运动的推动下,独立形态的近现代大学开始萌芽。1895年创设于天津的中西学堂(北洋大学堂)、1896年创设于上海的南洋公学(交通大学),是其中最早的两所。创办于1898年的京师大学堂,是"戊戌变法"的直接成果。京师大学堂初设仕学、师范二馆,后分设经学、政法、文学、医学、格致、农、工、商等八科,并在科下设门,分科分门进行教学。随后,在20世纪初的清末"新政"中,书院改学堂,又涌现出一批由书院改制而成的大学堂,如山西大学堂、河南大学堂、江苏苏州大学堂等。

1912年,民国肇始,革故鼎新,"大学堂"遂改称"大学"。同年,民国教育部颁布《大学令》,这是中国历史上第一个关于大学的专门法规。《大学令》规定,"大学以教授高深学术、养成硕学闳材、应国家需要为宗旨";同时还规定:"大学分为文、理、法、商、医、农、工七科,并以文理二科为主。"[1] 名称虽然已改,但是旧学堂的积习仍然积重难返。真正对旧教育进行改造的历史重任落在了北京大学校长蔡元培的肩上。

蔡元培是中国近现代著名思想家、教育家,早年中进士,授职翰林院编修,后加入同盟会,曾任民国政府首任教育总长。蔡元培曾在德国莱比锡大学和柏林大学游学,对洪堡的大学思想心领神会,他认定大学是"研究高深学问"的机关,"为最高文化中心"[2],主张办大学要"仿世界各国通例,循'思想自由'原则,取兼容并包主义"。1916年底,蔡元培自欧归来,出任北京大学校长。当时的北京大学,由北洋政府管辖,校政动荡,风气萎靡,学生仍多为八旗子弟,教师则不乏前朝遗老。蔡元培到任后,借鉴柏林大学的经验,在北京

---

[1] 宋恩荣.中华民国教育法规选编.南京:江苏教育出版社,1990:402.
[2] 高平叔.蔡元培教育论集.长沙:湖南教育出版社,1987:207,231.

大学进行了一场轰轰烈烈的改革。首先他从更新教授队伍入手,一边辞退少数滥竽充数者,一边广延"终身研究学问者为师"。在他的网罗下,一批第一流的学者相继来校任教,文科如陈独秀、李大钊、胡适、钱玄同、刘半农、沈尹默,法科如陶孟和、马寅初、周鲠生,理科如翁文灏、颜任光、李四光、王抚五。师资队伍吐故纳新,为改革奠定了坚实的基础。蔡元培对北大的改革,主要有三个方面。一是"囊括大典、兼容并包",倡行"学术自由"。蔡元培认为:"无论为何种学派,苟其言之成理,持之有故,尚不达自然淘汰之命运者,虽彼此相反,而悉听其自由发展。"[1]在他的推动下,北大学术自由风气大开,各种主义、各种学说层出不穷争奇斗艳,学校一时也成为思想自由的大本营。这在客观上为北大传播马克思主义思想、成为"五四"运动的发源地提供了土壤。二是建立以"学"为本的新学科体系。他将应用型的工、商等科从北大分出并入他校,突出文理二科,以学为本;改革教学制度,撤销各科界限,废门为系,实行选科制;设立各种研究所、学会,倡导科学研究。三是建立教授治校的民主管理体制。他于1917年在北大主持设立了评议会。评议会由各科学长和推举出来的教授组成,是全校最高立法机关和权力机关,采用民主协商和投票表决的方式决定学校各项重大事项。除此之外,还设立行政会议,作为学校最高行政机关,负责实施评议会的各项决定。行政会议之下设专门职能委员会多个,均由教授主持,分管相应的具体事务。在蔡元培的主导下,北京大学经过这场改革,终于脱胎换骨,从一个充塞了封建积习的"衙门加茶馆"式旧学堂,一变而成为一所富有新兴资产阶级性质的新型学府,成为中国近现代大学的样板。

南京国民政府成立后,于1929年颁布《大学组织法》,初步形成了比较完整的大学体系。在这个体系中,有公立大学和私立大学两类;公立大学则分为国立、省立、市立。当时著名的国立大学有中央大学、中山大学、武汉大学、北京大学、清华大学、浙江大学、暨南大学、交通大学、四川大学、山东大学等十多所;比较著名的省立大学有东北大学、东陆大学、广西大学、河南大学、安徽大学;比较著名的私立大学有南开大学、复旦大学、厦门大学等。在近代中国,还有多所外国教会开办的教会大学,因教会的私法人性质,因此教会大学也属私立大学的范畴。当时著名的教会大学有燕京大学、圣约翰大学、金陵大学、东吴大学、之江大学、齐鲁大学、辅仁大学等。

抗战爆发,烽火连天,中国的大学开始了史无前例的大迁徙,北京大学、清华大学、南开大学三校西迁昆明,组成西南联合大学;北平大学、北京师大、北洋工学院迁陕南,组成西北联合大学;浙江大学先后辗转于建德、吉安、宜

---

[1] 高平叔.蔡元培教育论集.长沙:湖南教育出版社,1987:207,231.

山,终至贵州遵义和湄潭;同济大学辗转于金华、赣州、贺县、昆明,最后迁至四川李庄……迁校之路,战火纷飞,颠沛流离;偏隅一方,也是居无定所,饥寒交迫,艰苦卓绝。然而,在那样的艰难困苦之中,师生们"同艰难、尽箎吹",修业乐道,弦歌不辍,取得了骄人的办学业绩。

抗战胜利,举国欢腾,各大学纷纷复员。1947年秋,时任北京大学校长的胡适,发表了雄心勃勃的《争取学术独立的十年计划》一文。胡适提议:"中国此时应该有一个大学教育的十年计划,在十年之内,集中国家的最大力量,培植五个到十个成绩最好的大学,使他们尽力发展他们的研究工作,使他们成为第一流的学术中心,使他们成为国家学术独立的根据地。"[1]然而,战事再起,国民党政权风雨飘摇,胡适的宏伟计划最终胎死腹中,这是历史的宿命。

五、当代中国大学的发展

1949年中华人民共和国成立,中国的大学进入到一个新的历史时期。六十多年来,中华人民共和国大学教育主要经历了三个主要的发展阶段。

第一个阶段的主题是院系调整。为了适应政治、经济的需要,从1952年开始,仿照苏联高等教育的模式,全国自上而下进行了大规模的院系调整。调整的主要措施是:将大学中的工、农、医、师、商、法等科系分离出来,单独或以"合并同类项"的方式新建独立的专门学院;将私立大学全部改为公办;取消教会大学;组建以文理二科为主的综合性大学;取消大学里的学院建制,在学系之下开始设置"专业";根据实际需要,将这些经过调整的大学和学院重新分布于各地。经过这次院系调整,初步确立了中华人民共和国的高等学校体系,明确了各类高等学校的性质与分工;形成了中央直属高校、行业部委高校和地方高校的条块格局,将高等教育纳入到国民经济计划之中,实行严格的计划管理体制;形成了对应于具体部门和产品的专业教育模式,直接服务于国家政治、经济所需要的各类专才。值得一提的是,与院系调整相应,1954年开始了"重点高等学校"的建设,当时确定了中国人民大学、北京大学、清华大学、哈尔滨工业大学、北京农业大学、北京医学院六校为全国重点高校。

第二个阶段的主题是"教育革命"。从20世纪50年代中后期开始,随着"教育必须为无产阶级政治服务,必须与生产劳动相结合"方针的确立,大学教育随着政治运动的波涛而急剧起伏。在1957年的"反右"运动中,众多大学师生因言获罪,被划为"右派",打入另册。随后又开展了所谓的"拔白旗、插红旗"运动和"红专辩论",一批专家教授及其学说受到蛮横的批判,社会

---

[1] 柳芳.胡适教育文选.北京:开明出版社,1992:210.

学、心理学、遗传学等学科被当作"白旗"连根拔掉,大学教育的正常秩序受到严重的干扰。但是,在"教育革命"的主题之下,此间的大学教育也在艰难曲折之中得到一定的整顿和发展。一是1958年创办隶属于中国科学院的中国科学技术大学,该校根据国家科技发展需要,将基础理科和高新工科结合办学,独树一帜。二是1961年颁布了《教育部直属高等学校暂行工作条例(草案)》,在全国高等学校试行,对早几年出现的高等教育乱象进行了一定程度的整顿和纠正。三是"重点高校"建设继续得以推进,1961年"全国重点高校"扩至61所[1],对提高教育质量起到积极的作用。然而,这些整顿和发展的举措,效果并不长久,它们很快就淹没在接踵而至的"文化大革命"巨浪之中。十年"文革",对中国大学来说,是一场创巨痛深的灾难,大学成为"革命"的对象,成为"造反"的战场,因而也就校不成校、学不成学了。

第三个阶段的主题是"改革与发展"。1976年10月,"文革"终于戛然而止。从"文革"灾难中解脱出来的中国大学,千疮百孔,百废待兴。不久,在滚滚而来的改革开放大潮中,中国的大学教育也驶入改革与发展的快车道。

1977年,全国统一高考制度恢复,20余万经过高考录取的大学生于次年早春跨进一息尚存的大学。这对于高等教育的拨乱反正、正本清源,形成尊重知识、尊重人才的社会风气,起到了关键的作用。

1980年《中华人民共和国学位条例》颁行,我国大学首次建立了学士、硕士、博士三个学位层次,研究生教育随即迅速发展。

1985年《中共中央关于教育体制改革的决定》颁布,高等教育各项改革逐步推进。例如,改革高等学校招生制度,将原来单一的国家计划招生,改为国家计划招生和委托生、定向生、自费生相结合的新招生体制;改革毕业生分配制度,由国家包分配改为不包分配,由学校向用人单位推荐录用;在高校领导体制上,全国约有200所高校试行了校长负责制。

1993年《中国教育改革和发展纲要》出台,新一轮"院系调整"兴起,相关院校就近合并组建综合性大学。例如,江西大学、江西工学院合并组建南昌大学,扬州师范学院、江苏农学院、扬州医学院、扬州工学院等九校合并组建扬州大学,杭州大学、浙江农业大学、浙江医科大学与浙江大学合并,苏州丝绸工学院、苏州蚕桑专科学校、苏州医学院先后并入或合并于苏州大学,等等,都是有典型意义的并校案例。按照《纲要》部署,1993年启动"211工程",即面向21世纪重点建设100所左右的高等学校和一批重点学科,至2012年,全国共有110多所大学入选"211工程"。按照《纲要》部署,改变条块分割的

---

[1]《中国教育年鉴》编辑部.中国教育年鉴(1949—1981).北京:中国大百科全书出版社,1984:331.

高校隶属关系,将国务院各行业部委所属大部分高校划转到教育部或地方;同时改革高等教育投资体制,多种渠道筹措高等教育经费;进一步改革招生就业制度,1997年全面实行普通高等学校学生缴费上学,毕业生通过与用人单位的"双向选择"自主择业;实行高校后勤社会化。

1998年全国人民代表大会常务委员会通过了《中华人民共和国高等教育法》,这是我国第一部高等教育法,具有里程碑的意义。

1999年,《面向21世纪教育振兴行动计划》发布,以"985工程"为名的"世界一流大学"建设工程首先在北京大学、清华大学两校启动,先后共有39所著名大学列入工程建设。

在国家统一安排下,高等学校从1999年开始逐年扩招;2003年底,全国各类高等教育在校生总数达到1900多万人,高等教育毛入学率升至17%[1],我国自此迈入了"大众化高等教育"阶段。

2010年《国家中长期教育改革和发展规划纲要(2010—2020)》颁布。《纲要》进一步强调了"现代大学制度"的命题,提出要"完善中国特色现代大学制度,完善治理结构"。有关"现代大学制度"的各种改革开始在有关大学试点,目前仍在探索的过程之中。

经过30多年的改革与发展,我国的高等教育如今已形成巨大的规模、完整的体系和自身的特色。至2013年底,我国各类高等教育在学总规模达到3460万人,高等教育毛入学率达到34.5%。全国共有高等学校2788所,其中普通高校2491所(含独立学院292所),普通高校在校生达到2468万余人;全国共有研究生培养单位830个,其中高等学校548个,当年全国共招收研究生61万余人,其中博士生7万余人,硕士生54万余人,在学研究生达179.4万人。另外,全国还有民办高等学校718所,在校生557万余人[2]。今日中国的高等教育,已经迈过了大众化的门槛,正在朝着普及化的方向迅跑。今日中国的大学,大多具备了"多元化巨型大学"的特征,并且为建立"现代大学制度"而进行着艰难的探索,任重而道远。

六、大学与大学生

大学当然首先是教师的。梅贻琦曾有名言:"大学者,非谓有大楼之谓也,有大师之谓也。"[3] 1952年,艾森豪威尔将军出任哥伦比亚大学校长,在

---

[1] 教育部.2003年全国教育事业发展统计公报.中国教育报,2004-5-27.
[2] 教育部.2013年全国教育事业发展统计公报.中国教育报,2014-7-5.
[3] 刘述礼,黄延复.梅贻琦教育论著选.北京:人民教育出版社,1993:10.

欢迎会上,他致辞称教授为"雇员",当即有教授站出来反驳他:"教授们不是哥伦比亚大学的雇员,教授们就是哥伦比亚大学。"[1]然而,这只是问题的一方面,大学同时也是大学生的。哈佛大学本科生学院院长罗索夫斯基就承认,"大学生是宣称对大学拥有所有权的另一个重要群体",因为大学生被看作"是大学得以存在的'缘由'。大学是学校,如果没有学生,学术成就就终归会枯萎"[2]。最近几十年来,中国大学在高速扩展的过程中,对学生重要性的认识是不足的。好在这种状况最近有所扭转,如《国家中长期教育改革和发展规划纲要(2010—2020)》明确要求:"牢固确立人才培养在高校工作中的中心地位。"又如清华大学校长陈吉宁指出:"大学不仅是传授知识和技能的场所,更是培养人的思想、情感、意志、品质之所在,是铸造灵魂的地方。大学的根本不在'大',而在'学'——在于以学生为本、学者为先、学术为基、学风为要。"[3]东北大学校长丁烈云说:"面对未来,我有三个期待,第一是期待大学能真正营造出关爱学生、尊重学生、尊重学者、崇尚学术的软环境,建设学生的大学、学者的大学、学术的大学。第二是将立德树人作为教育的根本任务,希望我们培养的学生都成人成才,成为人格高尚、能力完备、精神充实的人。第三是我们要建成世界一流大学,培养一流的学生、拥有一流的师资、产出一流的成果。"[4]

我们所处的时代,是一个日新月异、变动不安的时代;我们所处的社会,是一个剧烈转型、躁动不安的社会。随着高等教育进入大众化、普及化阶段,大学也越来越多样,越来越多元,越来越多层,既有不断膨胀的"巨型大学",也有以小为荣的"微型大学";既有教学型大学,也有研究型大学,还有所谓教学—研究型、研究—教学型大学;既有象牙塔式的大学,也有知识工厂式的大学,还有超级市场式的大学,或者既是象牙塔又是知识工厂和超级市场式的大学,千姿百态,各领风骚。处在这样的时代,这样的社会,这样的高等教育阶段,就大学生而言,生源越来越多样化,就学动机越来越多样化,就学方式越来越多样化,毕业出路越来越多样化。大学生们面临着越来越多的选择,越来越多的挑战,还有越来越多的诱惑。但是,无论选择如何多样、挑战如何严峻、诱惑如何刺激,任何成功的大学生活,四年左右最美好的时光,依然离不开一条主线,那就是:学习、研究、活动。

学习是大学生的主要任务。学习动机和方式可以因人而异,但是学习成

---

[1] 程星.细读美国大学.北京:商务印书馆,2006:66.
[2] 罗索夫斯基.美国校园文化——学生·教授·管理.济南:山东人民出版社,1996:5.
[3] 清华大学新任校长陈吉宁指出:大学的根本不在"大"而在"学".文摘报,2012-2-23.
[4] 毕玉才.丁列云委员:建设学生的大学、学者的大学、学术的大学.光明日报,2013-3-3.

绩和效果有一条亘古不变的铁律："多一分耕耘,多一分收获。"不少人以比尔·盖茨早早从哈佛退学因而开创了微软为例,以图说明大学课程不重要,如果我们信以为真,那就大错特错了。比尔·盖茨曾谆谆告诫大学生们"功课很重要",他说:"我在大学时期选取了各式各样不同的课程,而在那三年的时光里,我只修了一门有关电脑的课程。事实上,我对任何一种课业都很感兴趣。……大学教育为我们提供了最好的机会学习宽广的课业范畴,同时也让我们有机会与别的同学一起完成课业,让我们有第一手的经验了解团队合作所能达到的力量。"[1]

许多大学生可能都面临着一个共同的困惑:"所学非所爱。"这种困惑主要源于当前我国高校的专业体制和教育方式,因此,根本出路在于专业体制和教育方式的实质性改革。然而,即便在目前的体制下,除了极少数特例外,大多数"所学非所爱"的矛盾还是可以通过学生自身的努力来解决,至少是可以缓解的。许多"所学非所爱"的情况,一方面源自这些同学并未发现自己真正的"所爱",因此每每反复出现"这山看着那山高"的失落;另一方面源自这些同学尚未深入"所学",浅尝辄止,根本不能领略其"所爱"。"学之深"才能"爱之切",任何枯燥的课业,只要学习者深入到足够的程度,就一定能发现其中的"所爱"。在这种情况下,应取的对策应该是既来之则安之,硬着头皮坚持下去,曲径通幽、柳暗花明的境界迟早会出现。更何况,任何地方的大学,谁都不能保证"所学"一定全是"所爱"。能够将非自己所爱的知识也学好,这也是一种能力。

大学学习的重要特征,不仅要听课、读书、考试,还要做研究,做货真价实的研究。大学生的研究,既是学习的方式之一,又是创新的必由之路。通过研究进行学习,能大大地激发学习兴趣及热情,增强学习的主动性和目的性,提高学习的效果,一如当年洪堡、蔡元培将科学研究引入大学从而使大学面貌一新那样,将研究引入学习过程也势必将艰苦的学习过程提升到一个新的境界。大学生大多思维活跃,已具备一定的知识基础,并且时时能得到术业有专攻的老师的指导,既有可能也有条件从事货真价实的科学研究。大学学习过程,不仅是一个输入的过程,也应该是一个输出的过程。许多著名的科学家、学者,都是在大学期间就通过研究取得重要成果,例如,达尔文发现昆虫新种,闵可夫斯基解出"一数表成五个平方数之和",玻尔发表《用液流振动法测定水的表面张力》,顾颉刚撰著《清代著述考》,曹禺创作《雷雨》,等等。

"University"曾经被人戏译为"由你玩四年"。如果我们不是从消极的意义上去理解"玩",而是从积极的意义上把它理解为"活动"或是"交往"的话,

---

[1] 比尔·盖茨的忠告:功课很重要. 光明日报,1999-1-20.

那么,大学确实是个好"玩"的地方——那么多充满青春活力且智商不低的青年人聚集生活的地方,怎能不好"玩"！大学是处于最佳期的人的一个最佳的活动场所。大学校园的一个显著特点,就是几乎天天都不缺活动,从学术活动、政治活动、勤工俭学活动,到体育活动、文艺活动、交际活动、郊游活动、聚餐活动;从社会服务活动,到自我服务活动;从有组织的活动,到自发的活动;从社团的活动,到个体的活动,甚至还有一些别出心裁的活动……大学生参加活动的过程,实质上也是一个学习的过程,一个社会化的过程,一个将所学知识应用于实践的过程;通过活动,有助于提高自己的社会适应能力,增长自己的社会才干,从而使自己的综合素质和聪明才智得到更全面的提升。

大学生是大学中人,是大学的重要组成部分;没有大学生,也就没有大学。大学近千年的历史,部分也是大学生创造的,或者说是大学生参与创造的。如今,处于高等教育大众化阶段的中国大学生,肩负着新的历史使命,他们也正以学习、研究、活动的成绩,参与创造着中国大学乃至世界大学的新历史。

拓展阅读书目：

1. Clark Kerr. 大学的功用. 陈学飞等,译. 南昌:江西教育出版社,1993.
2. 周川,黄旭等. 百年之功——中国近代大学校长的教育家精神. 福州:福建教育出版社,2005.

第二讲 做学习的达人：谈大学学子学习的成功之道

刘电芝

人生路漫长，但最紧要的路只有几步。这几步，就决定着你人生的发展。如何在大学中快速成长，如何愉快地、最大收获地度过大学时光，这是每一个大学学子一进校就应该思考的问题。

美国哈佛大学曾经有位校长发现了一个有趣的也是很有普适性的现象：哈佛大学的学生进校时都是很优秀的，但出校的时候发生了明显的分化。在我国每个大学都有这种现象：刚进校时同班同学成绩相差不大，毕业时却相差甚远。为什么？是什么原因导致的？对这一问题感兴趣的哈佛大学校长委托了一个统计学教授进行研究。综合该教授研究得到的结论及已有的一些研究，将如何在大学里收获更多的一些有效途径总结如下：

一、窗内学习与窗外学习同等重要

出现差异的原因之一：成功的学生不仅重视课堂的学习，也同样重视课外的学习；不仅充分消化课内的知识，还通过各种课外途径获得补充。来源于不同途径、不同层次的知识有助于对课内知识的全方位理解与消化，使课内获得的知识能不断拓展与深化。而不那么优秀的学生仅限于课堂内的学习，局限于老师的讲解与教材的学习，从而狭化了视域，妨碍了对知识理解的宽度与深度。

大学图书馆与专业化的资料室提供了丰富的学习资源。同时，大学里举行的不同专业讲座，也为窗外学习提供了多种途径。因此，作为一个大学生，要善于利用大学里的各种资源，吸取多方营养充实自己的头脑。一个留美学生这样描述美国高中生的学习："在美国十一年级是最繁忙的一年，很多美国高中生在这一年修完了高中毕业所要求的所有课程，大多数学生在这个年级还要考完SAT和ACT考试（两个都是美国大学录取考生的标准化考试），同时,还要参加各种课外活动。美国很多十一年级的孩子,夜里要忙到两三点才能睡觉。"一个美国学生曾经针对"中国学生累"这样说:"都说中国学生累,其实他们只忙学习这一件事,不算什么,我们要从课内忙到课外。"可见美国学生再忙也不会丢掉课外的活动。

二、专与宽同等重要

出现差异的原因之二:不那么优秀的学生只重视专业学习,忽略邻近学科和其他学科的学习。而成功的学生在保质保量完成课堂学习的基础上,大量涉猎相关学科知识,通过图书馆、各种讲座进行学习,为自己的成长打下了宽基础,也为创造性学习创造了条件。而不那么优秀的学生只重视课堂、书本的学习,忽略了临近学科的学习,知识面狭隘。知识面的狭窄不仅妨碍专业知识的理解与深化,还极大阻碍创造性思维的发展。因为创造性的产生往往取决于触类旁通。有心理学家就主张"创造就是建立遥远的联想"。心理学家 Mednick 在创造力测验中专门发展了远距离联想测验[1](Remote Associates Test, RAT)以检测人的创造力。如牛顿发现"苹果落地"与"月亮绕地球旋转"这两个表面互不相关的事实之间的内在联系就是建立了遥远的联想。又如"无线电"与"传统电话机"的遥远连接就形成了无线电话机。可见,要"建立遥远的联想"、产生触类旁通的创造性思维,首先需要有广阔的知识基础。知识面越宽,才越有可能建立遥远的联想。

三、主动与老师交流的同学获得更多

出现差异的原因之三:主动与老师沟通、交流的同学得到的指导多、锻炼的机会多,这样的学生更容易成功,反之亦然。

一个老师上课面向几十个学生,不可能对每个同学进行同样的关照。而那些主动与老师交流与沟通的同学,自然而然会得到更多的来自老师方面的帮助与支持。

为了获得更多的指导,建议同学们在学习的过程中,应该:① 主动与老师交流自己的想法、心得;② 主动向老师争取任务,获得指导;③ 在完成任务过程中主动向老师汇报,特别是遇到困难,更要汇报,寻求帮助。

---

[1] 王烨,余荣军,周晓林. 创造性研究的有效工具——远距离联想测验(RAT). 心理科学进展. 2005,13(6):734—738.

四、喜欢与同伴讨论的同学收获更大

出现差异的原因之四:成功学生喜欢与同伴讨论,并善于与同伴合作。讨论是激发思维的最好方式,讨论可以相互取长补短,更重要的是可以碰撞出火花,得到许多出其不意的结果。

讨论不仅仅是与专家讨论,凡是对某一问题感兴趣的同伴都可以作为讨论的对象。同学是每个人最丰富的讨论资源,随时可以作为讨论的对象。关键是我们是否有这个意识,是否能充分利用这个最方便的资源。作为大学生来说,不缺讨论的资源,重要的是要培养讨论的意识,并培养合作的精神与技巧。

在讨论合作中有哪些技巧呢?第一,要善于倾听同伴的意见,在同伴还未表达完某一意思前,不要随意打断,要学会尊重同伴。第二,既然是讨论就要有互动,就需要全身心投入,认真思考同伴的发言,积极发表自己的意见。第三,发表自己的意见时,不能轻易说"一定""完全"等这样绝对性的词汇,避免给人武断的印象。第四,在提出不同意见时,不能"气势汹汹",横加指责,而要以理服人,语气委婉。

五、善于观察学习的同学成长更快

出现差异的原因之五:成功的学生把一切时机都当作学习的机会,善于日常学习,善于观察学习。即善于将日常看到的、听到的甚至触摸到的都当成学习的机会。如果能充分利用零星学习、日常学习,就可以大大地扩大我们学习的范围和途径。

观察学习理论由美国著名心理学家艾伯特·班杜拉(Albert Bandura)提出,该理论也称为社会学习理论[1]。观察学习指人们仅仅通过观察别人(榜样)的行为就能学会某种行为,又称替代学习、模仿学习或者间接学习。观察学习通过观察他人,产生一种感同身受的感觉,从而获得学习。

如何进行观察学习?班杜拉认为来自三个方面:

一是来自活的榜样。活生生的榜样无处不在,凡是我们身边的人,如父母、教师、兄弟姐妹与同伴都可以成为学习的榜样。著名教育家洛克说:"榜样放在他们的眼前。那种吸引或阻止他们去模仿的力量,是比任何能够给予他们的说教都大的。"

---

[1] 陈琦.刘儒德:当代教育心理学.北京:北京师范大学出版社,1997:75.

二是符号榜样。符号榜样包括文字、图画等。符号榜样更扩大了我们的榜样学习路径,可以从书籍中学习、网上学习甚至从影视上学习,网络的发展更是给我们提供了学习的无限空间。

三是诫例性榜样,即从反面对象学习。古人曾说:"三人行必有我师。"现在对这句话的新解是:师,既指良师,也指恶师,即任何人和事都可以作为学习的对象。从良师学习,可以吸取经验;从反面对象学习,可以引以为戒。特别是从反面对象学习常常是我们所忽略的。如果个体能同时从正面与反面学习,无疑会获得更快的成长。

可见,观察学习为我们个体的成长与发展提供了取之不尽、用之不竭的资源。关键是我们是否留意到这个资源,是否利用了这个资源。

六、有学习的快乐

出现差异的原因之六:成功学生在知识的海洋遨游中不断获得快乐,为多了解一个知识点而兴奋,为搞懂了一个难点而感到成功,为新探索了一种新方法而沾沾自喜……虽然他们也可能会因解答不出难题而苦恼,为因长时间得不到实验结果而懊丧,但是一旦解决会产生巨大的兴奋。正是这种兴奋,激励着他们迎接下一个新的挑战。不成功的学生则缺乏这种快乐感。研究表明(Klein,1984),人类存在着"期待型"和"消费型"快乐。在学习快乐感上,个体存在巨大的差异。有的同学会因为成功解决难题或者对未知的了解而喜形于色、手舞足蹈,情不自禁地兴奋;而一些即使经历了同样的情景与事件的同学则缺乏兴奋感。为什么面对同样的事件,有的学生有兴奋感,有的学生则没有?应该如何培养这种学习兴奋感呢?心理学最新研究表明:快感缺失(对愉快刺激的反应减少或者体验快乐的能力下降)与大脑多巴胺奖励系统的功能失调有关(多巴胺是一种用来帮助细胞传送脉冲的化学物质)。快感缺失主要有两种:一是消费型快感缺失(体验当前正在经历的愉快感受的能力下降);二是期待型快感缺失(体验预期的愉快感受能力降低)。多巴胺受体的多少和人的遗传基因、生活方式、外界刺激都有一定关系。遗传虽然难以控制,但我们可以通过后天的教育来增进多巴胺的分泌,即产生消费型快乐、期待型快乐。第一,应在学习过程中培养消费型快乐,当获得新知识时产生这种"哦""呀""哇"的惊奇感、喜悦感。第二,应培养期待型快乐,即多多憧憬与渴望完成学习活动后的成功感、成就感,如憧憬解决难题后,老师的赞美话语与同学的羡慕目光;憧憬自己解决过去不能解决的问题的喜悦情景。憧憬越形象、越逼真,效果会越好。第三,应培养对学习结果的享有快乐。一般来讲,尽管学习的过程是辛苦的,但如果有对学习结果的享有感,会大大增加完成活动的动力。如打扫清洁的过程是辛苦的,但当看到打扫后窗明几净的房间时,享受这种舒适的结果会产生轻松感、愉悦感,甚至心旷神怡感。如果能产生这种享有的快乐感,无论打扫清洁的过程是多么的辛苦也会觉得值得。学习也不例外,如果在艰苦的学习后,享有学习结果的快乐感,就会觉得"苦中有乐""痛并快乐着"。

七、有良好的学习方法

出现差异的原因之七:成功的学生有良好的学习方法,会学习,能巧学习,以一种智慧劳动的方式学习;不成功者则反之,少慢差费地学习,以大脑密集型劳动方式学习。

成功的学生主要有哪些良好方法可供我们借鉴呢?

(一)会选择吸收信息

选择信息是学习的第一道门户。每一天我们每一个人都在接受信息,但不需要将所有的信息都一股脑儿地接受。成功学习者在学习过程中总是将注意力集中于相关学习信息或重要信息上,对学习资源保持高度的觉醒或警觉状态。一旦出现与当前任务相关的重要信息能及时抓住而不漏掉,从而保证了学习的"一张一弛"。

曾经我们做过下面的调查,发现不同成绩的学生在选择信息上截然不同。

1. 课堂上你是如何注意的?(请选一个答案)
   A. 自始至终注意　　　　　　B. 对感兴趣的内容注意
   C. 对重、难点内容注意　　　　D. 不知道该注意什么
2. 你是如何记课堂笔记的?(请选一个答案)
   A. 一字不漏地记　　　　　　B. 按老师的要求记
   C. 有选择地记　　　　　　　D. 记不下来

请同学选择自己的答案。如果两题你都选择 C,说明你在接受信息上是主动的、有选择性的,而不是眉毛胡子一把抓;如果选择其他答案,说明你在信息的接受上是不科学的,急需改进。应该把注意调整为:集中注意力听老师上课强调的地方,集中精力听自己预习未搞懂的地方,集中注意力听自己陌生的地方⋯⋯

(二)掌握了良好的记忆方法

记忆是学习的一个基本要素,记得快、记得牢、记得准是学习的重要条件。正是由于记忆的存在,个体习得的知识、经验才得以延续、积累和应用。

正如苏联著名心理学家谢切诺夫所说:"如果人类没有记忆,那么感知就不能留下痕迹,人将永远处于新生儿状态。"[1]

1. 提取关键词记忆法

顾名思义,该方法就是通过提取关键词,将信息以删繁为简的方式来进行轻松的记忆。如王小丫主持的"开心辞典"节目,一次出现了"盐放在碟子里、油放在瓶子里、醋放在罐子里……"这样结构的十句话,呈现完毕就要求对象能复述出来,前面几个人都未能过关,最后一个人顺利过关。为什么这个人的记忆这么好呢? 其实不是他的记忆好,而是他使用了科学的记忆法——提取关键词记忆法。请大家想想记忆上述句子应该如何提取关键词? 你平时在学习中经常使用这种方法吗?

提取关键词记忆法是使用最为普遍、很有效的一种记忆法。建议同学们要有意识地常用这种方法,坚持使用会获得意想不到的效果。

2. 组块记忆法

组块指人们在过去经验中已变得相当熟悉的一个信息单位,如一个字母或若干字母组成的一个单词,一个数字或若干数字组成的一个熟悉的年代、电话号码等。根据心理学短时记忆的容量是 7 ± 2 个组块的原理,我们应把识记材料按一般不超过 7 个组块的原则划分识记单元,然后一个单元一个单元地记。例如,我们记数字 184019491976,如果不根据过去的经验划分组块,企图看一眼就把这 12 位数字记住是办不到的,因为这 12 个数字孤立起来看就是 12 个组块,超过了 7 ± 2 个组块的容量;反之,如果我们根据自己已掌握的历史知识把它分为 3 个年代,即 1840(鸦片战争爆发)、1949(新中国成立)、1976(粉碎"四人帮"),那么原来的 12 个数字就变成 3 个组块,显然一下子就记住了——当然如果连 1840、1949、1976 是历史上的重要年代都不知道的人,显然他就不具备把 1840、1949、1976 划分为组块的能力,因此要记住也就困难多了。不过只要一个人知识丰富,他一般总能从不同的角度找出一串数字的一些特点来,从而将其组成较大的组块,这种偶然也就成了必然。即使对于一下找不到特点的一串数字,如 263195274389,我们也可按照上述方法把它划分为三个识记单元,即 2631、9527、4389,或两个识记单元,即 263195、274389,分别把各个识记单元记住使之成为组块,再连成整体。又如,记忆英语单词 playground,就可分解为熟悉的 play 与 ground,这样 10 个字母就变为两个组块了,这样还不容易记吗?

组块记忆充分体现了成功学习者对过去经验的运用。我们每一个学习

---

[1] 谢切诺夫.谢切诺夫选集.杨汝菖、曹飞、王铎安、谢国栋、潘树声,译.北京:人民卫生出版社,1957:327.

者都应该像成功学习者那样,在学习时充分唤起过去经验,利用过去经验助益当前的学习,减少学习的难度与负荷。由此也再一次证明了博学强记是互为因果的。我们知识越宽厚,就越容易搜寻到与当前知识相联系的旧知识而形成组块。

3. 意义记忆法

在理解基础上的记忆,心理学称之为意义记忆,反之为机械记忆。研究表明记忆效果随对材料意义理解的变化而变化。就是对一些基础内容,如公式、定理、法则等这类必须记住的内容,也应多做意义上的分析和道理上的推导,充分揭示其内在规律和联系,防止死记硬背。此外,学习中总有一些必须记住而意义不强或枯燥的内容,如历史中的年代、人名,地理中的地名,化学中的元素符号,数学中的圆周率等,可通过谐音、转义及重新组合等转化为有意义的材料来记忆。例如,对毫无逻辑联系的人名可人为赋予意义。有人在记忆我国唐宋时期散文八大家韩愈、柳宗元、王安石、欧阳修、曾巩、苏洵、苏轼、苏辙(简称韩、柳、王、欧、曾、"三苏")时,用谐音记为:"韩流亡欧洲,曾三次去苏联",这样仅两句有意义的简洁句子就能轻松记住这八大家了。又如,"宋公明"可转义为"姓宋的公公明白"。再如,记电话号码24361,可转义为"两打(24 为两打)加 19 的平方(361)",不也好记多了吗?

如果要求记住"解、帮、你、记、理、忆、助"这几个字,如不要求顺序,可重新组合为"理解帮助你记忆"[1],这样很容易就记住了。

4. 特征记忆法

特征记忆法指对需记忆的事物仔细观察,寻找事物的特征,根据特征来记忆。我们在记忆任何内容时都不应该盲目地记,而应对需记忆的事物仔细观察,不要忽略每一个细节,注意通过与过去熟悉的事物类比、对比等,发现其特征所在,以进行记忆。如记忆 $\pi = 355/113$,仔细观察该分式有以下三个特征:由最小的基数 1、3、5 组成,从小到大每个数重复一遍,中间断开。这样记还容易遗忘吗? 又如万有引力常数 1/15000000,后面到底几个 0 容易混淆,仔细看,0 前面的 1 和 5 加起来为 6,不正好是 0 的个数吗? 通过这种方式来记忆,不仅记得快,就是遗忘了也容易想起。

(三) 善于组织信息

组织策略指对材料进行加工,按材料的特征或类别进行整理、归纳或编码的方式、方法或途径。要科学组织信息就需要掌握组织策略,从而将材料由无序到有序或者由多变少,由厚变薄,给人简明扼要、一目了然的感觉,使

---

[1] 刘电芝. 学习策略研究. 北京:人民教育出版社,1999:87.

贮存在头脑中的信息,犹如图书馆经过编码的书,易"招之即来"。

组织有不同的组织方式:按顺序关系进行组织通常呈线性关系。例如讲茶树生长情况的一篇短文,按时间顺序关系可组织为:茶树冬天黑簇簇→春天吐出嫩芽→清明添新叶→谷雨嫩叶长大。这一线索就简要地概括了全文描述茶树从"冬天到谷雨"的整个变化过程。

也可以按因果关系组织,如图 1 是产生瀑布的多因果关系图。

$$
\text{地形陡然变化}\begin{cases} \text{地壳断裂错动} \\ \text{火山湖湖水溢出} \\ \text{火山岩浆,山崩堵塞河道} \\ \text{河水冲刷河床使河床高低骤变} \\ \text{冰川刨蚀形成 U 形谷} \\ \text{海浪破坏河流尽头的海岸} \\ \text{地下暗河从陡峭山崖涌出} \end{cases} \text{产生瀑布}
$$

图 1　多因果关系组织图

根据信息呈现形式的不同,组织策略还可以分为纲要法与网络法。

1. 纲要法

纲要法指将材料的要点提取出来形成纲要。纲要法可分为数字纲要法与图解纲要法:

(1) 数字纲要法:就是将材料的要点依次提取出来,并根据顺序标上数字番号。下面就是一个优秀学生学习《晏子使楚》一文总结的数字纲要法。

一、晏子使楚　　　二、楚王侮辱
三、晏子反击　　　四、楚王失败

看,该纲要多好!简练概括,没有一个多余的字,且形式对称,朗朗上口,容易记忆。你在学习时也能总结出这样的纲要吗?

(2) 图解纲要法:运用图示或连线、箭头等手段表示知识之间内在联系的方法。简单地讲,图解纲要法就是将提炼的要点通过图呈现。图直观形象,一目了然、一清二楚,便于记忆。如有优秀同学在学完各类四边形后,就直接画出各种四边形的关系图(见图 2)。又如,战国时期著名的《围魏救赵》成语故事,谈魏国发兵攻打赵国,赵国都城被围,派人向齐国求援,齐国发兵救援。但齐军接受了军师孙膑的建议,不是直接赶到赵国与魏国作战,而是趁魏军主力攻打赵国,国内空虚,直奔魏国都城。魏军得悉,赶紧撤兵救援,而齐军早已在魏军救援途中设伏,以逸待劳,魏军被埋伏的齐兵打得落花流水,几乎全军覆没(见图 3)。

组织策略的关键是要准确、高度提炼信息。如三角函数 54 个诱导公式的内在规律,有人总结出"奇变偶不变,符号看象限",多好的概括,两句口诀就概括了三角函数的所有情况。

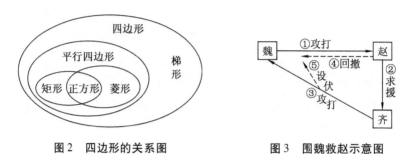

图2　四边形的关系图　　　　　图3　围魏救赵示意图

2. 网络法

网络法是指以树状式连线方式表示材料种属逻辑关系的一种组织方法。如一篇描写《绿》的短文,运用网络法,可编制出如图4所示的网络(这样,这篇写《绿》的具体要点就一清二楚了)。使用网络法的关键步骤是确定材料的种属关系。首先应找准种概念(如图中的"绿"),然后按层次依次确定属概念。在具有明显种属关系的材料中,运用网络法提取要点,逻辑关系特别清楚明了,便于理解与记忆。

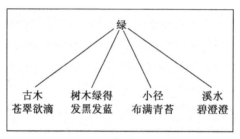

图4　课文《绿》的网络图

(四) 善于深加工信息

深加工指通过类比、比较、引申等方法,将新旧知识有效地联系起来,产生深刻的理解。深加工的主要方法有下面几种:

1. 类比

运用类比,抽象的内容可以具体化、形象化,陌生的东西可以转化为熟悉的东西,深奥的道理可以明白简单地揭示出来。例如,一个同学在学负数时,深入浅出地打了一个比方。他说:"我们至今为止学习的最小数是零,零表示什么都没有。若表示钱,就是一分钱也没有。而负数比零更小,不仅一分钱也没有,而且还欠了别人的钱。如欠别人三元钱,以负3表示。"短短几句来自日常生活的比方,就把负数概念揭示得一清二楚。又如,学生学习分子运动时,对一瓶水与一瓶酒精混合后装不满两瓶的实验难以理解,只要以"一桶核桃和一桶大豆倒在一起,还是两桶吗"进行类比,学生就会豁然开朗,明白了水与酒精混合体积缩小是由于分子之间有空隙。再如,一个学生听老师讲授"心肌梗塞"时,与水管堵塞类比。这种把新知与旧知主动联系的类比,有利于迅速揭示问题的实质,加深对新知识的理解。

2. 自我提问

自我提问是学生自己向自己提出问题,带着问题进行阅读,从而对新知识加深理解。自我提问是一种主动的且最常用的深加工方法。有研究表明[1],在促进理解方面,学生提出的问题比教师提出的问题更为有效。通过自我提问,可以不断地将学习引向深入;同时,自我提问也培养了学习者主动探索知识的求知欲。自我提问使学习过程充满了困惑,在解答困惑过程中好奇心不断得到满足,而使学习过程充满了快乐。如在学习美国著名心理学家奥苏伯尔的认知接受说时,一看到题目就要想:"认知接受说"与前面学的认知发现说有什么不一样?该接受说与我们日常理解的教师满堂灌有什么不一样?为什么接受说能成为著名的学说?正是这样的自我提问,引导自己主动、深入地思考。

3. 扩展与引申

对新知识进行扩展与引申也是深化理解新知识的重要途径。这是因为扩展、引申的过程就是思维的过程。思考程度增加,获得的印象就更为深刻。此外,扩展、引申后的知识比原知识具有更丰富的信息与外延,更易与有关知识经验连接起来。如学习等位基因内容时,一种方式是反复一字不差地背诵课本中的定义"同一对同源染色体的同一位置上的、控制相对性状的基因,叫作等位基因"。但如果对该定义进行三个方面的扩展分析,这样不用背,也能用自己的话表述"等位基因"这一概念了:从数量上看,等位基因是成对的基因;从性质上看,成对基因的遗传效应具有对应关系;从存在上看,是位于同源染色体的同一位置上。又如当学生学习"维生素C可治疗感冒"这一命题时,就可以借助已有的旧知识"维生素C可以促进白细胞的生长""白细胞可以消灭病毒"引申出新命题:"维生素C能医治感冒的原因是促使白细胞的生长。"这一引申的命题加深了对新知识"维生素C可以治疗感冒"的理解,把"知其然"深化为"知其所以然"了。对新知识进行扩展与引申,由于思考程度加深,因此获得的印象就更为深刻。

能否有效地进行扩展与引申很大程度取决于背景知识的广阔与背景知

---

[1] 何敏,刘电芝.自我解释的类型、影响及产生机制.内蒙古师范大学学报,2006(5):102.

识提取的灵活性。背景知识越丰富，其运用背景知识所作扩展与引申的可能性就越大；如果能迅速灵活地与已有知识背景相联系，其扩展与引申的可能性也会越大。有的学习者虽然储存有大量的知识，但是其贮存的知识不能有效地应用，这就是所谓的惰性知识。有效的知识则是能适时地运用其来理解新知识、解决新问题的知识。

（五）有良好的复习方法

"学而时习之"，自古以来复习就是巩固知识的主要途径。但如何复习才是科学合理的呢？

1. 复述

复述可分为两类：对学习材料的维持性的言语重复以及在选择基础上的保留重复。例如，按一定的顺序重复项目的名称，或重复某部分重点内容以加强信息加工。无论是短时记忆还是长时记忆，复述都是维持注意、保持信息的主要途径之一。例如，当某人告诉我们一个多位数的电话号码，若不经复述，转眼就会遗忘。如何科学地进行复述？作为大学生来讲，主要是需要进行选择性的复述。如何培养复述能力？第一，要经常进行复述，培养复述习惯。第二，科学地进行复述：① 不能把复述搞成简单的死记硬背，而应通过复述使自己更好地了解学习材料的意义、各部分的连接关系，使之更清晰易懂，易于从记忆中恢复。② 用自己的话复述课文主要内容、题目包含的主要信息，从而达到对学习内容的完整理解与清晰把握。③ 有选择地重点复述，如对某一问题的思路或思考过程的重点复述。

2. 少视读，多尝试背诵

研究表明，试图回忆是一种有效的复习方式，也是成功学习者的常用方式，学习不成功者复习时往往习惯于一遍又一遍地背，进行一种少慢差费的复习。试图回忆即在阅读几遍材料后，就掩卷而思，尝试背诵或默写，实在回忆不起的地方再重复阅读，再掩卷尝试背诵或默写，如此反复循环，直到记牢为止。一般来说，将全部练习时间的 60%～80% 用来试图回忆，20%～40% 的时间用来诵读效果较佳。这种方法之所以能提高复习效果，主要是自我参与程度高，充分调动了思维的积极性，增强了学习的效果。

3. 积极遗忘

积极遗忘指学习新知识时，在充分理解学习的基础上，要尽量遗忘细枝末节，遗忘学习时帮助自己理解的具体例子，甚至推理的过程，最后存放在头脑里的仅是基本知识（包括基本概念、基本公式、基本原理）。如在学习某类公式时，母定理能解决的问题，就无须记忆子定理。因为在需要时，可以由母定理推出子定理，这样可以大大地减少大脑记忆的负荷，而突出知识的主干，使我们在运用时可以迅速地提取相应的知识。

4. 头脑中"过电影"

过电影就是把所学某一门知识的主要内容和难点在脑中逐一闪现,全部连贯起来回忆一遍。"过电影"是阶段复习或者总复习的一种有效方法,是对学习知识的"大检阅"。若能顺利、清晰地过完电影,则说明学习的知识已经全盘把握,成竹在胸,可增强自己的学习信心;若过电影卡壳或若隐若现,则说明这些知识有待进一步复习,这样就找准了复习的重点,而不是一遍遍地平均使用力量地进行少慢差费的复习。在考试之前,以过电影方式进行心理彩排是最好的检查学习的方式。

掌握以上的策略固然重要,但更重要的是:要像成功学习者那样,在学习中用心去琢磨、去总结,不断地充实、发现自己的学习方法,寻找对自己有效的方法。

参考书目:

1. [美]埃伦·兰格.专念创造力.黄珏苹,译.杭州:浙江人民出版社,2012.
2. 沈德立.高效率学习的心理学研究.北京:教育科学出版社,2006.
3. 刘电芝.学习策略研究.北京:人民教育出版社,2011.
4. 刘电芝,田良臣.高效率学习策略指南.香港:科学教育出版社,2011.
5. 刘翔平.当代积极心理学.北京:中国轻工业出版社,2010.

第三讲　人类幸福的终极指向
——临床心理学科

黄辛隐

每一门学科都是有其社会担当的,临床心理学当然也不例外,并且更有理由说,在每个社会阶段和时代变化的节点上,临床心理学科当仁不让地担当起了其社会层面的重大作用。这不仅是在该学科发展的 20 世纪,更体现在时代飞速发展的 21 世纪;这不仅是在中国,更显现在地球上的每个国度。

遵循着这样的基本理念,我们找到了这条轨迹——从临床心理学科走向了人类的幸福终点。

一、现代临床心理学的学科特点
——置于积极心理学的平台

当我们赋予临床心理学现代临床心理学的概念的时候,一定是在将它置于历史的比较中得到的。

(一) 临床与临床心理学的概念界定

临床(Clinical)本来起源于希腊语,在希腊语中,它最原始的定义为:医生在患者的病床边进行医学的照料;它还有一种定义为:神父、牧师在死者床边进行祈祷、祝福灵魂的安息。[1] 或许也就是因为这样的最早期的出典,使得说起"临床"这个词时我们的思维总是很习惯地链接着医院和病人这类的场所和人群。

当我们的目光聚焦在"现代"这样的时代背景下的时候,临床这一熟悉又陌生的词汇又有了三种诠释:① 它具有了发展性的含义。发展性是指既包含了学科对象的年龄的发展性,从胎儿到耄耋老者,也表现在它的学科内涵定

---

[1] 徐光兴.临床心理学:心理健康与援助的学问.上海:上海教育出版社,2002:3.

位上。② 它具有了教育性的含义。教育性是指在经典的临床定义中重点内容除矫治、治疗等之外,更多的凸显其心理教育特别是心理健康的教育活动的功能。③ 它具有了社会性的含义。社会性是指临床的主打内容之一是对人的社会适应进行有效的指导,更包含了临床这类学科要和社会需求紧密联系,换言之,是搭着社会发展的脉搏、踏着社会前行的脚步发展的。

在我们重点诠释临床的发展性、教育性和社会性的时候,我们更想表述的是,这是一种对临床的态度和基本观念,有学者称之为"临床态度"(Clinical Attitude)[1]。徐光兴提出,有两种不同的临床态度:其一是把人的心理苦恼和痛苦作为一种疾患,作为治疗对象来处理;其二是"从心理学的立场对人的问题进行理解、共感、教育的援助,从而让其过一种更有意义、更适应的生活"[2]。毋庸置疑,我们选择的是后者,这是一种用临床的视角来关注造福人自身和整个人类的一种态度,一种临床的态度。

提及临床心理学的概念自然会让我们聚焦1935年美国心理学会(APA)给其下的定义:临床心理学是应用心理学的一个分支学科,它通过心理测定、分析、观察等方法,对个体的行为能力和行为特征进行明确的理解,并将从个体身心诊断和生活史所了解到的情况与对个体生活状况进行的观察、分析综合起来,从而对个体的心理适应问题进行咨询和治疗。我们将视角转向亚洲。日本心理学会(JPA)在20世纪60年代给临床心理学下的定义为:临床心理学是综合心理学和其他各种科学的知识和技术,对特殊个人在生活中遇到的障碍、苦恼进行本质的理解,并运用科学方法加以解决的一门学问[3]。这两个有着几十年历史痕迹的临床心理学的概念给我们留下了比较浓郁的医学临床的印记,换言之,属于狭义的、偏向治疗和矫治倾向的消极的临床心理活动。

在进入20世纪中后期,特别是进入21世纪之后,当积极心理学大行其道时,我们自然而然地看到了一个以积极心理学为红线和导向的临床心理学的概念:运用心理学的知识和原理帮助人们矫治自己的心理和行为障碍以及通过咨询来指导和培训健全人格以便更有效地适应环境和更富有创造力。它既提供心理学知识,也运用这些知识去理解和促进个体或群体的心理健康、身体健康和社会适应。这些鲜活跳动着的词汇——健全人格、适应环境、富有创造力正是积极心理学所竭力倡导的并践行的基本元素,清晰地凸显了现代临床心理学正是以这种积极的姿态,引领着21世纪人们的身心健康的前行

---

[1] 徐光兴.临床心理学:心理健康与援助的学问.上海:上海教育出版社,2002:4.
[2] 同[1]。
[3] 徐光兴.临床心理学:心理健康与援助的学问.上海:上海教育出版社,2002:2.

方向,即提升人们的生活满意度和幸福指数。

(二) 临床心理学的研究对象与研究领域

1. 临床心理学的研究对象

当我们以现代临床心理学的理论平台来审视其研究对象时,可以形象地将此划分成经纬两个部分:如果用经度来表示人的一生的话,纬度则是指在人的一生的不同阶段的不同主题中都会涉及现代临床心理学的相关内容。

从经度也即从人的一生来看,临床心理学研究的对象分为婴幼儿、青少年、成人、老年人,涵盖了人的整个一生。实际上还有一个我们临床心理学上不可忽略的阶段即母亲的孕期。每个人生阶段都有独特的选择和挑战,可以借用学者艾里克森(E. H. Erikson,1902)的理论对此做一具体的说明。艾里克森提出了0—1岁的信赖对不信赖、1—3岁的自律对羞愧疑惑、4—5岁的创新对罪恶、6—11岁的勤奋对自卑、12—20岁的自我认同对角色混乱、20—24岁的亲密对孤立、24—65岁的生育对自我专注、65—死亡的自我反思与绝望的人生发展的8个阶段理论,当我们立足于21世纪反观艾里克森的这一理论时,不由得又有了如下的新解读:

增加个体生命正能量的作用。简言之,在人生每个阶段由一对冲突或对立的矛盾构成危机的时候,解决危机需要增强自我的内在力量,以便形成某种良好的自我品格。在这一过程中临床心理学可以担当很重要的作用。

营造社会和谐氛围的作用。无论是艾里克森提出的社会文化对人格形成和发展的影响,还是人本来就是社会化的产物,都揭示了社会环境对人的发展影响的重要性。临床心理学通过其社会功能和作用的发挥也为促进社会和谐发展起到了应有的推动作用,进而将其正向的影响力传递到了每个社会成员。

当然,从狭义的临床心理学的角度出发的话,我们也可以将临床心理学的研究对象定格为各个年龄段的主要问题:

婴幼儿期:自闭症、阿斯贝格症候群、细微脑损伤等。

学龄儿童期:智力障碍、学习困难、多动症、孤独症、感觉统合失调问题等。

青少年期:青春期危机症候者、考试焦虑、同一性丧失、神经症、精神疾病等。

成人期:职业压力症、性的问题、结婚不适应、酒精中毒、自杀等。

老年期:抑郁症、老人认知障碍等。

随着现代临床心理学的出现和发展,即便是在咨询和矫治层面,面对着不适应或有心理问题的个体,我们也不提倡把研究、援助的焦点局限于这些人自身,其家庭关系、与其有密切关系的人、其主治医师、医护人员等也可能成为关注的对象；另外，更终极的是要帮助个体建构良好的人格品质，更好地预防精神以及躯体疾病的发生，更好地满足人类对幸福的追求。例如，在幼儿园的心理援助中，母亲的养育态度、方式等，都是考虑的重要因素；而儿童的学校恐惧症，则与学校的教育环境、师生之间的关系、家庭生活、教育方式有着千丝万缕的联系；在患有一般生理疾病的病人中，处理好其身体疾病之外的心理问题也是不可忽略的，即医生和护理人员要协助家人给病人提供良好的心理和生理康复环境，才能帮助其身体疾病的恢复。这些具体的事例正是跨越了传统的临床心理学的研究对象而走向了现代临床心理的对象指向。

2. 临床心理学的研究领域

传统的临床心理学多偏重于各类临床心理问题的研究，多从消极方面入手，对人类自身的积极发展因素并未给予足够重视，这种有违人类本性的缺失也正是成了积极心理学兴起的最好的理由，当然与之匹配的时代性也是一个不可或缺的契机点。

积极心理学是20世纪末兴起于美国的一个新的研究领域。积极心理学研究人类的积极心理品质，关注人类的健康幸福与和谐发展，强调用积极的方式对心理问题做出适当的解释。该学科提出：即便那些患有严重心理疾病的人，也不仅仅只是要求减轻痛苦，人们需要建构积极的力量，需要有意义、有目的的生活。积极心理学对临床心理学产生了很大的影响，传统的心理治疗一直把工作重点放在对患者疾病的评估或治疗上，以医生治疗病人身体疾病的模式来对待心理疾病。而积极心理学以人类的力量与美德为核心取向，强调每个人天赋的潜能在解决心理问题时的重要性，未来的心理治疗不仅仅是修复创伤，将会更加侧重讨论病人所具有的力量与美德；好的临床心理治疗师不仅仅要帮助人们治愈创伤，更应该帮助人们发掘与建构力量和美德。[1]

在这样的理论架构之下，我们开掘如下的领域为现代临床心理学研究的领域：

（1）心理评估和分析。

评估个人或群体的心理过程，包括对其行为、问题、能力、智力机能等相关信息的收集以及对其心理问题及障碍的性质和程度的确定，并且评估那些对于理解目标、促进变化和预测未来行为方面起作用的环境因素，然后采取适当的解决方法。这是临床心理中的一项重要活动。临床上使用的评估工具主要包括测验、会谈、观察技术等。有时几种不同的评估方法可以结合起

---

[1] 陈琳,范晓玲.积极心理学对临床心理学的影响初探.湖南师范大学教育科学学报,2008(3)：127—129.

来组成"成套评估"或称为"多种评估"策略。为了全面深入地了解来访者的心理特点,不仅依靠各种量表,还可依据来访者的生活史、家庭环境、父母教养态度和方式、个人情感特征、思维特征等进行临床的分析和理解。

(2) 心理辅导和咨询。

心理辅导和咨询目标锁定在促进来访者身心的健康成长和发展、完善其人格上。临床辅导和咨询的目的是改善来访者的人格,陪伴和帮助来访者纠正自己的精神和行为障碍。目前,临床心理学家的工作中,心理辅导和咨询是最普遍的,包括个体和团体。其过程可选择多种流派和方法中的一种,也可以多种流派和方法结合使用。

(3) 社区干预和援助。

这是现代临床心理学研究和关注的新的亮点,也是提高心理辅导和咨询的有效性必须直面的问题:即需要企业、组织、社区和有关专业人士等一起形成一个协作体系,尤其是面对自杀、杀人、暴力等社会重大危机事件。但就是在具有很大普遍意义的教育及家庭关系中的诸多问题,也同样需要这样一个有效的协作体系来共同完成。在这样的协作体系中,社区将会也应该起着总体协调、全面设计、分工实施、效果评估的作用。

(4) 行为医学提倡和践行。

临床心理学中,最令人鼓舞的一个发展趋势是行为医学,它是临床心理学开辟的富有创造性的特殊领域,也是对积极心理学在21世纪作用的最好的回应。在这个新的研究领域里,临床心理工作者传播着最新的、最有效的行为医学的知识和技能,帮助着千千万万的人们重建他们的信仰和理念,重构着他们的健康而又和谐的生活模式,并以一种积极的生活姿态来预防和治疗身心疾患。

当然,临床心理学工作者也不会忘记,通过心理健康教育和临床案例资料的收集和处理,不断地进行知识创新,把握学科的最新发展动态,并通过报纸、期刊等媒体将研究成果宣传出去,培养理论联系实际的高质量的临床心理学研究者。有相当一部分临床心理学工作者还在紧张繁忙地进行教学活动,他们可能会指导本科生或研究生从事研究和实践工作,指导他们评估、辅导和咨询治疗方面的实习等。

毋庸置疑,构建以力量与美德为核心取向的积极临床心理学模式,将成为传统的以疾病与缺陷为核心取向的临床心理学的有益补充,二者有机地结合,不仅可以满足人们减轻与预防心理问题的需要,而且可以促进个体的成长及社会的进步,是人类幸福的终极指向。

（三）临床心理学的研究方法

临床心理学的研究方法可根据研究的方法、对象、场所和时间等进行归类。根据研究所使用的手段，可以将其研究方法分为观察法、调查法、心理测验法和实验法。根据研究对象的数量多少，可以分为个案法和抽样法。根据所研究问题的时间性质又可将研究分为纵向研究和横向研究。我们对诸多书本中都描述得很具体的观察法、问卷调查法、心理测验法、实验法和个案法等方法不再做累赘说明，只选取两种更符合我们定位的积极临床心理学要求的方法进行介绍。这两种方法分别是积极功能评估研究和生命线访谈法。

1. 积极功能评估研究

近年来，临床心理学领域开始重视积极功能评估研究，研制了一批可以临床应用的有关积极功能评估的工具，成为最近心理评估研究的重点和热点之一。究其原因，无不与当前积极心理学快速发展关系密切。积极心理学发展早期主要在理论方面进行了探讨，而目前重点转向应用领域，尤其是积极心理学的评估方法和干预方法。临床心理学对积极心理学发展迅速做出的反应，整合了积极心理学评估与干预理论与方法，探讨了积极功能的评估手段。

积极功能评估的主题为心理幸福感、创伤后成长、人生意义、感激、宽恕、个体成长、此时此刻。

（1）心理幸福感（Psychological Well-being，PWB）。

心理幸福感评估个体自我完善或成长而生的积极体验，由自主、胜任、环境控制、生活目标、和谐人际关系和个人成长六个成分组成。评估心理幸福感的经典工具是 Ryff 等编制的心理幸福感问卷。[1]

（2）创伤后成长（Posttraumatic Growth，PTG）。

创伤后成长评估个体对创伤事件进行应对的能力。测量 PTG 的工具有多种，其中创伤成长问卷（Posttraumatic Growth Inventory，PTGI）应用最为广泛。PTGI 共有 21 个项目，包括与他人关系、新的可能性、个人力量、生活欣赏和精神改变等五个分量表。

（3）人生意义（Meaning in life）。

人生意义评估人们领会、理解自己生命的含义。该评估还包括意识到在自己生命中的目标、任务或使命。最常用的有生活目的（Purpose in Life Test，PLT）和生活目标指数的量表（Life Regard Index，LRI）以及近几年发展成熟起来的生命意义问卷（Meaning in Life Que-stionnaire，MLQ）。

---

[1] 姚树桥，朱雪玲，王孟成. 临床心理学领域积极功能评估研究进展. 临床心理，2011，19（1）：52—54.

(4) 感激(Gratitude)。

感激评估一种情感特质。即指个体以感恩之情认知或回应他人恩惠的一般化倾向。感恩问卷(The Gratitude Questionnaire—6,GQ—6)用以测量被试在感恩倾向上的个体差异,主要涉及个体在感恩情绪体验的频度、强度和密度上的差异。

(5) 宽恕(Forgiveness)。

宽恕评估人的抑郁、内疚、愤怒、焦虑和恐惧等情绪问题。在辅导和治疗那些在未成年时受过性虐待及无法接受父母或亲人的死亡的求治者中很需要这样的评估,也有助于解决人格障碍、酗酒者家庭、婚姻关系破裂等问题,甚至还有人发现宽恕的干预可以减轻癌症患者的心理压力。测量宽恕的问卷有与侵犯有关的人际动机问卷(Tansgression Related Interpe-rsonal Motivations Inventory)、Enright 宽恕问卷(Enright Forgiveness Inventory)和宽恕意愿量表(Willingness to Forgive Scale)等。

(6) 个人成长(Personal Growth)。

个人成长评估个体的成长。此类问卷比较多,比如,个人成长主动性问卷(Personal Growth Initiative Scale,PGIS)和好奇探索问卷(Curiosity and Exploration Inventory,CEI)。个人成长主动性是指个体积极主动有意识地去提升和完善自己的倾向。CEI 是个简短的问卷,只有7个条目测量2个小特质:探索(Exploration)和全神贯注(Absorption)。前者指个体对新奇事物和挑战的探索的行为方面,后者指个体做事时的专注,又称涌动(Flow)。[1]

(7) 此时此刻。

此时此刻评估个体对"此时此刻"的体验和感悟。此类测量可以了解个体的心理幸福感和减少负性情绪。专注—注意—觉察量表(Mindful Attention Awareness Scale,MAAS)主要测量个体对"当下"的觉察和体验,这种觉察是受个体自我调节的。个人真实性(Authenticity)是以人为中心概念的变式,包括三层含义:自我异化(Self-alienation)指体验到的经验与真实自我的不一致,真实生活(Authentic living)指个体的行为、体验到的情感与真实自我的统一性,接受外部影响(Accepting External Influence)指体前两个特征是否受外面的影响。个人真实性问卷(Authenticity Inventory,AI)分别由4个条目测量上述3个概念,具有跨样本、性别和民族的不变性。

2. 生命线访谈法

生命线访谈法(Liveline Interview Method,LIM)是一种质性的研究方法。

---

[1] 姚树桥,朱雪玲,王孟成. 临床心理学领域积极功能评估研究进展. 临床心理,2011,19(1):52—54.

采用的是让被访谈者在回溯生命过程与自身经验时,以生命故事的方式,描述生命过程中的重要事件和片段。具体地说,就是让被访谈者描画自己的自传体记忆图,回忆自己自出生以来至目前的过往生活的关键转折点或印象深刻时所发生的事情,然后展望直至生命结束这一过程中可能会出现的转折点,以及在这些过程中可能会发生的心情的变化。

一般所用的指导语为:

"请用线条画出您从出生到现在为止的人生道路。"

"在您至今走过的人生道路线上,分别写下高峰和低谷时期的年龄。"

"请谈谈在这些时期发生过的给您留下深刻印象的事情。"

这种方法的重要意义在于能了解访谈者细致微观的、错综复杂的、深沉微妙的、特殊深刻的心理生活经验,可以通过对这一连串的心理事件的整个脉络进行详细的动态描述,去试图勾勒出其人生的轨迹图,而且就是在这图形后面一个个生动的人生经历会呼之欲出,会准确到位地讲述其生命不同的故事。

我们之所以重点阐述这两种研究方法,其用意是很清楚的:即这两种研究方法共同之处就是有助于挖掘生命个体中的正性能量,在获取有关研究所需的信息之同时,也是在采掘该个体生命事件中的与众不同之处,并将此用生命线串联整合起来汇聚成生命力量的资源库。可以做这样的诠释,即便只是一种研究方法,现代临床心理学也会注意到采用这种方法的能量取向,并注意采集和汇总这些正性的能量。

(四)临床心理学与其他学科的关系

我们一直很赞赏对临床心理学的这么一句形容的表达:临床心理学是一门"顶天立地"的学科,"天"是指哲学的蓝天,"地"是指心理学学科的大地。的确,临床心理学作为心理学的一门分支学科,属于应用心理学范畴,是一门围绕这大写的"人"字的学科,这就注定了临床心理学与心理学其他分支学科及医学等有密切联系,而且只有厘清这样的关系,才能够对临床心理学本身的学科特性以及如何更好地彰显这样的特性做一科学的铺垫。如此,下面简要介绍一下临床心理学与其他学科的关系。

1. 生理心理学

生理心理学探讨的是心理活动的生理基础和脑机制。它强调人们所有的行为都是人体内生物过程的综合结果。因此,临床心理学家经常会用脑功能的某些异常来解释不寻常的行为。生理心理学家从事的是与临床心理学很有关联性的工作,如对精神药物的评估,研究精神分裂症者脑损害的生物学基础等,为临床心理学家的工作提供了重要的科学依据。因此,生理心理学是临床心理学的基础学科之一。

2. 神经心理学

神经心理学是从神经科学的角度来研究心理学的问题。[1] 神经心理学主要研究大脑与心理活动的关系,例如研究心理活动的脑机制。神经心理学的研究为临床心理学提供了理论基础,并且二者在内容上也有交叉。因此,神经心理学与临床心理学有密切联系。

3. 认知心理学

认知心理学是研究记忆和意识等认知过程的学科。认知心理学和认知科学的基础研究,对临床心理学的最新发展起着重要的作用。[2] 例如,研究人们对环境中的情绪信息的认知偏差,有助于研究者理解构成抑郁症和焦虑症的某些认知过程。其实,个体在临床治疗中的很多问题都要依据认知心理学的理论来处理,因此,可以把认知心理学看成是临床心理学的基础学科之一。

4. 变态心理学

变态心理学也称精神病理学,它是研究异常心理的发生、发展、变化规律的一门学科,是临床心理学的一个重要分支,对于临床工作者认识心理障碍、神经症及某些精神障碍的本质具有非常重要的意义。

5. 精神病学

精神病学是临床医学的一个重要分支,主要研究精神障碍的病因、发病机理、临床特征以及预防、诊断、治疗和康复等有关问题。在方法上,精神病学家和临床心理学家使用相同的心理疗法,但是,精神病学家主要治疗精神疾病,而临床心理学家解决的是心理学的临床问题。在临床实践方面,精神病学家主要负责对精神药物的评价和使用,心理学家则主要是对患者进行心理评估和心理治疗等。但是,临床心理学家需要具备精神疾病的鉴别诊断知识,因此,精神病学可以看作是临床心理学的基础学科之一。

6. 医学心理学

医学心理学是综合多种与医学有关的心理行为的科学理论、知识和技术发展起来的交叉学科,主要研究心理变量与健康和疾病之间的关系,解决医学领域中的心理行为问题,与临床心理学在内容上较为接近,但从临床心理的涉及面和研究深度上说,临床心理学涉及的内容更为宽泛和深入。

7. 咨询心理学

咨询心理学是研究心理咨询的过程、原则、技巧和方法的一门学科。它

---

[1] 王伟. 临床心理学. 北京:人民卫生出版社,2009:7.
[2] 潘芳. 临床心理学. 天津:南开大学出版社,2005:4.

运用心理学的知识去理解和促进个体或群体的身心健康和社会适应能力。[1]临床心理学与咨询心理学具有相同的理论基础和会话技术以及相近的评估方法等。但心理咨询的工作者一般为正常人提供帮助,而临床心理学的工作者除了为正常人服务之外,还要面对有心理障碍的患者。

8. 健康心理学

健康心理学是一门新兴的心理学分支学科,主要研究专业领域内的生物—心理—社会模式,并将心理学的专业知识应用于预防人类的身心问题,以保持和增进身心健康。健康心理学不仅关注躯体健康和疾病,也关注心理或行为因素(如吸烟或超重)对健康、疾病和康复的影响。尤其是它更强调促进和维护身心健康,重视心理疾病的预防。因此,健康心理学可以看作是临床心理学的姊妹学科。

9. 积极心理学

积极心理学是20世纪末兴起的一种新研究领域,主张研究人类积极的品质,充分挖掘人固有的潜在的具有建设性的力量,促进个人和社会的和谐发展,使人类走向幸福。积极心理学认识到了临床心理学本身拥有的学科局限性,所以随着积极心理学的不断发展,临床心理学中的心理诊断与测量、心理辅导和治疗的理论模式都在向积极心理学的方向转变。比如,在临床心理学领域,W. C. Follette 等人提出了怎样设计环境因素以唤起积极的行为,怎样教给个体控制环境和行为的技巧等方法,以帮助人们提升他们的生活质量。积极心理学拓宽了临床心理学的视野,给临床心理学搭建了更宽广的人类幸福的大舞台。

10. 进化心理学

进化心理学是当代进化理论在心理学中的最新运用,它以探讨人类心理的起源和结构为主旨。Siegert 和 Ward 首先提出了进化临床心理学(Evolutionary Clinical Psychology,ECP)的研究取向,也就是将进化论的思想和观点运用到心理的临床研究实践活动中。从进化心理学的角度分析异常心理现象,这为临床心理学的工作提供了新的思路。

在具体阐述了和临床心理学相关的10门学科的基础上,我们不妨做如下的比喻,临床心理学和很多的相关学科是众星拱月的关系,即用很多相关学科之星拱起了临床心理学之月;我们还可以说,在人文和科学这两大学科的大花园里,临床心理学是最亮的那朵花之一,其主要的原因就是它是在众多的学科的衬托之下开放的。

---

[1] 姚树桥,傅文青,唐秋萍等.临床心理学.北京:中国人民大学出版社,2009:5.

二、现代临床心理学的发展前景——指向人类终极幸福

（一）更加注重心理的社会因素

现代临床心理学更加注重心理的社会因素。具体表现在，通过该学科的影响和作用，对个体的影响延伸并渗透到个体所处的人际环境之中，从而对环境产生积极的调适与改善，这在当今时代具有积极的社会意义。现代临床心理的理论以解决个体内心的和外在的人际冲突为核心，比如说，其中一个比较重要的方法就是对每一个人的文化现象做出具体分析，并在此基础上激发每个人自身的积极体验并使之变成一种"类人格"的东西。因此，现代临床心理的咨询过程倡导将心理咨询与辅导置于三项活动的密切关联之中，即以咨访关系为核心的教育，以来访者为核心的自助以及以心理工作者为核心的心理关系。社会发展的历史已经证明：当一个社会处于稳定和繁荣的时期时，这个社会就会特别关注良好品德、幸福、创造性和高质量的生活等个人层面和集体层面的积极品质；而对积极品质的关注又会进一步促进社会的繁荣富强，两者相互促进，互为因果。

（二）更加积极向上的价值取向

现代临床心理学更加提倡积极向上的价值取向。具体表现在，更多的借鉴积极心理学思想，强调每个人的潜能在解决心理问题和自我成长中的重要性。

现代临床心理学认为个体的生命系统是一个开放、自己决定的系统，既有潜在的自我冲突，也有自我完善的内在能力。基于这种积极的价值观取向，现代临床心理学强调对心理健康从正面进行定义和研究，多着眼于积极心理品质的培养，同时认为人的积极心理发展的过程也是应对和消解心理疾患的过程，保障心理健康的关键在于对心理疾病的积极预防，而预防的关键则来自于对人内部积极潜力的塑造或唤醒。因此，咨询与治疗并非首先以消除来访者或者患者身上现有的心理问题和症状为目的，而是在于努力发动来访者和患者身上存在的种种能力和自助潜力。人类个体在面对恶劣的环境无助绝望的时候，绝不只是刺激的被动反应者，而是会充分发挥自身积极力量的主动决定者。在现代临床心理学模式下，未来的心理咨询和治疗不仅仅是修复创伤，将会更加侧重讨论来访者和患者自身所具有的力量与积极品质；好的临床心理工作者不仅仅要帮助人们治愈创伤，修复生活中的缺陷，他们更应该帮助人们发掘与建构力量和积极品质。因为每个个体身上都存在

两种基本的能力:认识能力和爱的能力。个体心理问题的由来便是这两种基本能力在不同的文化条件下分化为每个人的现实能力时而发生冲突的结果。因此现代临床心理学的立足点便是激发来访者和患者的这两种积极的基本能力,同时也关注个体的积极人格特质发展,期望通过培养积极人格特质来使来访者和患者激发起自身的力量而改变对问题的片面看法。积极的人格特质主要是通过对个体的各种现实能力加以激发和强化,当激发和强化使某种现实能力变成一种稳定的东西时,积极人格特质就形成了。积极人格特质主要包括四种:主观幸福感(Subjective Well-being)、自我决定(Self-determination)、乐观情绪(Optimism)、快乐感(Happiness)。[1]

在现代心理咨询和治疗中,提倡不仅要接受来访者和患者历史形成的形态,同时也要肯定他们拥有未知的能力和发展的可能性。通过对来访者和患者的积极关注,激发起他们自身的力量而使之改变对问题的片面看法,这对来访者和患者本身的身心不会造成巨大的冲击。由此可见现代临床心理学充分倡导积极人性论,充分体现以人为本的思想,充分彰显社会意义上的博爱。就目前我国的实际现状来说,随着社会主义现代化建设的进展,我们的社会已经能够为每一个人提供比较好的生活条件。如何在比较好的条件下使普通人生活得更幸福,自然应成为当代临床心理学工作者最迫切的任务。

(三) 跨文化视野下的理论和技术的整合

现代临床心理学力推跨文化视野下的理论和技术的整合。文化是从历史进程中传承下来的体现在符号中的意义模式,是一套以符号形式来表达可继承的观念的系统,简而言之就是"一群人的生活方式"。文化是人们交流、记忆和发展自我生活常识及生活态度的途径。现代临床心理学认为,人在出生以后,个人经验的建立依赖于对内外环境的体验,不同文化背景对每个人形成独一无二的心理经验产生着巨大的影响。因此,个体在与其他人打交道时会存在一个跨文化的问题。另外更需要强调的是,在当前全球化的时代背景下更加凸显和强化了跨文化视野的作用和影响力,而正是在这样的前提下,多种心理咨询、治疗的理论以及模式的整合定是必然趋势。

首先,现代临床心理治疗理论认为,直接影响人心理发展的文化背景主要来自两个方面:社区文化背景和个体家庭文化背景。每个人生活在不同的社区,不同的社区有不同的文化基调,人生活在某个社区自然就会形成与社区文化基调相接近的文化特征;不同的人生活在不同的家庭,不同的家庭有它独特的教养方式,而这也会使每个人具有独特的文化编码。因此,现代临

---

[1] 秦彧.积极心理治疗模式的特色及启示.医学与哲学:人文社会医学版,2006(12):55—57.

床心理学的一个最重要的方法就是对每一个人的文化现象做出具体分析,并在跨文化的基础上激发每个人自身的积极体验并使之变成一种类人格的东西。

其次,基于人本来就是多元文化的产物,就是多元文化的结合体,现代临床心理学只有注重多心理治疗流派建设性的合作,才能够达成现代临床心理学的终极目标。所以,我们不但要吸收传统主流心理治疗的绝大多数研究方法和手段,而且要把这些研究方法和手段与人本主义的现象学方法、经验分析法等有机地结合起来,纳入自身就有着多元文化元素的临床心理工作者的工作体系之中,并运用在不同的文化背景下的不同治疗阶段的来访者和患者身上。

比如,积极的心理治疗可能包含了许多精神分析的成分,但在心理治疗的不同阶段采用的又是行为疗法,还和人本主义治疗在心理问题的形成原因以及治疗目标上的见解一致,都是着眼于发动患者身上存在的种种能力和自助潜力,而且认同这些东西都是在不同文化背景下孕育产生的。再如,在治疗过程中可能运用的是直觉与想象,运用故事这种充满了文化元素的工具作为临床心理工作者与来访者和患者之间的媒介,强调激发来访者和患者的主观能动性,使来访者和患者最终成为环境的积极治疗者。让我们欣喜的是,在中国的教育给我们带来太多的沉重话题的时候,我们看到教育领域也掀起了一场积极教育运动,教育正从原来过分关注学生所存在的问题转向关注学生的积极体验和积极品质,强调增进学生的积极体验即是达成教育目的。这样的一种教育理念的变化带来的心理教育的方向的转化的意义必将载入中国教育的历史手册。

在结束本讲内容的时候,有这么一幅画面鲜活地闪现在我们的眼前:从我们生命诞生的第一秒钟开始,一直到生命的最后时刻,无论在人生的哪个阶段,也无论是在哪种文化背景下,更无论是因为怎样的所求,现代临床心理学——这门坚定的以人类幸福为终极指向的学科都和我们一生相伴相随,这样的画面最终也会定格在我们现代人的脑海之中!

参考文献:

1. 陈琳,范晓玲.积极心理学对临床心理学的影响初探.湖南师范大学教育科学学报,2008(3):127—129.

2. 陈青萍.现代临床心理学.北京:中国社会科学出版社,2004.

3. 江雪华,申荷永.积极心理学在临床实践中的运用.中国健康心理学杂志,2007(3):253—255.

4. 张沛超,吴和鸣,张掌然.进化心理学对临床心理学的影响和启示——

一种积极心理学的转向.武汉大学学报:人文科学版,2012(4):87—91.

5. 潘芳.临床心理学.天津:南开大学出版社,2005.

6. 秦彧.积极心理治疗模式的特色及启示.医学与哲学:人文社会医学版,2006(12):55—57.

7. 王伟.临床心理学.北京:人民卫生出版社,2009.

8. 姚树桥,傅文青,唐秋萍等.临床心理学.北京:中国人民大学出版社,2009.

9. 姚树桥,朱熊兆.临床心理学导论:科学与实践.北京:人民卫生出版社,2004.

10. 姚树桥,朱雪玲,王孟成.临床心理学领域积极功能评估研究进展.临床心理,2011,19(1):52—54.

11. 徐光兴.临床心理学:心理健康与援助的学问.上海:上海教育出版社,2002.

12. 张理义,严进.临床心理学(第二版).北京:人民军医出版社,2008.

13. 张明.掌握助人的学问:临床心理学.北京:科学出版社,2009.

第四讲　与大学生漫谈心理健康

童辉杰

引　言

今天我要与各位同学谈论一个最实际的话题。这个话题关乎我们如何度过这大学四年的生活,还关乎我们如何度过我们这辈子。而且,这个话题不仅与我们的专业有关,更与我们的人生有关。我想,每个同学都不会不对这个话题感兴趣。

这个话题是关于健康的。在谈及健康时,我们尤其要关注心理的健康。联合国卫生组织发布的报告表明:躯体的疾病,百分之八十直接或间接的诱因来自于心理。美国也诞生了一门新兴学科——心理免疫学,它强调心理活动对免疫系统的重要影响。以前,我们只是倚重于生物学水平的免疫研究,例如,强调分子细胞水平的免疫力作用。为了增强免疫力,医生会给你挂一瓶"免疫球蛋白"。但在今天看来,仅从生物水平方面来提高机体免疫力是不够的,因为人的心理因素也是非常重要的。我在上课的时候,发现一些感冒的同学,常常问他们,你们回想一下,一个星期左右以前,你们遭遇过什么不顺心的事吗?大多数同学都能回想起一个星期左右以前遭遇过的不顺心的事情。这就是说,感冒与你一个星期左右以前遭遇的应激是有关系的。负性的生活事件会让你免疫系统出现缺口,这样,病毒、细菌就会乘虚而入。因此,心理的因素对于我们的健康非常重要。

此外,还有一些心理问题与障碍,也应该引起我们的重视。对我们这个年龄的大学生来说,特别应该注意以下谈论的几种情况。我在下面将用讲故事的方式,与各位一道来讨论一下,我们大学生要注意一些什么样的心理卫生问题。

一、最严重的"发疯"的故事

谈到心理卫生与保健,最麻烦的、最严重的可能就是所谓"发疯"了。这是最严重的心理障碍。首先,我们来讲讲"最严重的'发疯'的故事"。在大学生这个年龄,十几岁或二十来岁,是这种障碍的高发期、多发期,特别要注意保健。但如果过了二十五岁以后没有出现这种障碍,以后基本上就不会出现了。

记得在我的大学时期,我有一位同学,在同学和老师的眼里,他很优秀,也很正常。他长得很清秀,态度和蔼,平易近人,而且还喜欢帮助同学。从大一到大三,他在班上都是人气最旺的一个人,大家都很喜欢他,尊重他。在大四的时候,记得我有一次去串门,来到他的寝室。他还躺在被窝里看书。我开玩笑地叫他起床,并掀开他的被子,但是我被眼前的景象惊呆了:他的被子的一头居然脏得发油发亮,而且难闻的味道扑鼻而来。当时我就隐约地感觉到他的状态有点儿不正常,但他们寝室正好也是全班最邋遢的,整个寝室的邋遢作风掩盖了他的邋遢。全寝室的人都不讲究,床上的物品都不爱洗。还有另外一位同学,除了上课也是爱待在床上,一周就打一次开水,每次渴了打开塞子直接就喝。又有一次,我又晃到他的寝室,无意中看到他放在桌前的一个笔记本,我随意扫了一眼上面写的东西。居然什么也看不懂!真是语无伦次,不知所云。当时正流行一种朦胧诗,我便以为他或许写的就是什么朦胧诗了。那段时间,有时还发现他会一个人偷偷地躲在一个很少有人去的角落里发呆。其实,他的这些表现,正是精神分裂症发作前的征兆。

没过多久,他精神崩溃了。

一天夜里大约 12 点钟,班主任把所有男生叫醒,说他失踪了,要大家分头去找他。但是全班同学找了几天都没有找到他。

等到后来找到他时,他已经判若两人了。他甚至已经不知道自己是谁了。于是直接送去了精神病院。多么可惜呀,眼看就要毕业了,却出了这样的事。有人说,他可能是在一次被人发现在偷看女生宿舍后出走的。但后来我们了解到,在更早以前,他福建老家遭遇了台风,因为他家是渔民,家里因此遭受了重大的经济损失。结果,最后他没能顺利毕业。好端端的一个人,就这样废了。全班同学都惋惜不已。后来,据说他在做海带的生意。

再来讲一个故事,约翰·纳什的故事。有的同学可能看过或听说过美国电影《美丽心灵》,这部电影讲的是诺贝尔奖获得者约翰·纳什的真实的故事。约翰·纳什在读大学期间,独自住在一间寝室,但他头脑里还有一个想象的伙伴,这个伙伴一直伴随着他。其实这就是妄想、幻觉。这是精神分裂症主要的症状。那位同寝室的意大利伙伴与他如影随形,甚至还曾带他的亲戚来过,一切都很真实,但这一切都不存在,因为他始终就一个人。他这种妄想愈来愈严重。幸好他后来遇见了一位女生,这位女生成了他的朋友、妻子。正是这位女生,给了他莫大的精神支撑与社会支持。可以说,约翰·纳什最终得以战胜疾病,他的妻子的作用是不可低估的。在他面临崩溃的时候,甚至在上课演讲时都能看到教室后面有两位特工,准备逮捕他。他强烈地意识到他们要迫害自己,于是突然停止演讲,夺门而逃,令在场的所有人惊诧不已。他的妄想严重影响了他的正常生活。他甚至以为自己是在为美国情报局破译密码,在他的房间里贴满了各种计算和分析的纸条、材料。在崩溃的边缘,正是他妻子不离不弃,帮助他不断矫正现实,帮助他确认现实的真假、有无,告诉他现实的世界是怎样的,而妄想的内容是不存在的。因此,约翰·纳什最后没有崩溃,他学会了与妄想一同生活。他不仅战胜了"疯病",最后还获得了诺贝尔经济学奖!

这两则故事是否可以给我们一些启示?

第一点,即使面对人类最严重的精神障碍——精神分裂症,不同的应对会有不同的结果。约翰·纳什因为能够很好应对,所以得以战胜"疯病",还取得了巨大的成就。这个故事应该让我们懂得,对待任何疾病,积极的正确的应对是非常重要的。然而我的那位同学,由于没有及早发现,而且他自己也不知道如何应对,最后他崩溃了,真是可惜。

第二点,是我们的一点希望,就是不应该歧视那些患有精神病的人。不要以为一个人患有精神病,他就不是人了。这种观点已经过时了。在中世纪的时候,疯子都会被关进一个与世隔绝的地方,受尽非人的待遇。但是在今天,基于人道主义的呼吁,对待精神病再也不能像以前那样野蛮了。其实,当我们看到像约翰·纳什这样的人也能够正常组建家庭、取得成就,就应该懂得,不能够歧视精神病患者。约翰·纳什是真实的人,那是一部根据真实人物改编的电影。实际上,类似这样的故事还有很多。又如尼采,德国大哲学家,他在"发疯"的时候,居然写下了一部世界名著。不可思议吧?你们去看一看,尼采的《查拉图斯特拉如是说》,这部著作就是他发疯时写下的。还有,作家莫泊桑、画家凡·高,也是有精神病的。今天我们反对心理障碍的"污名化",就是反对胡乱用这些心理障碍的名称去给别人贴标签,并且歧视患有这些障碍的人。

前面已经说到在大学生这个年龄阶段,精神病是高发期和多发期。因此,大学生中出现一些案例本来就是在所难免的。的确,高校出现这样的案例,会给高校管理者带来不少麻烦。如果一些患有精神疾病的同学发生暴力案件,那就更加麻烦了。但是现在一些高校的管理者为了避免麻烦,要求高校心理咨询工作者严加查处患有精神疾病的学生,一旦发现,不是送到精神病院,就是退学。这样的做法有点不人道,不符合高等教育的基本精神。

二、最令人迷惑的故事

由于一些高校管理者特别害怕患有精神疾病的学生找麻烦,所以,要求高校心理咨询工作者严加筛查这类学生。于是,有些心理咨询工作者想出了一些好点子,将全体同学组织起来,每班安排一名所谓"心理保健员"。这些保健员的一项主要任务就是侦察全班同学的心理"情报",发现"异常"的同学,即刻打报告。搞得有点像做"间谍"工作。

我再来说个故事。前面说到我的一个同学由于患有精神疾病,"发疯"了。令人不解的是,在他"发疯"之前,他的表现一切正常。平日走在路上碰到他,一身军装的他总是很热情、阳光,主动与人打招呼。他为人友善,有什么事情让他帮忙,他也总是乐于接受。总之,几年的大学生涯中,谁都察觉不到他有何异常之处。

同样令人不解的是,我的另外一名大学同学,当时几乎所有的老师和同学都担心他会"有问题"。因为他在大家的眼里总是神经兮兮的。举些例子吧,他喜欢一个人躲在一个角落里看书,时常独自发出嬉笑声,有时甚至会手舞足蹈起来。走在路上也常会听到他自言自语,看到同学又时常做怪脸。总之,他的行为表现总让人感觉怪诞和诧异。因此,很多人都难免心存疑虑:"他会不会有精神病啊!"

三十多年过去了,这位言行极为怪诞,甚至一度被怀疑精神有问题的大学生,他如今的境况又是怎样的呢?他如今在国内的知名学府任教,现在是教授、博导。

有一所高校的一位年轻的心理咨询工作者曾经请教我,说她面临一个难题。这个难题就是她们招收的新生中,有一个新生出现了一些怪诞行为,例如晚上他会跑到大操场上去,放声大喊。班主任也找他谈话了,问他为什么要这样,他回答说这样可以减轻压力。班主任不放心,来找心理咨询的老师,并反映给学校领导。学校领导要求心理咨询老师做出筛查,如果是精神病,立即退学。我觉得应该慎之又慎。因为有些怪诞行为,不一定就是精神病。

这两位大学生的令人迷惑的故事,给我们什么启示呢?

我想,这个启示就是:

不要误伤了人!

在分析、判断,特别是诊断我们的大学生的心理障碍时,切记不能随便给别人贴标签、污名化。

斯坦福大学心理学系的教授罗森汉恩博士于1972年进行了著名的罗森汉恩实验(后来也被称为"假病人实验")。罗森汉恩博士招募了8个人(3女5男)扮演病人,他们分别是1位20多岁的研究生、3位心理学家、1位儿科医生、1位精神病学家、1位画家和1位家庭主妇。所有的假病人都告诉精神病医院的医生,他们幻听严重。但是除了这个症状以外,他们所有的言行完全正常,并且给问诊者的信息都是真实的(除了自己的姓名和职业外)。结果,他们8人中有7人被诊断为狂躁抑郁症。被关入精神病院后,这8个假病人的所有行为都表现正常,不再幻听,也没有任何其他精神病理学上的症状,但是没有一个假病人被任何一个医护人员识破。当假病人要求出院时,由于他们已经被贴上"精神病"的标签,医护人员都认为这些病人"妄想症"加剧。精神病院的医务人员甚至发明了一些精神病学上的新术语来描述这些假病人的严重"病情":假病人与人聊天被视为"交谈行为",他们甚至认为假病人做笔记都是一种精神病病情的新发展,以至于"做笔记"被护士当作病人的病状以"书写行为"记录在他们的病历中。

可见,精神病医生都难以做出诊断。所以,我们要慎重看待这个问题,不要误伤了人。因为每个人都很复杂,人的心理更是非常复杂。

三、神秘又现实的故事

前面说了那么一些令人可怕的、迷惑的故事。现在我再来给大家讲些"神秘却又现实"的故事。

首先是一个医科大学生的故事。

这位医学生自己也碰上了解决不了的头疼的事。这就是患上了严重的神经官能症。那个时候,神经官能症就是现在的神经症。基本上没有什么特效药治疗。这位医学生当然很苦恼了。

有一天,他来到郊外一个风景秀丽的地方,来到草地,躺在树下,望着蓝天,听着鸟语,晒着太阳。就这样他躺了许久。他突然感觉到了一些什么。他激动起来,他发现了一些东西!基于这次的神秘体验,他创建了一种自然疗法——森田疗法。这个人就是森田。

森田倡导将患者带入自然环境,接触大自然,与自然对话。大自然是人类的母亲,躺在母亲的怀抱里可以获得心灵的慰藉。因此,大自然是可以疗伤的,尤其是可以治疗心灵的创伤。森田在自然的怀抱中获得了领悟,后来他也治愈了自己的神经症,于是他现身说法提出了森田疗法。这种流行的疗法说起来有些神秘,但其实是很现实的。

再来讲一个故事。有一个叫约翰·克里斯朵夫的人,他是法国著名作家、思想家罗曼·罗兰笔下的人物,但他是以贝多芬这一真实人物为原型的。小说中的克里斯朵夫多次面临精神崩溃。但是总是奇迹般康复。在遭受了一次严重的精神创伤后,克里斯朵夫躲进了自己的阁楼里,变得颓废和抑郁。他感觉生活失去了希望,终日瘫在床上,精神面临崩溃。沉寂在阁楼好几天,了无生息一般。有一天,春风从阁楼的窗户吹进来,风力渐渐地加剧。越来越强烈的春风将克里斯朵夫吹醒了。他从床上爬起来,迎着愈来愈大的风,开始振作起来,激动起来,并大喊道:"这是上帝的风!"

这神秘的风唤醒了他,激发了他内心的力量,让他振奋起来,恢复了生活的勇气和信心。

所以,人都是有潜能的。人有一种强大的自愈的神秘力量。人遭遇到一些挫折或是陷于心理障碍的时候并不可怕,关键是你能否再振作起来。

以上的故事又能给我们什么启示呢?

第一点,每个人都是有潜能的,有自愈力的。我们要意识到并且相信自己的潜能,有时候人的自愈力甚至能让癌症这种最严重的躯体疾病得到康复。在众多疾病自愈的案例中,都离不开心理的力量。介绍一个案例,有一位男士罹患癌症,被医生判了死刑,说他最多活不过两年。但他最终想开了,反正自己也就两年的时间了,不如尽情地花掉自己的积蓄。于是他选择到各处旅游,尽情投身于大自然的怀抱,到了第二年他反而感觉到自己的状态似乎比以前好了。他自己也很疑惑:自己不是要死了吗,怎么身体没见什么异常,反而还好些了呢?对此,他感到惊喜而又知足,心里很愉快、很宽慰。接下来,到了第三年、第四年……他都是尽情尽兴地去活。最后经检查,他的癌变组织竟然消失了,他自愈了,他又活了下来!

第二点启示,大自然可以疗伤,校园的环境同样对学生的心理障碍具有修复作用。我们看到,有些同学原来身上的一些心理疾病经过几年的大学生活,会慢慢地好转、自愈。为什么校园会有这种修复功能呢?

我们身处的校园是一个准社会环境。相对于社会环境,校园环境更加安全和单纯。校园中充满了令人心醉神迷的求知的快乐;学校生活包含着真正纯洁的人际互动,比如纯洁的同学友情以及师生感情等;校园拥有独特而神圣的宁静,以及存在于每一个角落的成长的机会:这些都有助于一个人创伤的修复。而且,与那些在充满残酷竞争、生存更具复杂性的社会上摸爬滚打的人相比,大学生完全有可能拥有更健康的心理。

其次,教育具备神圣的功能。正如乌申斯基所说,教育使其人更其为人,而不是更其为非人。人之更其为人,其中最重要的一点,不可否认就是身心更为健全、健康,然后才有理智之更清明,道德之更完善。而且大学的教育更加能突显其精神性价值,因此我们要意识到,自己能进入到美丽的大学校园,也是踏入了一个良好的心灵疗养环境,拥有了宝贵的成长的机会。有研究表明,大学生的心理健康水平在高校中有逐年改善的趋势。

四、值得反思的故事

我还要讲些故事。这些故事可以让我们来做些反思。

美国有一位著名的心理学家,他叫赛利格曼,是积极心理学之父,曾担任美国心理学会主席。在他研究的早期,他做了一个有名的狗的电击实验:他首先把狗分成两组,然后让其中一组狗接受一种训练。这种训练就是把狗关进铁笼里接受电击,然后观察狗在电击下的反应。狗在受到电击后会激烈地乱蹦乱叫,奋力反抗。第一次、第二次……起初遭到电击,狗都会挣扎反抗,但在多次电击而抗争无果后,狗会放弃反抗,一动不动,接受被电击的命运。接下来,把接受过这种训练的狗和没接受过训练的狗都送到一个新设计的笼中,这个新的笼设计了一个隔间,通过一个洞进入到隔间后就能避免被电击。之前遭到持续电击的狗再受到电击时已学会了一种"自暴自弃",在新的笼中依然放弃努力而原地不动;但没经过此种训练的狗则很快进入隔间,从而避免被电击。

从这个看似简单的实验中,赛利格曼悟出了一个道理:其实人也会像这被电击的狗一样,遭受到的挫折多了,也会学到一种自暴自弃,这就是所谓的"习得性无助"。在学习中我们也很容易看到这种现象,有些同学遭遇的失败多了,于是就破罐子破摔,甚至不想做力所能及的努力,自暴自弃了。

赛利格曼早期的这些研究多是关注人的消极行为或是病态现象,天天做这样的研究,让他变得很沉重,时常愁眉苦脸。有一天,他与五岁的女儿在自己家的花园里种花,女儿不经意的一句话让他顿住了。女儿对他说:"爸爸,你怎么总是愁眉苦脸啊?我都没怎么见你开心啊!"女儿的话让他有些吃惊,他开始思考:人为什么要这样不开心啊,为什么不能开心一点呢!

这样的反思竟然改变了他后来的研究方向,也改变了美国心理学的发展方向。他决心更多关注人类的更积极的方面,关心人的幸福和快乐,关注人的乐观和正能量,而不是偏执地只关注人所遭遇的挫折创伤、病态心理。最终他开创了积极心理学取向,成为积极心理学之父。

反观我们自己的研究,也经历了类似赛利格曼这样的转向。关于心理健康归纳起来,我们做了两方面的研究。一方面,我们要探索心理障碍的海洋。我们要知道,心理障碍的海洋会有多宽,又有多深。具体地说,我们要探知什么是心理障碍,有哪些心理障碍存在。最为严重的心理障碍是什么,而轻微的心理障碍又是什么。在这方面我们的确做过大量的研究,基本分清了各种心理障碍,而且能够去测量它。但正如赛利格曼一样,他早期的研究也大多关注人的消极面,但回过头来还需要探究人积极健康的东西。正面的健康的东西应该是无限的,就像宇宙一样,因此我们更需要去探索人的积极健康的宇宙有多宽广。所以,我把这两方面的内容称为"探索'深海'与'宇宙'"的故事。

我们的研究团队在过去的十多年中进行了心理学的"深海探测研究"。例如,我们发展了《心理障碍评定量表》(PDS),并在一些大学、中学、公司企业中应用。它能通过剖面图清晰有效地反映出个体在六大方面的状况。在广泛的施测中,我们也明确了如今大学生所面临的主要心理问题。依次分别是:人际问题、躯体化问题、网络成瘾、自杀风险。也就是说,大学生心理问题主要表现为:在人际关系中遭遇麻烦,用躯体症状来表达复杂的心理困扰,在陷于绝境的时候出现自杀风险,以及网络成瘾带来严重的生活功能破坏。

同时,我们也进行了心理学的"宇宙"探索,即对积极的、健康的心理的探索。当我们知道了心理障碍有哪些后,我们对心理健康是怎样的还很不清楚。在心理学最为发达的美国,心理学家至今也无法确定心理健康是怎样的。对于何谓心理健康,这一点我们更不能盲从于美国心理学家。因此,我们发展了评估积极的心理健康的问卷《心理健康风格问卷》,可以全面地评估和了解一个人的真正的积极的心理健康水平。

我们应该反思的问题是:我们既应该了解一个人的心理障碍有哪些,是怎样的;还要了解一个人积极的潜能有多大,心理健康是怎样的。心理学的深海和宇宙都是应该被探索的领域。只关注大学生的心理问题或者心理障碍是片面的,从一个人心理问题的程度不能直接推知其健康的水平,这种"不健康"的测量取向是一个误区。可以说,在今天,用症状量表去评估大学生的心理健康,是21世纪的一场闹剧。我们应当同时关注学生的心理障碍和健康潜能:既要知道可能有多大的问题,又要知道有多大的弹性、修复力和潜能。

思考问题:你如何理解心理健康的意义和价值?
推荐阅读:赛利格曼《活出最乐观的自己》。

第五讲　教育平等的内涵与意义[1]

许庆豫

乍看之下,教育平等与教育分流是两个相互抵牾的范畴,而实际上两个范畴之间存在着一定的联系。本文将在分析教育平等和教育分流范畴的基础上,说明这种联系,为人们理解教育平等和教育分流现象提供一种视角。

一、平等与教育平等

平等和教育平等是两个极为复杂的范畴。许多思想家都曾对这一范畴进行过论述,其中许多观点具有深刻和久远的启发价值。

在马克思主义看来,平等是消灭阶级剥削和阶级压迫,实行按劳分配,并在社会进步达到较高水平后实行按需分配的社会状态。具体地说,马克思主义将平等的终极意义理解为分配平等和结果平等。这样的平等反对任何阶级结构。如果按照马克思主义的平等观审视教育,那么教育平等就是一种无差别的平等,包括教育对象、教育机会、教育过程和教育结果多方面的平等。显然,这是人类的崇高理想和最终目标,在具体的社会发展阶段,这样的理想和目标具有显著的指向和激励效应。

自由主义是与马克思主义对立的思想和意识形态,其平等观同样是马克思主义平等观的对立面。在自由主义看来,平等是指机会平等,而不是分配平等和结果平等。自由主义将平等理解为机会平等,而结果反映个人的差异。由于这样的差异体现了个人能力、优点、抱负和努力程度,所以具有一定的合法基础。依据这样的差异,人们可以拥有自己的财产,这些财产虽然表现出人们的不平等,却导源于人们的平等机会、努力、能力和抱负水平。更主要的是,这样的差异具有社会价值,能够激发人们不断攀登财富、地位和声誉的高度,是社会进步的动力。机会平等观的当代制度表现是市场体制。市场

---

[1] 本讲为国家自然科学基金项目"教育政策实施效应研究:基于义务教育政策实施的调查和分析"(项目批准号:71473173)的阶段性成果。

为人们的付出提供平等的机会,同时为人们提供了选择,鼓励人们相互竞争,并努力发挥自己的才能。正是由于差异和竞争,效率才会不断提高,文明才会进步。

自由主义的平等观本质上倡导教育机会平等,并且赋予教育机会平等积极的价值,而忽略或否定教育结果的平等。但是,如果将自由主义平等观贯彻到底,那么,社会上的一些人们将会由于能力、努力和抱负水平的差异而形成阶层差异和社会矛盾。如果看到,人们的能力、努力程度和抱负水平与其家庭背景呈现明显相关,那么,自由主义的平等观的缺陷将会更为明显。家庭背景优越的人们由于拥有较好的经济资本、文化资本和社会关系资本,因而具有较好的能力起点、较高的抱负水平和较大的努力程度,而家庭背景较差的人们没有可以与家庭背景较好的人们比拟的经济资本、文化资本和社会关系资本,其能力起点、抱负水平和努力程度相对较低。因此,自由主义的教育平等观实际上可能使已经处于优势社会地位的人们可以在既有的基础上获取更多的优势,而处于劣势社会地位的人们日益陷入劣势,并形成社会的两极分化和冲突。

当代思想家罗尔斯(Rawls·John)的平等观既不同于马克思主义的平等,也不同于自由主义的平等。在罗尔斯看来,平等并非绝对平等,而是包容了差异和充分顾及社会下层人们利益的平等。这种平等是人们在无知之幕下,对自己地位、能力和整个外界无知和唯恐自己落入社会底层的前提下,达成的一种契约。[1] 罗尔斯的社会平等观或正义观启发了人们关注不同阶层人士的教育,尤其是社会下层人士的教育。美国20世纪60年代实施的教育过程的"反向歧视",可以在罗尔斯的著作中找到思想共鸣。

另一位思想家诺孜克(Nozick·Robert)的平等观念与罗尔斯的平等观念截然不同。诺孜克指出,不平等的起源是人们不同的天赋、不同的习得技能、不同的能力和不同的资源导致的状态。在他看来,公正的社会无须刻意追求平等,无须建立中央机构对人们的劳动所得进行再分配,而应让人们享有完全的支配自己劳动所得的权利。政府机构既不是不平等的起源,也无能消灭不平等。诺孜克相信,平等常常意味着权利的失去。为了平等,一部分人必须拿出自己的部分财产,以供再分配。这种权利的丧失不仅对有产阶级如此,对无产阶级同样如此。因为无产阶级为了取得再分配的资源,将会依赖政府或一定的组织,从而放弃自己的部分或全部的独立和自由。

倘若将罗尔斯与诺孜克二人的观点运用于教育平等,便形成两种对立的观点。对罗尔斯来说,实现教育机会平等,需要为所有儿童提供平等的机会,

---

[1] Rawls,John. A Theory of Justice. Oxford:Clarendon Press,1972:82.

因而政府公立的和免费的教育机构就是必需的,这样的教育机构保障了在社会结构中处于不利地位的社会下层人士的教育机会。但是,对诺孜克来说,教育平等就是每个人充分地利用自己的劳动所得和财富,选择最适合自己的教育。因此,公立教育系统没有必要存在,政府对教育的干预也没有必要存在。诺孜克的观点是极端的,却是有用的。如果一味强调诺孜克的平等观,那么,一些人将永远无法取得教育机会平等,并形成无法改变的僵硬的阶层分界和阶层差异,社会各个阶层之间的流动将会停滞,陷入封闭的和落后的社会状态。但是,他的平等观提醒人们避免走向平等的极端,沦入绝对的平均主义,并导致人们丢失一些必要的权利。

再一位对平等和教育平等研究做出贡献的当代学者是莱尹(Douglas·Rae)。莱尹系统地讨论了平等的范畴,他的观点从多方面启发人们审视教育平等。香港学者曾光先生概括了莱尹的观点,并在莱尹的理论基点上具体地叙述了教育平等的多种含义。[1]

第一,平等的对象。从这一角度理解平等,其内容包括:其一,简单的个人平等。即在指定的全体平等对象中,祈求每一个对象获得完全相等的待遇。典型例证是选举中的"一人一票"制度,在这样的制度下,全体具有法定权利的选民享有完全相同的资格。在教育中,简单的个人平等极为少见。因为教育无法为每位学生提供完全相同的待遇。其二,以组别内的个人为对象的平等。平等的对象被归入不同组别,在同一组别内,个体获得相等的待遇。但是,各组之间并不存在平等。在教育中,教育政策将教育对象分为天才、普通智能和弱智三类,一方面给予每一组类教育对象不同的待遇,另一方面给予每一组别内部的教育对象相等的待遇。其三,以组别为对象的平等。这一类平等将平等的对象分为不同的组别,追求组与组之间的平等,使不同的组别接受相等的待遇。但是,在不同组别内部,具体个人的待遇并不相等。在教育政策上,一些追求性别平等、种族平等和阶层平等却淡视性别、种族和阶层内部平等的主张,就是以组别为对象的平等。

第二,平等的资源。在这里,需要明确可以用来进行平等分配的资源和社会大众要求平等的资源。在实际的社会生活中,两者之间并不等量,存在巨大的差异。从教育的角度看,平等化的资源无疑是教育服务。政府所能提供的不同层次、质量的教育机会数量和学习年限,可以被看作平等化的分配资源;社会上各个家庭要求获得的教育的类型、年限、学历等,可以被看作平等化的要求资源。在现代社会中,教育平等化的分配资源总是落后于平等化的要求资源。当平等化的分配资源落后于平等化的要求资源时,就会出现两

---

[1] 曾荣光.香港教育政策分析:社会学的视域.香港:三联书店,1998:127—144.

种选择:其一,边际平等。当可供平等化的资源少于平等化的要求资源时,一种做法是立足于分配范围,把可以平等化的资源平等地分配于平等的对象,而不考虑每一对象原有的基础和这种基础所造成的分配结果的不等。普及初等义务教育就是边际平等的例证。这种平等将可供分配的学额平等地分配给所有适龄儿童,而忽略每一个儿童接受教育的起点的不平等。这种平等的结果是,一部分起点较低的儿童在其后接受教育的过程中将处于落后境地。因此,这种平等的分配起点和分配结果仍然是不平等的,因而,这种平等是一种边际的平等。其二,整体的平等。当可供平等化的资源少于平等化的要求资源时,不平等地分配可以平等化的资源,以祈求分配结果上的平等。例如,将更多的教育资源分配给起点较低的学生,缩小起步高低不同的两类学生之间的差距,促进两者之间的平等。整体的平等也称为"积极性歧视"或"反向歧视"。

第三,平等的目标。平等的这一思考取向区别了结果平等和机会平等。结果平等是指平等化的目标是使每个平等对象取得相等的成就或结果。在教育中,结果平等的目标就是实现每个学生和每类组别学生学习能力、学历和就业出路的平等。机会平等的宗旨是让每个平等对象享有相等的成功概率。在教育中,机会平等力求为每位学生提供平等的入学机会、平等的教育待遇和平等的教育政策,而放弃学生学习结果的平等。

第四,平等的选择原则。多种平等取向加以组合,可以获多种平等选择。因此,平等引起的争论实际上与人们在不同选择意义上讨论平等相关。面对多种选择,莱尹提出了选择平等的原则。其一,平等考虑。这一原则的内容是,人人皆应获得平等的待遇。如果没有充分明显的理由,任何人都不应受到差别对待。其二,差别对待。如果人们存在差别,应该对之实行差别对待,例如,对待弱智儿童与高智商儿童的政策应该相互区别。差别对待应该以"平等考虑"为基础,即在平等的基础上以不同的方式对待不同的对象。其三,切合性原则。这是处理差别对待的基本原则。这一原则要求平等或不平等待遇切合平等化的对象,符合平等化对象的利益。

又一位当代学者柯尔曼(Coleman,James S)系统和直接研究教育平等。柯尔曼的突出贡献是主张从不同的角度审视教育平等,并提出多种教育平等概念,包括教育机会平等、教育过程平等、教育资源平等、教育结果平等和教育效果平等。此外,他还提出矫正平等和补偿平等概念。矫正平等的内容是采取经济措施补偿那些能力优秀但没有优越背景的人;补偿平等的核心问题是对那些生来基因不良,或者处于恶劣环境中的人进行补偿。[1] 柯尔曼多

---

[1] Coleman,James. Equality and Achievement in Education. Bouler: Westview Press, 1990:5.

种平等概念开拓出新的探讨教育平等的思路,对人们认识和评价教育平等具有重要的启发意义。

香港学者卢乃桂(Leslie N. K. Lo)在考察中国内地和香港教育的基础上认同柯尔曼的平等观念,同时归纳出理解教育平等内涵的思路。在他看来,在很长的时期内,教育平等主要是指教育机会平等。而教育机会平等的一个重要内涵是,只要学生享有平等的接受教育的机会,那么,即使结果不平等,这种不平等也是可以接受的。卢主张,人们可以从多方面审视教育平等。他说:"如果教育是一种持续的选拔人才的过程,那么,人们可以从入学、时限(survival)、结果、成效方面考察教育平等。其中,入学平等是指人们进入学校的机会平等;时限平等是描述人们是否可以接受特定程度的教育;结果平等描述人们在教育过程中学习相同教育内容的可能性;成效平等描述人们取得相同教育成果的可能性。"[1]

以上归纳了多位探讨平等和教育平等的思想家与学者的观点。在教育平等的研究课题中,这些思想家和学者的观点包容了观照教育平等的多种视角,概括了教育平等的丰富内涵。因此,理解他们的思想和主张,无疑可以深化人们对教育平等这一范畴的认识,把握这一范畴的实质。本文主要依据莱尹和柯尔曼教育平等的观点分析我国教育分流与教育平等的关系。

二、我国教育分流的形式与层次

在这里,教育分流特指依据学业考试成绩和学术性向测验成绩,将学生分门别类,进入不同的学校和课程轨道,按照不同的要求和标准,采用不同的方法,教授不同的教育内容,使学生成为不同规格和类型的人才。教育分流直接为学生从事不同的职业和进入不同的社会阶层奠定基础。[2] 需要说明的是,这里采用的教育分流概念排除了依据种族、宗教、民族和性别实施的分流。

在我国的学校教育中,教育分流主要表现为四种形式和四种层次。从形式上看,分流包括:其一,小组分流。我国学校教育中的这一分流方式是指依据学术性向、学业成绩和学生兴趣特点,将学生分别组入不同的学习小组,典型的形式是数学训练小组、物理训练小组等,包括高、中、低三个水平。其二,

---

[1] Leslie N. K. Lo. Quality and equality in the educational development of Hong Kong and the Chinese mainland. Educational Research Journal, 1999, 14(1): 13—48.
[2] Jones, John & Anthony C Harris. Streaming in first—year university classes. Studies in Higher Education, 1990, 15(1): 21.

班级分流。这一分流形式是指依据学业考试成绩,将学生分为不同的固定的班,例如重点班与非重点班,分别按照不同的学习要求和教学进程,运用不同的方法进行教学。其三,学校分流。这一分流形式是依据学业考试成绩,将学生分别导向不同的学校。其四,毕业分流。这一分流形式是指社会各行各业依据学生毕业的学校以及在校期间的学业成绩等方面的表现,吸收不同的学生。

换一个角度,从层次上看,我国学校教育分流包括四个层次:

其一,小学教育分流。在我国小学阶段,撇开城市和农村之差、发达地区和欠发达地区之差不论,在同一城市或地区,小学仍有着重点与一般之差。中央政府和各地政府为了解决重点小学生源拥挤与有限的容纳能力之间的矛盾,普遍采取小学分区招生,学生就近入学的政策。但是,在很多地区和城市,仍然有少数小学享有较高的地位,而进入不同小学,影响着学生今后的教育流向。

其二,初中入学分流。由于初中阶段的学校在质量、设施和教师素质方面存在差异,与小学一样,也被分成重点和一般,并因而成为分流的动因和表现。

其三,高中阶段学校入学分流。我国高中阶段教育具有多种特点。特点之一是学校类型多样。包括普通高中、职业中学、技工学校、中等专业学校等。每一类型学校中还可以进一步分为更具体的种类。例如,普通高中可以分为重点普通高中和一般普通高中,职业中学分为重点职业中学和一般职业中学,中等专业学校分为中等师范学校、中等财会学校和中等卫生学校,等等。不同类型的学校在社会和教育系统内部享有不同的地位。特点之二是教育任务多样。以普通高中为例,这类高中承担着为高等学校输送合格新生的任务和为社会各行各业输送合格劳动力的任务。特点之三是意义重大。就国家和社会而言,高中阶段教育肩负培养合格社会成员和各行各业劳动力的任务,同时承担为国家和社会精英阶层选拔和输送合格新生力量的使命。就个人和家庭而言,进入何种类型的高中,左右着个体的人生历程,制约着个体的经济收入、社会地位和生活方式。因此,高中阶段学校入学分流具有极其重要的意义。

其四,高等学校选拔分流。这一分流是指通过高等学校招生选拔考试,将学生分入不同的高等学校,并在高等学校毕业后从事社会地位、经济收入和社会声誉不同的职业。无论人们是持否定抑或肯定的评价取向,教育分流都是我国教育实践不可缺少的环节和教育体制的构成要素。

教育分流的这种性质可以从对我国教育分流性质的分析中看出:

第一,我国教育分流具有复杂的社会、经济、政治和文化根源。社会分工形成社会地位、经济收入、生活质量和发展机会不同的职业,而从事社会地位、经济收入、生活质量和发展机会较好的职业需要较高的教育程度。但是,较高程度的教育机会毕竟有限,并非所有人都能得到,只有那些在教育分流中居于优胜地位的人们才能享有较高程度的教育机会。这种情形致使教育成为人们走向自己向往的职业的主要和合法的通道,同时也使人们为了未来的社会地位、经济收入、生活质量进行教育上的竞争。在竞争中,教育承担起分流和选择功能,并因此发散出巨大的魅力,进一步吸引人们接受教育,介入教育竞争和教育分流,形成职业、竞争和教育分流的不断往复循环。

第二,教育分流是教育的内在性质。其一,教育分流是教育目标的重要内容。教育目标的核心是培养和选拔适应社会需求的多种类型与多种规格的人才,而教育分流制约着教育目标的实现。因为只有通过教育分流,教育才能培养出不同类型和规格的人才。其二,教育分流是构成学校教育制度的要素。学校教育制度根据社会需求,将学校划分为不同类型和层次,这种划分的意义在一定程度上需要借助教育分流体现出来。

第三,教育分流是教育适应社会的基本途径。其一,教育分流展示了教育的价值。通过教育分流,教育为社会的不同领域和阶层培养多种类型、多种规格的人才,提供了多种层次与内容的服务。其二,教育分流展示了成绩优秀学生的命运和社会地位,表现了教育的性质和魅力,成为国家、社会和大众关心的重要课题。一方面,我国教育分流在整个教育系统中发挥着不可或缺的作用;另一方面,我国教育分流导致一些教育和社会问题产生。因此,在这种情形下,对教育分流应该采取具体的分析态度,而不是全盘否定或全盘肯定。

我国教育分流现状滋生的一系列问题有:

第一,从学生方面看,众多的学生如果希望通过学校选择和分流而获得社会的承认,或者取得理想的社会地位,那么就必须在整个教育过程接受多次分流,并在分流中走向质量、层次和类型较优的学校。这样就迫使青少年学生应付从小学、初中、高中到大学的各级升学考试和各级分流。在他们完成全部教育前,在任何一级分流中被淘汰,往往意味着很难进一步深造,很难被选拔到较高层次的职业和社会地位上去。学校教育分流机制的这种价值取向,必然导致个人和学校企求升学。因为无论是对学校还是对学生个人来说,只有在分流中处于有利地位,通过高一级学校的认可,才有获得社会承认的可能。因此,分流的重大意义造成两种极端现象:强化学生负担,片面追求升学率;如果升学理想破灭,那么就产生读书无用意识。

第二,分流导致学生产生社会偏见。分流和考试的缺点是养成狭隘的学业成就观念,歧视处于社会底层和学业成绩较差的学生。[1] 这是国外教育分流产生的现象,在我国,这种情形同样存在。

第三,通过分流,人们可以预见学生的未来。研究发现,学习职业课程的学生与学习学术课程的学生相比,在人生道路上自我评价较低,生育率较高,离婚率较高,教育程度较低,社会地位较低,总之,职业课程学生在许多方面均逊于学术课程学生。[2] 这样的现象可以在一定意义上解释为什么我国落后地区的生育率、辍学率大大高于发达城市,职业中学学生的生活抱负低于普通中学学生。

第四,教育分流说明,不同的课程对学生的学业成就影响显著。研究发现,由于分流,不同课程的学生倾向于两极分化,原来成绩理想的学生更为优秀,而职业课程中学生的学业成绩进一步下降。学业成绩影响教师期望,从而使学术中学学生受到较多的表扬,职业中学学生则受到更多的批评。[3] 这种期望或批评对学生的自我感觉具有很大影响。学习学术课程的学生由于面对较高的期望和评价,有着较好的自我感觉,学习职业课程的学生由于受到批评,自信心和整个的自我感觉都差于学术课程学生。[4] 这样的现象在我国学校中也有相似的表现。

三、教育平等与教育分流的关系

综观柯尔曼和莱尹等人的教育平等观点,以及教育分流的形式和层次、教育分流的性质和存在问题,可以窥见教育分流与教育平等之间的关系。这种关系的主要内涵是:一方面,教育分流无疑是对教育结果平等的直接挑战和冲突;另一方面,基于公平的学业成绩考试上的教育分流与教育机会平等具有内存的联系。这里将搁置教育分流对教育平等的冲突,而集中论述教育分流与教育平等的联系。

在理论上,从教育机会来看,当代中国社会的教育分流可以体现机会平等的含义。在当代中国,教育分流的基本工具是国家的考试制度。而国家考试制度,尤其是各地高中阶段学校入学选拔考试和高等学校入学选拔考试是平等地面向所有具备条件的考生的,具有普遍公认的公平和客观性质,考生

---

[1] Pigford, Aretha B. Instructional grouping: purposes and consequences. Clearing House, 1990,63(6): 261.
[2] Furr, L. Allen. Curriculum tracking: a new arena for school social work. Social Work in Education, 1993,15(1):35.
[3] 同[2]。
[4] 同[2]。

的考试成绩直接决定他们未来可能接受的教育程度和教育类型。随着考试制度的改革,考试的公平和客观性质无疑会更为突出。从这一意义可以看出,我国依据学术考试成绩而实施的教育分流没有排除教育机会平等,而是通过考试为所有具有相当条件的考生提供了平等的机会。因此,以考试为工具的教育分流实质上同样体现了教育机会平等的含义。

从教育对象来看,当代中国的教育分流可以透出组别内的平等的含义。教育分流将学业考试成绩不同的学生分别引入不同的学校和课程,接受不同类型和程度的教育。这样的教育分流一方面差别对待不同类型教育的受教育者,另一方面,却使不同类型教育的受教育者在一定的教育范围内接受大致相当的平等对待。如果将考试成绩悬殊的学生纳入同一教育类型,实际上很难取得理想的平等效果。科尔曼在自己的代表作《科尔曼报告》中对教育平等研究提出了四点主要结论:① 学校质量与学生的社会组成呈现微弱相关,学校质量标准和学生平均社会身份变量也只有很弱的相关。这说明,尽管不同出身的儿童就读的学校之间存在一定的差异,但这种差异并不具有统计学上的意义。② 不同社会出身的学生之学业成绩与学校质量指标之间只具有极小的相关,即虽然学校的物理和经济因素对学生学业成绩有一定的影响,但这种影响并不重要。③ 学校内部的成绩差异大于学校之间的成绩差异。这意味着造成学业成绩差异的主要原因并非学校质量。④ 影响学生取得学业成功的最为重要的因素是学生的智能和家庭背景。同时,在学校质量指标中,教师素质无论对何种社会出身的儿童的学业成绩都具有重大影响。科尔曼的结论启发人们看到:一方面,学生之间的差异主要存在于学校内部。因此,减少或淡化差异的主要任务存在于学校内部,而不是通过否定教育分流消解差异。另一方面,学生的主要差异源于学生的智能、家庭背景和教师素质,而非教育分流导致学生成绩差异。

综合科尔曼的观点能够看到,教育分流依托于学生之间的成绩差异,但是,在对学生进行分流后,教育分流却为人们集中精力减缓学校内部分流提供了有利条件。因为将有着一定的同质性的学生集中于同一学校,便于教师根据学生的共性进行教学和管理。倘若人们能够在政策上对教育分流中处于不利境地的学生和他们接受教育的学校实行优惠倾斜,例如,给予更多的资源和配备更好的教师,那么,教育分流所带来的减缓学生之间差异的有利条件将会更为明显。因此,从教育对象上看,教育分流并不必然与教育平等相互抵牾。

从教育资源上看,当代中国的教育分流可以为整体平等提供条件。即相对集中和有效地使用有限的资源,照顾处境较差的学生和弱智残疾学生。这样做的一个明显理由是,教育的可平等化的资源始终少于社会大众要求平等化的资源,在这样的前提下,依据一定的客观标准将学生分流,集中针对其中一部分学生分配有限的资源,不仅是经济学的效益要求,显然也是实现教育的"整体平等"的必要前提。

从平等价值和原则来看,当代中国社会的教育分流涵盖公平考虑、差别对待和切合原则并重的含义。从我国教育平等的目标和教育平等的历史沿革过程来看,当代中国社会的教育分流确认教育平等的相对性和教育不平等的事实。教育平等与教育分流的沿革昭示,人们应该承认教育平等的价值和教育平等的相对性,看到实现教育平等过程的漫长与复杂的过程,而不应单纯以教育平等为价值目标否定教育分流。相反,应该理性地审视教育分流,使其更能体现教育平等的价值。如前所述,在教育分流体制下,人们倘若能在教育政策上对教育分流中处于不利境地的学生和他们接受教育的学校实行优惠倾斜,则不仅可以体现"平等考虑",而且能够较好地体现"差别对待"和"切合原则"。

在实践中,以教育平等为标准评析我国教育分流,可以看出,我国教育分流与教育平等同样具有密切的关系。第一,教育分流与教育机会平等的部分内容并存。《中华人民共和国教育法》第一章规定,公民不分民族、种族、性别、职业、财产状况、宗教信仰等,享有平等的受教育机会。教育的平等原则保障了全体公民的教育机会平等。在这里,教育分流一方面表现为不同的受教育者可能进入质量不同的学校,另一方面,这样的分流没有排斥教育机会平等,因为所有儿童均平等地享有接受教育的机会。这一点在《中华人民共和国教育法》有关义务教育制度的规定中同样得到说明。《中华人民共和国教育法》规定,义务教育具有免费、普及和义务的性质,法律的一些规定保障了全体适龄儿童的受教育权利和教育机会平等,极大地促进了我国教育的发展和义务教育的普及。在教育的其他层次上,由于入学和选拔标准主要依据学生的学业成绩,所以可以说,教育分流并没有放弃教育机会平等。人们在实践中看到教育分流的时候,同时应该看到,教育分流与教育的机会平等并无绝对的颉颃。

第二,职业教育和其他类型高中阶段教育的分流,以及高等教育入学考试的分流,在一定程度上体现了莱尹的整体平等、公平考虑和适切原则。实施高中阶段的分流,不仅是国家经济、社会、文化发展对不同层次人才的要求,同时体现了国家为不同对象提供符合他们能力和需要的教育这一公平考虑原则,这是在平等化资源相对稀少的情形下的一种理智的选择。这样的分流在任何国家都是教育实践的组成部分。

第三,在我国教育实践中,教育分流还反映了"积极性歧视"的平等原则。其突出标志是《中华人民共和国教育法》专门规定,扶持和帮助少数民族地区和落后地区发展教育事业。国家特别设立了专门的扶持贫困地区和少数民族地区的基金,促进这些地区的教育发展。提出这一规定的前提正是承认教育的区域差异的存在,并据此促进不同区域之间受教育者的教育机会平等或整个社会教育中的整体平等。

在《中华人民共和国教育法》实施前,中共中央颁布的《中国教育改革和发展纲要》已经提出教育分流的明确政策规定。这份重要的教育改革文件对教育分流的总的规定是:有计划地实行小学后、初中后、高中后三级分流,大力发展职业教育,逐步形成初等、中等、高等职业教育和普通教育共同发展、相互衔接、比例合理的教育系列。具体规定是:① 九年制义务教育尚未普及和一时难以普及的地区,进行小学后的分流,发展初等职业教育。② 大部分地区以初中后分流为主,大力发展中等职业教育,逐步做到50%～70%的初中毕业生进入中等职业学校或职业培训中心。到2000年,各类中等职业学校年招生数和在校生数占高中阶段学生数的比例,全国平均保持在60%左右,普及高中阶段教育的城市达到70%。③ 积极发展多样化的高中后职业教育和培训。通过改革现有高等专科学校、职业大学和成人学校,以及举办灵活多样的高等职业班等途径,积极发展高等职业教育。④ 职业教育的培养目标应以培养社会大量需要的具有一定专业技能的熟练劳动者和各种实用人才为主。⑤ 全国中心城市和每个县首先重点建设一两所适合本地区发展特点的、综合性的中等骨干职业学校或培训中心,同大量形式多样的短期培训相结合,形成职业教育的网络。全国逐步建成约2000所重点职业学校或培训中心。文件不仅明确提出了教育分流的合法的政策基础,同时具体规划了教育分流的方案。文件精神在一定意义上不仅概括了分流的层次,甚至比较系统地规定了普通教育与职业教育分流乃至职业教育内部的各种类别或各种分流。中国教育的基本法律和重要政策对教育分流的间接或直接规定,实际上是在一定程度上肯定了实践中的中国教育分流与教育平等的联系。

以上从理论和实践两个方面概述了教育分流与教育平等的联系。需要说明的是,我们在理解教育分流与教育平等关系的同时应该看到我国教育分流淡化教育平等的现象。这一现象是没有确立进步的教育平等观念与没有全面理解国家法律和中央重要教育政策的表现。

第一,我国教育分流导致教育资源分配不平等。我国教育资源分配不平等相当严重。其一,教育资源不平等表现于重点学校与一般学校之间。以中学和小学为例,重点中学和重点小学在师资素质、教育经费、教育设施等各个方面都远远优于一般中学和一般小学。其二,教育资源分配不平等表现于城市、集镇和乡村之间,其中,城市学校的办学条件远远优于集镇和乡村。如果将教育资源不平等与教育分流结合起来进行考虑,便会发现,在教育分流中处于劣势的学校,在教育资源方面同样处于劣势。教育资源分配不平等严重侵蚀着我国法律规定的教育平等原则,极大地降低了我国教育平等水准,扭曲了教育分流本来应有的价值。

第二,教育分流的一些形式、内容和层次与莱尹及柯尔曼提出的平等主张及公平考虑、差别对待、适切原则等观念相悖。义务教育起点阶段的任何分流形式和内涵都与教育机会平等原则相互矛盾。同一学校内部将学生分为三六九等,并据此差别对待不同的学生,是典型的组别内的不平等。同一地区同一类学校之间的差别,都与平等原则相互抵触。

值得提及的是,我国的教育机会偏少,在一些地区和时期内上述问题更为严重。我国是一个人口大国,同时也是一个经济不发达大国。相对于人口,我国的教育相当落后,由于没有足够的经济基础扩大和发展教育,因而教育机会匮乏。教育机会不足,尤其是高质量、高层次教育机会严重匮乏,导致教育竞争激烈和教育分流功能特别显著,并趋向不平等。每万人口中大学生数量稀少,以及大学生在整个学生中的比例微弱,都说明高程度和高质量教育的需求极高,而高程度和高质量教育机会过少,必然导致教育竞争过度激烈,也折射出教育分流功能的异常强大。因此,可以说,教育分流虽然与教育平等具有一定的联系,是我国教育和社会无法回避的体制,但同时也是我国教育和社会中许多问题的致因。

四、结　语

尽管教育分流存在许多问题,但是,克服教育分流的弊端,并不能依靠消灭教育分流的方法。正确的做法应该是确立进步的教育平等观念,制定充分考虑多种平等内涵的政策,同时增加高质量和高层次的教育机会,借此对教育分流进行解读,强化教育分流与教育平等之间的联系,使其成为社会体制和教育系统中健康和充满活力的组成部分。

思考题:
1. 如何理解平等的内涵?
2. 如何理解教育平等与一般平等的关系?
3. 平等和教育平等的现实启发意义是什么?

推荐阅读:
1. 弗朗西斯·C.福勒.教育政策学导论.许庆豫,译.南京:江苏教育出版社,2007.

2. 孙远太.文化资本与教育不平等.北京:知识产权出版社,2013.

3. 董泽芳.高等教育分流的理论与实践.武汉:华中师范大学出版社,2010.

4. 许庆豫,卢乃桂.教育分流论.南京:江苏教育出版社,2005.

5. 马立武.现代美国高等教育中平等权利法律保障研究.北京:北京师范大学出版社,2010.

6. 许庆豫.教育发展论.福州:福建教育出版社,2004.

第六讲　大学生：成为"操心"的"此在"[1]

母小勇　蒲　杨

目前,培养大学生创业能力和创新能力的问题越来越为人们关注。大学当然是创业人才、创新人才的摇篮,培养大学生的创业能力和创新能力是高等教育的重要目的。创业人才、创新人才的成长和发展归根结底是个体在"领会"、认知和把握社会和自己的基础上,通过自主设计、规划和奋斗实现的。自主性在创业人才、创新人才成长过程中发挥着重要作用。因此,国内外大学越来越密切关注大学生的自主成长与发展,在给大学生提供更加广泛的文理通识知识的同时,也通过各种途径为大学生自主发展提供环境和条件,以实现创业人才、创新人才的培养。但是,我国大多数高等学校总是怀疑大学生"自我扬弃""自我创造""自我设计"和"自我超越"的能力,往往用同一模式"塑造"他们,导致他们创新精神、创业意识和创业能力缺乏。有学者认为,我国现行高等教育中仍然存在着七种缺失:入学教育"实质内容"缺失,人才培养观念中"人"的缺失,课程设置上"理论与实践相结合"缺失,课堂教学中"学生主体性"缺失,人才评价中"创新机制"缺失,大学生年度奋斗"目标"缺失及毕业典礼中"成就感"缺失。[2]这七种缺失不仅造成了大学生在校学习与生活的种种困境,也带来了大学生就业、创业的困难,更制约了创新人才的成长和发展。为了在大学培养创业人才和创新人才,从培养模式方面解决大学生就业、创业的困难,必须清楚创业人才、创新人才的成长与发展机制,清楚大学能够为创业人才和创新人才的成长和发展提供什么环境和条件。本文将以马克思实践哲学为指导,吸收海德格尔"此在"(Dasein)的思想,探讨创业人才和创新人才"自我扬弃""自我创造""自我设计"和"自我超越"的发展可能性、成长机制和条件。

---

[1] 基金项目:教育部人文社会科学研究规划基金项目"高等教育哲学的人学基础研究"(项目批准号:10YJA880101)。
[2] 党亭军.高等教育中的七种缺失及弥补措施.高等教育研究(成都),2008(1):4—5.

一、实践的人与"操心"的"此在"

马克思实践哲学认为,人的本质属性是在劳动基础上形成的社会关系的总和。马克思批判了费尔巴哈只把人看作"感性的对象"(即只抽象地谈论人,没有看到真实存在着的活动的人)的观点:"因为他从来没有把感性世界理解为构成这一世界的个人的共同的、活生生的、感性的活动。"马克思实践哲学认为,人是"现实的个人","人的感性活动"是人存在的表现。也就是说,人是实践的人。同时,"正像一切自然物必须产生一样,人也有自己的产生活动即历史……它作为产生活动是一种有意识地扬弃自身的活动"。人的"正常状态是和他意识相适应的,而且是要由他自己创造出来的"。人"要扬弃对象原有的规定性,并赋予新的规定性,实现人的目的。为了消灭外部世界的规定的(方面、特征、现象)来获得具有外部现实形式的实在性","人们不应当再拿某种不以个人为转移的 tertium comparations(用作比较的根据即标准)来衡量自己,而比较应当转变成他们的自我区分,即转变成他们个性的自由发展,而这种转变是通过他们把'固定观念'从头脑中挤出去的办法来实现的"。

海德格尔也回避根据人与世界相区分的性质或属性来定义人。他从现象或事物出发,首先理解"现实"的人和"现象或事物"中的人,然后理解一般的存在(包括人与世界的存在)。对于人的理解,他主张"面对事情本身",确立"人"的存在和他与世界其他存在的关系。即"让人从显现的东西本身那里如它从其本身所显现的那样来看它"[1]。人并不是首先从世界中分裂出来然后再返回世界,而是本来在"操心"(Sorge)、操劳之中就与世界交织在一起,世界是人的世界,人是在世界中的人。在他看来,虽然人与世界万物都可以称为"在者",但是,能在自身"存在"或"在"(活动和过程)中显示自身者的不是任何一般的"在者",只有人这类特殊的"在者"才会对自身"存在"状况和境遇理解、领会、"操心"、追问,并对"在者"间关系进行"筹划"(Entwurf)。可见,人这类特殊的"在者"就是"实践的人"和进行"感性活动"的人。

由于人是一种特殊的"在者",海德格尔用德文词"Dasein"("此在")来描述人。他说:"这种存在者,就是我们自己向来所是的存在者,就是除了其他可能的存在方式以外还能够对存在发问的存在者。我们用'此在'这个术语

---

[1] 马丁·海德格尔.存在与时间.陈嘉映,王节庆合译.北京:生活·读书·新知三联书店,2006:41.

来称呼这种存在者。"[1]他进一步解释了为什么用"此在"描述人:"本质上由在世组建起来的那个存在者其本身向来就是它的'此'。按照熟知的词义,'此'可以解作'这里'与'那里'。一个'我这里'的'这里'总是从一个上到手头的'那里'来领会自身的;这个'那里'的意义则是有所去远、有所定向、有所操劳地向这个'那里'存在。……'那里'是世界之内来照面的东西的规定性。只有在'此'之中,也就是说,唯当作为'此'之在而展开了空间性的存在者存在,'这里'和'那里'才是可能的。"[2]显然,海德格尔首先把人("此在")同其他"在者"("非此在式的存在者")进行了区分,进而把人之存在与人的生存过程所牵涉的"这里"或"那里"相对应,与人的生存过程所遭遇的事物和现象相关联。因此,他认为人的存在与一般"在者"的存在是不同的,"此在"与"生存"关联,"此在"在"此"的这个"此"就既暴露出"此在"自身——"现身",又暴露出它周围的空间世界及世内其他"在者"。他说:"此在能够这样或那样地与之发生交涉的那个存在,此在无论如何总要以某种方式与之发生交涉的那个存在,我们称之为生存(Existenz)。"[3]

海德格尔指出"此在"有两个基本性质:第一,"这种存在者的存在总是我的存在"[4]。这一性质揭示了"此在"的单一性、不可重复性、不可替代性,突出了个体的人对自己存在方式的独特的"筹划"和选择。也就是说,人与他自己性命攸关,"此在"在其"在"中只过问这个"在"本身,并对其"在"有一种追问、领会,并通过自己把"在"展开来、表现出来。第二,"此在的'本质'在于它的生存。所以,在这个存在者身上所能清理出来的各种性质都不是'看上去'如此这般的现成存在者的现成'属性',而是对它说来总是去存在的种种可能方式,并且仅此而已。这个存在者的一切'如此存在'首先就是存在本身。因此我们用'此在'这个名称来指这个存在者,并不表达它是什么(如桌子、椅子、树),而是表达它怎样去是,表达其存在"[5]。人的"此在"的基本结构是"在世界之中",即"在世"。在世是"此在"最内在最根本的存在状态,是"此在"的先验规定性。[6]这一性质揭示了"此在"的活动性、实践性、客观性、过

---

[1] 马丁·海德格尔.存在与时间.陈嘉映,王节庆合译.北京:生活·读书·新知三联书店,2006:9.
[2] 马丁·海德格尔.存在与时间.陈嘉映,王节庆合译.北京:生活·读书·新知三联书店,2006:154.
[3] 马丁·海德格尔.存在与时间.陈嘉映,王节庆合译.北京:生活·读书·新知三联书店,2006:15.
[4] 马丁·海德格尔.存在与时间.陈嘉映,王节庆合译.北京:生活·读书·新知三联书店,2006:49.
[5] 马丁·海德格尔.存在与时间.陈嘉映,王节庆合译.北京:生活·读书·新知三联书店,2006:49—50.
[6] 徐崇温.存在主义哲学.北京:中国社会科学出版社,1986:177.

程性、目的性,突出了个体的人确实的存在,表现了个体的人关于其生存的目的和态度对他的重要性。

可见,马克思实践哲学与海德格尔关于人的"此在"的思想,在人学方面具有相通性或互补性。在海德格尔的哲学中,"此在"既指生存着的人,也指人的生存。作为生存着的人,它接近于马克思的"现实的个人";作为人的生存,它接近于马克思的"实践的人"的"感性活动"。马克思实践哲学的逻辑基点是实践,海德格尔存在哲学的逻辑基点是"操心"的本真性和"筹划"的选择性,即人对"人的感性活动"或实践的"操心"和基于"领会""操心"的"筹划"。

二、大学生自由发展与实践的"操心"

按照马克思实践哲学,大学生是"现实的个人"和在"人的感性活动"中"有意识地扬弃自身"的实践的人。这里既强调了大学生"自我扬弃""自我创造""自我设计"和"自我超越"的可能性,也突出了大学生的感性实践活动对他们自由发展的重要性。海德格尔也认为,人是自由的,自由是人的唯一最高价值。人的"现身"总与人的"情绪"关联。"此在总已经作为那样一个存在者以情绪方式展开了——此在在它的存在中曾被托付于这个存在者,同时也就是托付于此在生存着就不得不在的那个存在。"[1]海德格尔认为"此在"的这种展开了的存在性质,揭示了人的"被抛状态"。"所谓'被抛状态'是指此在是这样一种在者,它毫无理由、毫无原因地已经在此,且不得不在此。只要此在实际上存在着,它就被托付给了它不得不在的那个在。只要此在存在着,它就不得不把'已经在此'这一事实承担起来,肩负起自己本身的命运。"[2]

在海德格尔看来,人由于其存在的偶然性,自从被"抛"到世界上来,他就生活在一个绝对自由的世界,上帝、社会、科学、理性、道德、知识等都不能对人真正产生任何约束和控制作用。因此,人的绝对自由表现在两个方面:选择和行动。人的本质是由自己选择的所作所为决定的,只有通过自己选择的行动,人才能认识到自由。当然,人在自由选择的同时注定了要承担相应的责任,自由与责任是辩证统一的。自由意味着责任,责任意味着自由,没有自由就没有责任,没有责任的自由也不是真正的自由。

大学生必须对自己的主观性和自由选择负责,他要在善恶、真伪之间做

---

[1] 马丁·海德格尔.存在与时间.陈嘉映,王节庆合译.北京:生活·读书·新知三联书店,2006:157.
[2] 徐崇温.存在主义哲学.北京:中国社会科学出版社,1986:184—185.

出选择,只有他体验到焦虑、苦恼甚至恐惧、绝望,他才能真正意识到自己的存在和责任。海德格尔认为,人对自己的主观性和自由选择负责就意味着"此在"的本质是"操心"。"操心"的结构是"领会""现身情态""沉沦"和"话语"。"领会"就是从存在者的可能性展开,认识、理解、追问自身和世界的过去、现在和未来;"现身情态"就是"此在"在揭示自己和世界时,往往表现出非理性的个体情绪和焦虑;"沉沦"就是"此在"的平均的、日常的非本真展开状态,显然,当陷入"常人"状态后"此在"必然产生苦恼;"话语"就是"此在"在过程中交流关于世界中事物信息的媒介,即"此在"渴望一种明确的表达、沟通和理解的交往方式。

从马克思实践哲学来看,人同动物一样,是生命存在,但人又不同于动物,不是单纯的生命体。大学生是处于一定社会和文化中的人,是一种生命的、社会的、文化的存在与生存,因而,他的"操心"具有实践的、文化的和社会的属性。格里芬也认为:"个体并非生来就是一个具有各种属性的自足的实体,他(她)只是借助这些属性同其他事物发生表面上的相互作用,而这些事物并不影响他(她)的本质。相反,个体与其躯体的关系,他(她)与较广阔的自然环境的关系、与家庭的关系、与文化的关系等,都是个人身份的构成性东西。"因此,人必然在内心产生某种真实的焦虑,对环绕我们的人的共同体有一种个人的"操心"。也就是说,人一定会对自己过去的"实际性"操心,一定会对自己未来的"生存性"担忧,也一定会对自己当下的处境焦虑和负责。

每一个大学生都有独特的、"实际"的过去,他们来自不同的地区(城市或农村、发达或欠发达地区等)、不同的家庭(富裕或贫困家庭、知识分子家庭或普通家庭等),具有不同的文化背景(不同的民族文化传统、不同的基础教育等)、不同的身体状况、不同的气质特征、不同的性格,这些是不可改变的。他们怀着不同的求学目的和情绪或态度,在大学相遇。由于这些不同,他们各自都会确立各自的求学目的,例如,有的希望成为科学家,有的希望成为文学家,有的希望从事应用型工作,有的希望脱离贫困,有的希望离开农村或欠发达地区,有的希望自己创业,有的希望寻找到轻松的工作,等等。虽然这些目的非常具体甚至有的显得太功利,但是,它们确实是大学生的自我"筹划""自我扬弃""自我创造""自我设计"和"自我超越"。

为了实现自己的求学目的,他们产生了不同的焦虑,担心自己的过去状况是否有利于实现自己的求学目的。求学目的各异,实际反映了每一个大学生对自己未来的"生存"或发展的"筹划",是对自己未来的"操心"和担忧。为了实现自己的求学目的,大学生会因为选择专业、课程和学习方式而烦恼,会因为考试分数而紧张,会因为寻找发展机会而"操心",会因为求职困难而苦闷,会因为自我设计而焦虑,会因为怀疑自己的能力而担忧。"实际"的过去与"筹划"的未来的巨大反差,必然导致大学生进一步对自己当下的处境领会、理解和把握,必然要理解文化、理解知识、理解专业、理解职业、体验课程、体验自我、体验社会、体验他人,必然要清楚自己必须对自己当下的行为负责,从而试图使自己的学习活动对他的求学目的产生实际的意义,甚至重新决定自己的专业、重新选择课程、重新设计自己的学习活动和方式。

大学生"现身情态"和"沉沦"而产生的焦虑、苦恼甚至恐惧、绝望,以及因此对自己当下的处境的"领会"、理解和把握等,构成了大学生实践的"操心"的主要内容。大学生的这些实践的"操心"对他们的自由发展并不是消极的,相反,这些实践的"操心"是大学生"自我扬弃""自我创造""自我设计"和"自我超越"的前提,也是创业人才和创新人才成长必要的内在条件。

三、大学生的"筹划"与"自我超越"

作为"此在"的人总是依据对自身"存在"状况和境遇领会、理解、"操心"、追问,去对"在者"间的关系进行"筹划",进而"筹划"他自己的生存方式;同时,作为"此在"的人又总是通过他的生存方式来领会自己本身的存在。在"筹划"生存方式的过程中,人总是要从他本身的诸多可能性出发来领会自己本身,或者从诸多可能性中自己挑选并实现某些可能性,或者已经陷入并实现了某些可能性(这种陷入某些可能性也是一种独特的选择活动)。人就是在选择和实现某些可能性中成长起来的。"此在本质上是现身的此在,它向来已经陷入某些可能性。此在作为它所是的能在让这些可能性从它这里滑过去,它不断舍弃它的存在可能性,抓住这些可能性或抓错这些可能性。"[1] 可能性被海德格尔看作是"此在"的最本质特征,他说:"此在作为此在一向已经对自己有所筹划。只要此在存在,它就筹划着。此在总已经——而且只要它存在着就还要——从可能性来领会自身。"[2] 由此我们可以看出,人是在他必须关心自己生命的延续及其形式的意义上存在着,关于如何生活,是否继续存在,他们生活中的每一个即将到来的阶段都由他们自己选择。人面对着他周围的其他各种"在者"和种种可能性,不得不根据自己的目的确定自己与其他"在者"的关系,不得不去发现其他"在者"的多种可能功能并进行选择,不得不决定自己应该怎样"在",成为什么样的人。因此,"筹划"

---

[1] 马丁·海德格尔.存在与时间.陈嘉映,王节庆合译.北京:生活·读书·新知三联书店,2006:168.

[2] 马丁·海德格尔.存在与时间.陈嘉映,王节庆合译.北京:生活·读书·新知三联书店,2006:169.

的内容包括:对"在者"间的关系进行"筹划",对自己生存方式的可能性进行"筹划",对未来的"筹划"和从诸多可能性中确定自己的挑选。而"筹划"则主要依据"此在"的环境、期望的社会角色必需的才能以及"此在"的社会、文化传统、家庭、受教育状况等背景。可见,"此在"的"筹划"是实现"自我扬弃""自我创造""自我设计"和"自我超越"的保障和充分的内在条件。

  大学生只有在充分领会与认识自我与世界的基础上,根据环境、社会角色必需的才能以及个体的大学生的社会背景"筹划"、选择,才能自主成为创业人才和创新人才。其实,大学的专业只是社会职业分工和学科分类的反映,并不代表精确的专门人才的规格。社会需要多样化与个性化创业人才和创新人才,只有通过大学生的"筹划"、选择才能实现。我们知道,多样化与个性化的创业人才和创新人才的共同特征是,通过"操心"和"筹划"形成了个性化的、非"常人"的世界图景、文化视界和个人的"高深学问",能够摆脱"常人"状态进行职业生涯或生存样式的规划,成为独特的"此在"。显然,大学生作为在这个世界的存在者,他的"在"的意义和"筹划"只有通过他自己去"领会"才能得以实现。

  在海德格尔看来,在日常谈话中人们有时说,他对某事"有所领会",意思是说,他"能够领受某事""会某事"或"胜任某事"。[1]人作为被"抛"的"此在",向来已经陷入某些确定的可能性之中。人被"抛",是被"抛"进了他自己的可能性之中,也就是被"抛"入"筹划"活动之中。既然大学生是被"抛"到这个世界上,且不得不面对他所遭遇的境况,那么,他自己的生存就向他提出是否和如何生活的问题。是否和如何生活的问题迫使大学生做出选择,而且一个选择一旦做出,在未来,每一个新的因素都向大学生提出是否要坚持已经做出的选择这个问题。对于大学生来说,要成为什么样的人,未来要从事什么职业,是他自己要面对的问题。"如果不是现身在世的存在已经指向一种由情绪先行标画出来的、同世内存在者发生牵连的状态,那么无论压力和阻碍多么强大都不会出现感触这类东西,而阻碍在本质上也仍旧是未被揭示的。"[2]正是这些问题或"牵连""触动"了大学生,促使大学生不断去思索、去追寻,然后做出选择。

  大学生要成为什么样的人,要实现什么人生目的和价值,要过什么样的生活,这些都是大学生理解、"操心"、追问自己存在问题的结果,都是大学生

---

[1] 马丁·海德格尔.存在与时间.陈嘉映,王节庆合译.北京:生活·读书·新知三联书店,2006:167.

[2] 马丁·海德格尔.存在与时间.陈嘉映,王节庆合译.北京:生活·读书·新知三联书店,2006:161.

自己"筹划"和选择的结果。从本质上看,大学生的自我"筹划"是一个根据自己的目的进行的创造过程,是一个"自我扬弃""自我创造""自我设计"和"自我超越"的过程,是一个赋予他与其他"在者"关系(包括专业对他的意义、课程对他实现目的的意义和作用、他与教师的关系、他与其他同学的关系、他与学校的关系、他与社会的关系等)的过程。格里芬说:"从根本上来看,我们是'创造性'的存在物,每个人都体现了创造性的能量,人类作为整体显然最大限度地体现了这种创造性能量。"[1]这表明,作为"此在"的大学生具备自我"筹划"的内在可能性或潜能。

人的"筹划"能力当然不是完全没有根基或漂浮无据。大学生有自由选择的权力和潜能。因此,大学生可以自己"塑造"自己,完全不必盲从"权威"的规定,可以自己决定学什么、学多少、做什么和怎么做。大学生作为一个特殊的发展着的"此在",他所处的社会环境、他所受的教育、他自身的因素,这些因素在他"筹划"自己的未来的时候都要考虑在内。大学生最终所"筹划"的结果(被选择的某些可能性和关系)是从自身出发,结合环境因素(其他"在者"),朝向"自己所是的"目标。大学生所能"筹划"的可能性范围是由他自身的因素所决定。每一个大学生都是一个非常具体的人。他有他自己的历史,这个历史是不能和任何别人的实例混淆的。他有他自己的个性(个体的兴趣与爱好、求学的动机、人格特点、意志水平、情感特点、团队意识等),这些个性特征随着年龄的增长而越来越被一个由许多因素组成的复合体决定。这个复合体是由生物的、生理的、地理的、社会的、经济的、文化的和职业的因素组成的,而这些方面对于每一个大学生来说,都是各不相同的。

大学生所能"筹划"的可能性范围也是由社会环境所决定的。现在大学生生活在全球化的时代,伴随着全球化而来的是多元文化交织冲击,大学生面临着西方强势文化思潮以及价值观念和中国传统文化的撞击;信息时代下的数字化生存方式使大学生获取信息变得越来越容易,各种好的、坏的信息充斥着整个社会;市场经济体制下大学生的创新意识、成才意识与竞争压力一并影响着大学生。在大学生筹划自己的目标的时候,这些因素有意或者无意地影响他们做出决定,要成为那样的人,要从事那样的职业。

大学生所能"筹划"的可能性范围还受他所受的教育的影响。在传统高等教育背景下,大学生所学的专业以及他之前所受的教育也影响着大学生做出这样或那样的选择。因为不同专业的设置是为了培养不同的人才,因此,专业机制在很大程度上决定了大学生未来要从事什么职业,使得大学生的

---

[1] D. Griffin. Spirituality and Society: Postmodern Visions. New York: State University of New York Press, 1988:149.

"筹划"变得非常被动,甚至不能够"筹划"。这是传统高等教育的痼疾。但是,作为"此在"的大学生必须进行"筹划",否则,他就会被世界和社会抛弃。

四、大学与大学生自主发展

传统高等教育在对人的发展的认识上存在明显的局限性,"总是把单一的社会因素,或器物,或制度,或精神,或社会的集体秩序,或个人的精神自由等等,当成一定时期内社会变革的首要甚至全部的任务,对社会的变革和人的发展缺乏全面的认识和整体的设计"[1]。大学生完全没有自主性,没有权利自我"筹划",也没有自我"筹划"和"操心"的必要性。传统高等教育从根本上否认大学生的"操心"和"筹划"。显然,那些整齐划一的高等教育计划并不能完成灵魂"塑造"的任务,知识也仅仅是启迪人的自由天性的手段而不是目的,技术理性思想指导下的高等教育只会对人性进行遮蔽和异化。

在追求多元化的后现代社会,人是具体的存在或"此在",人的本质是其区别于其他"在者"的自主性,"操心"是其根本属性。自主性是"操心"得以发生的内在条件,"操心"则是自主性的具体表现,"操心"的目的显然是自我"筹划""自我扬弃""自我创造""自我设计"和"自我超越"。高等学校怎样才能对大学生个体的"操心"给予承认和呵护呢？怎样才能帮助而不是代替大学生自我"筹划""自我扬弃""自我创造"、"自我设计"和"自我超越"呢？也就是说,高等学校应该为大学生实现"操心"和自我"筹划"提供什么样的外部条件？

高校要尊重大学生的个体差异性,促成人的独特性的生成,促使每一个学生获得充分的、自由的、独特的发展,而不是追求效率,以工业生产式的人才培养模式批量生产"标准件"式的人才。高等学校应该发展大学生的实践的"操心"的品质和意识,让每个大学生根据自己所处的环境"操心"自己的过去、现在和未来。高等学校应该帮助大学生发现自己发展的可能性,以让大学生在清楚过去、领会现在的基础上"筹划"未来。例如,高等学校可以为大学生提供专业、职业咨询和辅导,通过讲座、报告让大学生了解社会、职业、文化、科学、技术的发展动态,正确定位自己,明确自己的求学目的；高等学校也可以为大学生提供创业教育、择业和人生规划辅导、选课咨询、心理健康教育等,这样,大学生就可以在发现自己多样化可能性的情况下,通过"筹划"选择某些可能性而放弃一些可能性,成为独特的、能够生存于世的"此在"；高等学校应该在为大学生提供充分自由的情况下培养他们的责任感,让他们清楚必

---

[1] 朱红文.在现代性的视野中探求人的发展.学习与探索,2005(5):3—7.

须为自己、为社会、为他人"操心"和"筹划",必须对自己的选择和行为负责。

高等教育过程是让受教育者在实践中自我练习、自我学习和成长的过程。高等学校应该把大学生看作是能够自我教育、自我"筹划"和"操心"的"此在",反对对大学生进行纯粹的、过于专门化的职业训练。我们应该清楚,没有一个人能事先知道自己将是什么和自己能干什么,他必须去尝试,只有在不断的实践中才能自我发现和自我成长。高等教育过程是唤醒大学生潜能的过程。没有一个大学生能超验地认识到自己天分中沉睡的可能性,因此,需要高等学校为大学生提供能够唤醒他们所未能意识到的一切的机会和环境。在唤醒大学生潜能的过程中,高等学校的教师必须重视每位大学生,善于观察大学生和及时发现大学生身上的闪光点,并帮助大学生扬长避短。高等学校要推行淡化专业、强化课程的教育机制,实行"大类"招生,鼓励大学生自主选择主修、辅修课程,制订和完成个性化的大学学习方案。高等学校还要广泛开展大学生社会实践活动,让大学生了解社会、了解世界,在实践中发现自己的发展方向和可能性,在实践中学会"操心",逐步清晰自主"筹划"的策略。浙江大学在本科生教育中积极推进本科教学的自主化、研究化、高效化、国际化,通过贯彻"KAQ"(知识、能力、素质)并重、"宽(宽专业口径)、专(主修专业)、交(跨学科、跨专业)"并行的人才培养理念和人才培养模式,推行"大类"招生和"大类"培养,全面推进学分制和四学期制。"大类"课程着重于建立宽厚的学科知识基础,拓宽知识面,奠定学生今后学业发展的基石;专业课程着重于培养学生扎实的学科专业知识以及动手能力、创新精神。此外该学校还预留一定量学分供学生自主选读,以形成跨学科、多元化的知识结构。例如,哈佛大学物理学专业学生自由选修范围非常大,包括应用物理学专业的所有课程和物理数学(Ⅰ、Ⅱ)、化学、天体物理学论题、固态力学导论等物理学课程,应用数学、应用物理、天文学、计算机科学等相关的本科或研究生课程,这些课程有一级学科的,也有二级学科的,还有专业种属层面的。哈佛大学物理学专业学生的人文和科学通识课程约有 11 门,从哈佛核心课程中自由选学,占课程总数的 34.3%;一级学科层面的课程 6~15 门(6 门数学必修课程和可以自由选修的 9 门课程),占课程总数的 18.8%~46.9%;二级学科层面和专业种属层面的课程 15~6 门(6 门物理学必修课程和可以自由选修的 9 门课程),占课程总数的 46.9%~18.8%。[1]也就是说,物理学专业学生如果在一级学科层面尽可能选课程(达到 15 门),则他在物理学二级学科层面的课程只需要 6 门。

高等学校应该建立新型的师生关系,肯定教师与学生之间的关系是"我"

---

[1] http://www.registrar.fas.harvard.edu/fasro/courses.

与"你",而不是"我"与"他/她"的关系。在传统教育中师生双方被看作相互对立的存在物,即"我"与"他/她"的关系,相互把对方看作"经验和使用"的对象而抹杀了人性。大学师生之间是一次人生的相遇,要用"爱"筑起彼此沟通和交流的桥梁,在教与学的过程中双方各自的人生的价值都得以实现。高校教师和大学生是高等学校各种活动特别是课程活动中平等对话的"此在",他们都是文化、社会和世界的"操心"者、"筹划"者和创造者。因此,高校各种活动特别是课程活动中应该倡导让教师和大学生自主建构知识,成为文化人,在理解公开的和人类先驱个人的文化的基础上,形成教师和大学生个人的、独特的文化。这就要求教师与教师、教师与大学生一起协作,一起探究学问,在平等的对话和交流中建构自己的经验体系。传统高等教育的特征是"支配—服从"和"指挥—执行"的关系。既然高等教育是为了使大学生认识到自己的存在,那么,高等学校最注重的教育原则就是允许学生最大限度地自我表现和自我选择。适合这种原则的教育方法就是苏格拉底式的方法,即从学习者那里引出知识,并由学习者自己决定和选择获取知识的方法。通过这种方法,大学生获得的是"自己的"知识。

第七讲　如何过好四年的大学生活？

吴继霞

1936年,时任浙江大学校长的竺可桢在新生入学典礼上说:"诸位在校,有两个问题应该自己问问:第一,到浙大来做什么;第二,将来毕业后做什么样的人。"70多年过去了,老校长的这两个问题至今仍然值得大学生去思考。

大学是人的一生中的重要阶段,如果说大学毕业后应迅速起飞的话,那么四年的大学时期就是毕业起飞的助跑期。每个大学生都应该对自己的大学四年有一个正确的思考和规划。做好生涯规划,科学地选择适合自己的发展道路,才能使自己的事业取得成功,才能使自己的人生不虚此行。因此,大学生需要职业生涯规划。本讲主要对生涯发展理论、目标的威力、大学四年如何计划以及如何行动等方面进行探讨。

一、舒伯的生涯发展理论

生涯规划起源于西方。1908年美国波士顿大学教授帕森斯(F. Parsons)在波士顿成立职业指导局,迈出了职业辅导活动系统化的第一步。因此,帕森斯也被称为职业指导之父。舒伯(D. Super)是美国自帕森斯之后的又一位里程碑式的大师,其生涯发展理论的提出,是职业指导转变为生涯辅导的标志。

在西方,生涯的英文为Career,从字源看,它来自罗马字Via Carraria及拉丁字Carrus,这两者的意义均指古代的战车。"生涯"隐含有未知、冒险、克服困难的精神。目前大多数学者都接受舒伯(Super,1976)的论点,即生涯是生活中各种事件的演进方向和历程,它统合了人一生中的各种职业和生活角色,由此表现出个人独特的自我发展形态。生涯也是人人自青春后期至退休后,一连串的有酬或无酬职位的总和,除了职业之外,还包括任何与工作有关的角色,如学生、退休者,甚至还包括了家庭和公民的角色。[1]

尽管有关生涯规划的定义有许多表述,但都大同小异。本讲认为,生涯

---

[1] 沈之菲.生涯心理辅导.上海:上海教育出版社,2000:21.

规划是指一个人尽可能地规划未来生涯发展的历程,在考虑个人的智能、性向、价值以及阻力、助力的前提下,做好妥善的安排,并借此调整、摆正自己在人生中的位置,以期自己能适得其所。[1]

(一) 生涯发展五阶段理论

舒伯认为职业选择是一个发展的过程,并依据人的生命全程将生涯发展划分为成长(儿童期)、探索(青春期)、建立(成年前期)、维持(中年期)、衰退(老年期)五个阶段,每个阶段都有特定的发展任务,不同阶段有不同的职业需要(见表1)。

表1 舒伯生涯发展五阶段理论

阶段	年龄	时期	发展重点
成长	0	幻想	父母教养,家庭教育
	11	兴趣	适应学校生活和社会生活
	13	能力	了解工作的意义,逐渐认识自己
试探	15	试探	初步的职业选择与生涯偏好具体化
	18	转变	多种职业的选择,恐惧工作压力
	22	尝试	努力寻找合适工作,面对工作挫折
建立	25	稳定	安定,检讨,婚姻选择,养儿育女
	31	建立	统整、稳固并力求上进与升迁
维持	45	维持	维持既有职位与成就,准备退休计划
衰退	65	衰退	适应退休计划发展新角色

舒伯还认为,阶段间有过渡阶段,每一阶段内部也有成长、探索、建立、维持和衰退的过程,大循环套小循环,并提出其循环式的发展任务(见表2)。

表2 生涯发展阶段的大循环和小循环

生活阶段	年龄			
	青年期 14—25岁	成年初期 25—45岁	成年中期 45—65岁	成年晚期 65岁以上
成长期	发展实际的自我概念	学习与他人建立关系	接受自身的限制	发展非职业性的角色

---

[1] 吴继霞,吴铁钧,黄文军.大学生生涯发展规划:理论与实务.苏州:苏州大学出版社,2012:10.

续表

生活阶段	年龄			
	青年期 14—25 岁	成年初期 25—45 岁	成年中期 45—65 岁	成年晚期 65 岁以上
探索期	从许多机会中学习	寻找心仪的工作机会	确认待处理的新问题	选个良好的养老地点
建立期	在选定的职业领域中起步	确定投入某一工作,并寻求职位上的升迁	发展新的因应技能	完成未完成的梦想
维持期	确认目前的职业选择	致力于维持职位的稳固	执着自我以对抗竞争	维持生活的兴趣
衰退期	从事休闲活动的时间减少	减少职能活动的时间	仅专注于必要的活动	减少工作时间

（二）生涯彩虹图

1976 年到 1979 年间,舒伯在进行了为期四年的跨文化研究之后提出了一个更为广阔的新概念——生活广度、生活空间的生涯发展观(Life-span, Life-space Career Development,1980)。这个生涯发展观,除了原有的发展阶段理论之外,较为特殊的是舒伯加入了角色理论,并将生涯发展阶段与角色彼此间交互影响的状况,描绘成一个多重角色生涯发展的综合图形。这个生活广度、生活空间的生涯发展图形,舒伯将它命名为"生涯彩虹图"(Life-career Rainbow)(见图 1)。

"生涯彩虹图"形象地展现了生涯发展的时空关系,更好地诠释了生涯的定义。在生涯彩虹图中,最外的层面代表横跨一生的"生活广度",又称为"大周期",包括成长期、探索期、建立期、维持期和衰退期。里面的各层面代表纵观上下的"生活空间",由一组角色和职位组成,包括子女、学生、休闲者、公民、工作者、持家者等主要角色。

舒伯认为在个人发展历程中,随着年龄的增长而扮演不同的角色,图的外圈为主要发展阶段,内圈阴暗部分的范围长短不一,表示在该年龄阶段各种角色的分量;在同一年龄阶段可能同时扮演数种角色,因此彼此会有所重叠,但其所占比例分量则有所不同。各种角色之间是相互作用的,一个角色的成功,特别是早期角色的成功,将会为其他角色提供良好的基础;反之,某一个角色的失败,也可能导致另一个角色的失败。舒伯进一步指出,为了某一角色的成功付出太大的代价,也有可能导致其他角色的失败。

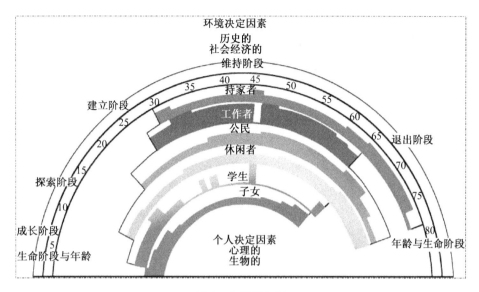

图 1　生涯彩虹图

彩虹图中的阴影部分表示角色的相互替换、盛衰消长。它除了受到年龄增长和社会对个人发展、任务期待的影响外,往往还跟个人在各个角色上所花的时间和感情投入的程度有关。从这个彩虹图的阴影比例中可以看出,成长阶段(0—14 岁)最显著的角色是子女;探索阶段(15—20 岁)的角色是学生;建立阶段(30 岁左右)的角色是家长和工作者;维持阶段(45 岁左右)工作者的角色突然中断,又恢复了学生角色,同时公民与休闲者的角色逐渐增加,这正如一般所说的"中年危机"的出现,也暗示这时必须再学习、再调适才有可能处理好职业与家庭生活中所面临的问题;衰退阶段(65 岁以后)的角色是退休人员,适应退休生活,发展新的角色。

每一个人的生涯彩虹图都是不同的,所以我们从彩虹图中可以看到不同的生涯规划。舒伯从个人的自我概念、年龄和生活角色的角度来强调生涯发展,帮助我们更清楚地理解生涯发展和决策制定所涉及的内容。显然,生涯规划不仅仅是选择一个大学专业、一份职业或一个工作地点,它还包括彻底地分析我们自身和我们生活中所扮演的所有角色,体验这些角色带来的生命意义。

生涯成熟描述不同年龄的个体生涯发展阶段以及他们做出生涯选择决定的准备状况。舒伯把生涯成熟看成是青少年生涯发展的核心任务。

生涯发展理论有时间和空间两个维度,扩展了生涯发展的空间。生命全程代表不同生活阶段中生涯发展的过程,而生活空间则表示个人生活的社会环境(家庭、学校、社会、公共场所等)以及在这些环境中人们所扮演的各种角色。用生涯彩虹描述生命全程和生活空间理论,彩虹上每阶段都有重要角色。舒伯强调个体所有的角色间的互动(可大可小;可能是支持、补充、补偿、中性,也可能是冲突),可使生活丰富,也可能使其负担过重。舒伯的生涯发展理论对大学生如何过好四年大学生活非常有意义,特别是发展的关注点可以扩展到人的一生,对生涯发展教育也有重要启发。

二、目标的威力

台湾学者金树人说:"一个人若是看不到未来,就掌握不了现在;一个人若是掌握不了现在,就看不到未来。"[1]这两句话说明了生涯规划的本质与精髓,也指出了大学生努力的目标:立足现在,胸怀未来。

生涯发展与规划对个人的作用体现在:第一,让你更好地认识自己;第二,明确你的奋斗目标;第三,使你更有希望拥有一个完满的人生。像史铁生的小说《命若琴弦》,其故事情节很简单,大意也是如此。说书的老瞎子带着小瞎子四海为家,以说书为生。老瞎子的三弦琴槽里藏着瞎子师傅留给他的药方,师傅临终说了,只要他一根一根尽心尽力地弹断一千根琴弦做药引,就可以拿着药方去抓药治好他的眼睛。他之所以还是不能看一眼这个世界,是他记错了,他把一千根记成了八百根。五十多年后,老瞎子终于弹断了整整一千根琴弦,可当他把那张珍藏了五十多年的药方拿出来的时候,所有的人都告诉他,那只是一张无字白纸。老瞎子在最后终于明白了当年瞎子师傅的苦心,他们的命就在那琴弦上。最后老瞎子还是把那张无字的白纸放到小瞎子的琴槽里,对他说,得弹断一千二百根琴弦,才可以去抓药。让他永远扯紧欢跳的琴弦,不必去看那张无字的白纸。

(一)目标对人生影响的启示

哈佛大学有一个非常著名的关于目标对人生影响的跟踪调查。对象是一群智力、学历、环境等条件都差不多的年轻人,调查结果如图2。

此研究给人们的启示是:目标对人生有巨大的导向作用。只有树立明确的目标,才有成功的可能,没有目标的航船,任何方向的风对它来说都是逆风。无论你现在在哪里,重要的是要明白你将要去何处。所以,大学生应该要有独立、明确的生涯目标和生涯规划,这样才能充分利用好大学时光,为人生发展奠定基础。否则,就可能沉沦。(见图3)

---

[1] 金树人.生涯咨询与辅导(序言).北京:高等教育出版社,2007.

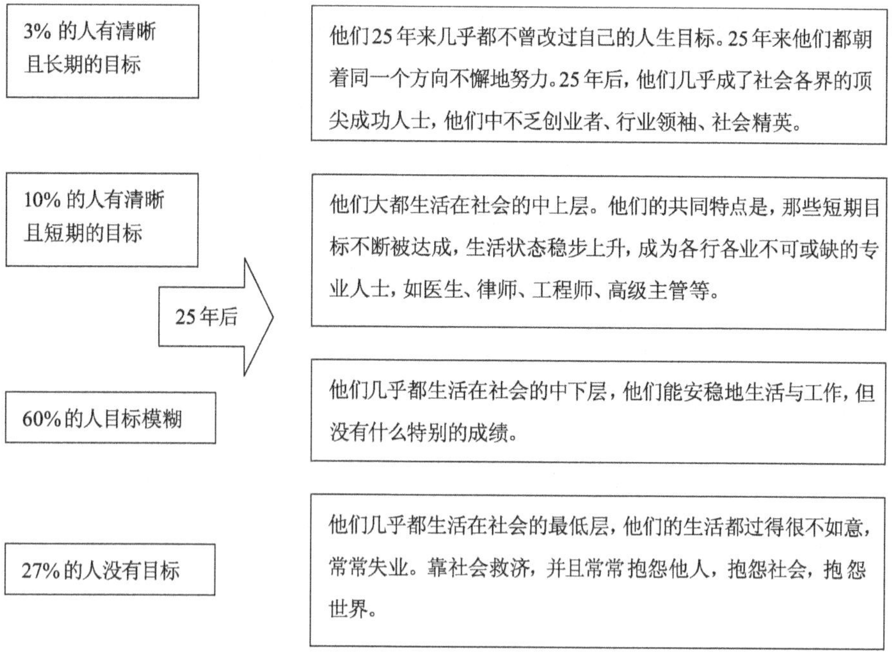

3% 的人有清晰且长期的目标
他们25年来几乎都不曾改过自己的人生目标。25年来他们都朝着同一个方向不懈地努力。25年后，他们几乎成了社会各界的顶尖成功人士，他们中不乏创业者、行业领袖、社会精英。
10% 的人有清晰且短期的目标
他们大都生活在社会的中上层。他们的共同特点是，那些短期目标不断被达成，生活状态稳步上升，成为各行各业不可或缺的专业人士，如医生、律师、工程师、高级主管等。
25年后
60% 的人目标模糊
他们几乎都生活在社会的中下层，他们能安稳地生活与工作，但没有什么特别的成绩。
27% 的人没有目标
他们几乎都生活在社会的最低层，他们的生活都过得很不如意，常常失业。靠社会救济，并且常常抱怨他人，抱怨社会，抱怨世界。

图 2　哈佛大学目标调查

准备度过一个怎样的大学四年？
人才
收获爱情
考证考研
社会实践
培养爱好
考四六级
拿奖学金
节俭生活
坚持自习
经常锻炼
早起早睡
自我认同
自律自强
自觉自省
成长加速度曲线
庸才
你
自怨自艾
晚睡懒床
学会逃课
寂寞无聊
自暴自弃
盲目攀比
考试挂科
通宵泡网
拖拉机王
沉沦加速度曲线
自我否定
没有心气
没有目标
重修退学
废才

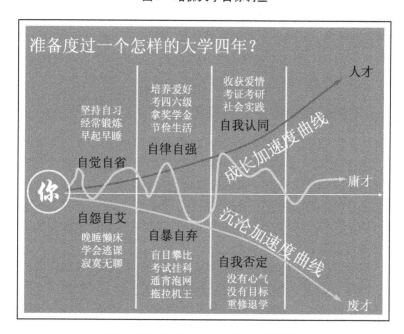

图 3　你准备度过一个怎样的大学四年？

(二)你的目标是什么?

大学生生涯规划的要点在于明确大学毕业时的目标。不是哪一个目标好,而是哪一个目标更符合你的生涯发展规划。一般来说,大学生考虑毕业时的目标或者说出路,概括起来就是继续深造、直接就业和自主创业三种。大学生应针对自己的实际情况,明确生涯目标,并采取相应措施和行动。

1. 继续深造的目标

有些大学生对专业技术及其学术活动本身感兴趣,并追求这方面的提高和成就,喜欢独立思考。出于就业和学术发展的考虑,他们会选择提高学历层次。有的考研,有的会考虑出国深造。

2. 直接就业的目标

如果将大学毕业直接就业作为选择,在就业求职过程中就要对职业、待遇、地区等因素综合考虑。以其中的一个或两个为主要点,而不要(也难以)面面俱到,择业期望值应适中,拓宽就业领域,实事求是地认识自己,更多地从自身实际出发,发展空间考虑,学会权衡,勇于放弃,为满足主要标准要勇于放弃一些次要标准。

3. 自我创业的目标

自我创业是指大学生毕业后不是走向社会寻找工作,而是利用自己的专业知识、特殊资源、能力等,寻找到创业就会,开办自己的企业,满足自己创造性的需求和实现自己的职业理想的职业路线。目前国家鼓励有创业激情和梦想的大学生进行自主创业,实现自我价值,创造社会财富。

(三)不同的目标有不同的要求

在确立了生涯目标后,需要寻求最佳的实现目标的途径。很多大学生认为"条条大路通罗马",但事实上并非每一条都如此畅通。选择了不同的生涯路径,遇到的困难和阻碍是不同的,即不同的目标会有不同的要求。所以,大学生要想获得事业的成功,除了要有成熟和清晰的生涯目标外,还要明确不同目标的不同要求,并针对自己的实际情况,采取相应的措施和行动。

1. 实现继续深造目标的要求

(1)考研的要求。如果你做出了考研的选择,那么应该尽早准备,越早越好。首先,要了解考研的有关政策决定;其次,要了解考研的相关信息,决定自己考研的方向;最后,准备研究生入学考试,从大一开始,就要打好基础,大二开始复习准备,大三集中力量准备,直至考试结束。考研同样也是竞争性选拔,必然有能否考上之分,考研的同学也要做好考不上的预备方案,以免到时措手不及。

(2) 出国的要求。面对严峻的就业压力和考研的竞争，留学日益受到大学生的青睐。留学主要包括调查、申请、做准备（学业、经济、各种材料的准备）等各个阶段，对于准备留学的学生来说应及早准备，提高成功率。一般在大二时应通过托福、GRE 或者 GMAT 考试，最迟不宜超过大三上学期。到了大三，拥有一定的专业基础知识，可以根据职业兴趣，选择以后将要攻读的专业，并且利用课余看一些专业书籍，参与相关课题研究。到了大四，就可以准备材料，投递资料等，等待录取。

2. 实现直接就业目标的要求

大学期间是大学生就业准备的最好时期，必须充分利用。如果你的职业生涯规划或者大学生涯规划将大学毕业直接就业作为选择，在大学期间就要学好专业知识；考取相关的技能证书；培养敬岗敬业、吃苦耐劳、团队合作和开拓进取的精神；提高语言表达和沟通的能力；认清就业的大众化和市场化；以积极的态度，树立市场经济观念，不断提高自己的竞争意识和综合竞争能力。

要经历磨炼使自身既有扎实的专业知识，又有实践技能，更有很高的个人素质，同时，学习就业知识和技巧，做好充分的就业准备。

3. 实现自我创业目标的要求

大学生是青年中掌握较高科学文化的群体，许多大学毕业生已将个人创业作为就业方式的首选。大学毕业生自主创业不但是一条新的特殊的就业方式，而且是大学生发挥自己主观能动性、聪明才智的良机，是时代要求的就业趋势，更可以给别人提供就业机会和岗位，较易形成有自主产权和有竞争力的新型企业。

创业之路固然诱人，但创业之路更为艰辛，在这条光明的"道路"上，大学毕业生是否能够杀出重围，成为创业的成功者，还须做好创业心理准备、进行项目的准备、创业的资金准备、相应的经营管理能力的准备等各方面的工作。

三、如何规划？

新闻网曾以"青春易逝：大四学生写万言忏悔书给学弟学妹"为题（http://www.kankanews.com/ICpet/bzdf/2013-04-03/984089.shtml）登载了一篇名为《青春依然，再见理想——献给学弟学妹》的文章，作者为华中科技大学大四学生姜新。文中写道："真的很想很想告诉你们一个道理：大学，你一定要做好准备再去读，你的大学生活一定要规划好，一定要知道自己的未来在哪里，自己想要做什么，自己喜欢做什么。"前车之鉴，做事没有计划就达不到目标。如果你的大学生活有计划、有目标，那么你已掌握了这四年。

根据对生涯规划的理解,生涯规划可以归结为知己、知彼、决策、目标、行动五大要素(见图4),前三个要素则属于如何规划的内容。所谓知己知彼,百战百胜,对自我及环境了解得越透彻,越能做好生涯规划。成功的生涯规划需要时时审视内外环境的变化,并且调整自己的前进步伐。

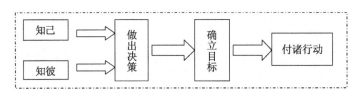

图4　生涯规划五大要素

(一) 知己

知己,即自我了解,弄清楚自己的职业兴趣、人格类型、职业价值观、职业能力等。为了得到更加客观的认识和评价,可以征求一下专业人士的意见,也可以运用测验、量表等认知工具来帮助自己。比如,MBTI是基于荣格的心理类型理论,由美籍心理学家凯瑟琳·库克·布里格斯(Katherine Cook Briggs)和伊莎贝尔·布里格斯·迈尔斯(Isabel Briggs Myers)母女发展起来。它是一种迫选型、自我报告式的测评工具,通过对人们在获取信息、做出决策、对待生活等方面的心理活动规律和行为的衡量与描述,展示了性格类型的多样性和由此导致的不同个体之间的行为模式、价值取向、工作方式等方面的差异性。

台湾学者林幸台认为:成功 = 能力 × 兴趣 × 性格 × 价值观。大学生对自己进行能力、兴趣、性格和价值观的探索,就是知己的最基本的探索。在此基础上,大学生可以反问自己:上了大学,我有什么?我没有什么?我想要什么?我不想要什么?这些是对知己的进一步的追问。因此,在认清你是谁的基础上,或许你会找到一条之前从来没有考虑过的生涯发展道路。

(二) 知彼

知彼,就是对你所学习、深造的学校或创就业的职场的了解。即对职业和社会环境的认知,通过各种渠道、媒体收集和了解职业和行业的相关信息,综合分析社会环境。

1. 大学是什么?大学不是什么?

蔡元培指出:"大学者,囊括大典,网罗众家之学府也。"梅贻琦说:"所谓大学者,非谓有大楼之谓也,有大师之谓也。"大学之"大",因有"大家"而谓大,因有"大师"而谓大;大学因有馆藏丰富的图书馆,设备先进的教学大楼、实验室,浓郁的校园文化氛围而谓大;大学因对知识探究的高深与博大而谓大;大学因有"大学生"而谓大。

大学是培养人才的基地,具备以下几种社会职能,即:培养人才,发展科学,服务社会。大学走向综合化、多科化,开始与社会各个领域全面合作,成了社会生活的中心。

大一不是高四,大学不是"蜜罐",大学不是"保险箱",大学不是"游乐场"。

2. 大学各年级的任务重点不同

大学四年生活稍纵即逝,不同年级都有各自的任务重点,在时间上要进行有序的安排。

一年级——试探期。是大学生转变和适应大学学习生活的时期。大学生可以通过参加各项社会和学校的活动,了解自己的性格特点、价值观、兴趣和能力。

二年级——定向期。大学生开始考虑未来是否深造或就业,了解相关要求;对于与自己意向相关的能力和素质做充分的准备;通过学校规定的英语和计算机等级考试;有选择地辅修其他专业的知识充实自己。

三年级——发展期。大学生根据自己的发展进行具体项目的准备。

四年级——实现期。完成计划后,积极地面对学业深造或创就业问题。

(三)决策

决策,即在知己、知彼的基础上决定自己的道路,并确立自己的目标。存在主义哲学家萨特说:"我们的决定,决定了我们。"事实上,生涯的选择就是一种生活方式的选择。

一个人在其生涯中经常会面临多重选择,这时就需要个人做出决定,即"生涯决策"。生涯决策被看成是一个由提出问题、搜集资料、确定目标、拟订方案、分析评价、最后选定等一系列环节组成的完整过程,而且在方案选定之后,还要检查和监督它的执行情况,以便及时发现偏差并加以纠正。大学生在做决策之前可以进行一些咨询活动作为参考。

1. 你的生涯道路是什么

人的一生可以选择走不同的道路。在美国,有人把社会上形形色色的不同行业和职业概括为红、黄、黑三道。红道代表政要们走红地毯,即官道。也就是日常说的从政、当公务员。黄道代表黄金,即经商挣钱之道。也就是下海经商,为钱疯狂。黑道代表硕士、博士帽,即做学问之道。因为研究生毕业时所穿的硕士、博士服颜色是以黑色为主色调的。很多家长都希望自己的孩子走上"黑道",当一个"硬件"过关、气质不凡的学者。除此之外,在中国还有出国留学的洋道之说。那么,在这"红""黄""黑""洋"道之中,你走哪条道呢? 准备怎么选择呢?

不管你选择的是什么,有一点是一样的:只有投入、付出,只有努力、认真,你才会心想事成!

2. 生涯决策的方法

选择适当的方法有利于我们做出正确的生涯决策。比如,借助"决策平衡单"、CASVE 循环模型、SWOT 分析法(也称 TOWS 分析法、道斯矩阵)等操作性的方法,可以提高大学生进行生涯决策的正确性。但大学生在使用这几种对策时不应机械地分开,而应综合运用。在不同时期,可根据各种因素重要性的不同,着重应用某一种或某几种对策。在此,仅介绍"决策平衡单"的操作方法。

表3 决策平衡单

选择项目及考虑因素	权重 1—5	选择一		选择二		选择三	
		+	-	+	-	+	-
个人物质方面的得失 ……							
他人物质方面的得失 ……							
自我赞许(精神方面)的得失 ……							
他人赞许(精神方面)的得失 ……							
得分							
总分							

"决策平衡单"经常被应用于问题解决模式和生涯决策中,用以协助决策者系统地分析每一个可能的选项,判断分别执行各项的利弊得失,然后依据其在利弊得失上的加权计分排定各个选项的先后顺序,以执行最优先或偏好的选项。[1] 其实施的程序主要有下列步骤:

第一,列出可能的生涯选项。在平衡单中列出有待深入评量的三至五个潜在生涯选项。第二,判断各个生涯选项的利弊得失。平衡单中提供决策者思考的重要得失集中在四个方面,分别是:自我物质方面的得失、他人物质方

---

[1] 吴继霞,吴铁钧,黄文军.大学生生涯发展规划:理论与实务.苏州:苏州大学出版社,2012:190.

面的得失、自我赞许(精神方面)的得失、他人赞许(精神方面)的得失。考虑每个因素的得失程度,用从+5至-5给分的十一点量表(+5,+4,+3,+2,+1,0,-1,-2,-3,-4,-5)来衡量生涯选项。第三,各项考虑因素的加权计分。第四,计算出各个生涯选项的得分。把各因素的权重和利弊得失分数相乘后再累加,计算各个生涯选项的总分。第五,排定各个生涯选项的先后顺序。依据各生涯选项在总分上的高低排出先后次序,即可作为决策者生涯决策的依据(见表3)。

四、如何行动?

行动,即按照自己设计的道路,朝向目标努力实践。大学生关于自己大学四年的行动,是建立在其生涯规划前四个步骤基础上的行动。也就是为自己选择的生涯道路行动。

(一) 如何"读好"本专业的课程

学习永远是第一位的,不能舍本逐末。不管你的兴趣何在,如果你不好好"应付"本专业的课程,不谈你学到东西没有,恐怕你连文凭都拿不到。所谓"读好",不只是考试过关,文凭能拿到,而且还要有所得。

1. 了解四年的课程很重要

一般来说,大一的课程"概论"较多,看似简单,却是你所读专业课程的缩影。通过这些课,你可以了解到这四年你将要学到什么,因此不可小视。你也可以通过公布的课表、老师或者师哥师姐了解大一以后的各种课程教些什么及其重要性。你甚至可以有选择地预先接触,或者研读。

2. 学习的主动性很重要

要勇于发问或联系老师探讨问题。大学的教学特点决定了大学的师生关系区别于中学阶段。因此,如果学生掌握上课的时间发问或者主动联系老师探讨问题,就会有意想不到的收获。

要勤于与同学讨论。自己的理解是有限的,老师的讲授也只是给你一把钥匙。因此,有必要与同学交换心得,因为同学的了解有可能比你多,比你深入。

比起考试,学会自学更重要。研读相关的文章和书籍可以让你对此课程有更深刻的了解,你得到的,将超出课堂上给你的。

3. "SQ4R" 六步学习法

中西方各种研究有效学习的方法中,最常被提及的便是以英文单词代表各个步骤的"SQ4R法":Survey(浏览)—Question(提问)—Read(精读)—Recite(复诵)—Relate(新旧知识的联系)—Review(复习)。这六个步骤的第一个字母所组成的一个完整学习过程,就称为"SQ4R"六步学习法。

(二) 如何利用学校的资源

1. 好好利用图书馆和各类网站

大学的图书馆,虽然不是最好,藏书也不是最丰富,但它是我们学习知识的好地方,尤其是家庭经济状况不够好的同学,可以节省一大部分买书的钱。图书馆里或许有一本书,会改变你的一生。所以一定要泡图书馆。

介绍两个老师给大家:一个叫 Google,另一个叫 Baidu。任何的问题,网络上可以解决 60%。科技信息网络发达的今天,大部分知识在网络上都可以找到。

2. 传记、心理类的书可以一读

传记类的读物,其讲述的都是有赫赫功绩或特殊事迹的公众人物,这类人物最大的贡献就是提供了人生的智慧。对于大学生来说,传记具有标杆及鼓舞的作用。

向成功的人学习是学习效率提高的一种模式。请珍惜每一次可以和成功人士一起交流的机会,相信你可以从他们身上学到很多的东西。

心理类的书籍,最大的功用在于促进人对自己及他人的了解、自我及生活的调节,其中也有许多起励志的作用。尤其在你对感情、自我、人际关系、理想及未来感到迷惑及困扰时,此类书籍可以助你一臂之力。

3. 用好大学心理咨询中心的资源

20 世纪 90 年代,国家教育部就对全国高等学校心理咨询中心机构的设置及工作性质等方面的问题非常重视。现在各高校心理咨询中心的职能健全,专职心理咨询师、生涯(就业)指导师资源充分。

大学期间,大学生难免有迷茫困惑的时候,而寻找心理咨询中心老师专业的帮助是最好的途径。

同时,给自己一个任务:大学四年要认识 20 个以上毕业的大学生(定期有交流)。

(三) 继续深造的行动

考研、出国都属于继续深造的类型——有志继续深造越早越好! 大学生要继续深造必须具备外语能力。同样,对专业知识的掌握,则要达到选拔的要求。至于导师看中的科研能力,则需要大学生从低年级起就争取机会,参与课外研究小组课题,在老师的指导下"做中学",从而培养其科研能力。

1. 国内深造

国内研究生获得的方式有两种途径:推免生、考研。

推免生。部分高等学校按照教育部规定推荐本校优秀应届本科毕业生，确认其免初试资格，由招生单位进行复试选拔。但是，要达到推免的要求，其大学生活的前三年各方面的表现是要非常突出的，在综合排名上要在全班或者全年级名列前茅。要达到此目标，从新生入学开始就要认真过好每一天。

考研的过程是漫长的，痛并快乐着。要有考研时间表、考研报考指南、跨专业考研大纲、考研基础课总复习、考研心理战术、关注考试两日、复试与调剂等全攻略。

2. 国外留学

不管什么人，只要你活在这个急剧变化、迅速全球化的世界，就必须向世界学习，关注世界的发展。而向世界学习最好、最系统的方式就是留学。而大学成绩和外语分数都是留学必需的硬条件，还有必要的经济担保等也是留学的条件之一。

留学的基本步骤：第一，寻找学校，索取资料；第二，留学方案设计与准备；第三，入学申请；第四，办理因私出国护照、出境卡和准备签证资料；第五，办理公证；第六，申请签证；第七，体检、订机票，准备行装；第八，抵达。

（四）直接就业的行动

一个人的择业成功一定是提前准备了许久。大四的简历，实际上不是用文字编写出来的，而是靠大一到大三的一点一滴的行动书写出来的。

大学生准备直接就业必须保证必要的学业成绩和清醒的职业意识。社会工作能力，也是要在平时参与学校的社团活动和担任学生干部工作的机会中锻炼获得的。就业能力在大学期间就要培养，包括：表达能力、外语能力、电脑使用及本专业知识，手中有1~2张证书。

通过见习、实习、打工、兼职等方式锻炼自己和建立你的人际关系。当然，师长亲友的推荐也很重要。

根据就业单位——政府机关、事业单位、企业新员工入职的不同要求，进行精心的准备和实施具体的行动。

（五）个人创业的行动

创业是一项系统化的工程，需要充足的准备工作。当代大学生进行自主创业前，必须做好充分的知识积累，完善自身的心理素质，锻炼好一切有益于未来创业的能力。这是一个漫长而艰辛的历程，需要大学生有积极的心态和坚强的毅力。

创业需要资金、技术、人才和经验，还要熟悉市场。项目的来源、选择和评估的方法，创业规模的大小和模式等都需要精心选择和策划。

推荐书目：

1. 吴继霞. 大学生生涯发展规划：理论与实务. 苏州：苏州大学出版社，2012.
2. 史蒂芬·柯维. 高效能人士的七个习惯（精华版）. 高新勇等，译. 北京：中国青年出版社，2011.
3. 里尔登等. 职业生涯发展与规划（第3版）. 侯志瑾等，译. 北京：中国人民大学出版社，2010.
4. 钟谷兰等. 大学生职业生涯发展与规划. 上海：华东师范大学出版社，2008.
5. 郑志恒. 大学四年要做的101件事. 武汉：武汉出版社，2008.
6. 吴继霞等. 大学生心理健康学. 上海：学林出版社，2007.
7. 金树人. 生涯咨询与辅导. 北京：高等教育出版社，2007.
8. 李赫. 大学生如何过好四年. 郑州：河南人民出版社，2003.

第八讲 中国教育经济学学科发展的特点与贡献

崔玉平

自1983年我国教育经济学科建立算起,该学科至今已走过30多年的历程。伴随着中国经济改革的不断深入和国民教育事业的快速稳定发展,中国教育经济学呈现出空前繁荣的景象,初步形成了具有中国特色的教育经济学学科体系。在30多年生成、壮大的进程中,中国教育经济学展现出独特的演进特点,有必要对此进程做出梳理和提炼。当前中国经济社会再次处于改革、发展与重大转型时期,有许多重大的教育经济问题需要学界及有识之士去探索解决,这其实是中国教育经济学发展的重要机遇期。

一、时代诉求与多学科人才聚集促使中国教育经济学快速成长

中国教育经济学研究起源于20世纪20—30年代,而全面系统的研究则始于1978年中国共产党十一届三中全会做出把全党工作重点转移到社会主义现代化建设上来和实行改革开放的决策以后。20世纪60年代初,西方教育经济学作为独立学科形成并壮大,这并没有引起我国经济学界和教育学界关注。

在改革开放以前,中国不可能产生科学意义上的教育经济学,因为:① 当时工业化水平低,还没有走完农业社会发展阶段,低水平生产力和非现代化的生产方式限制了社会及个体对提升劳动力质量的需求,看不到教育事业对经济发展的推动与拉动作用。② 当时计划经济时代,片面强调教育的政治功能,过于强调"教育为无产阶级政治服务",忽视或蔑视教育的经济功能与经济价值,直接或间接地阻碍了教育经济学研究。③ 以实现共产主义社会为理性目标的指令性计划经济体制需要马克思主义哲学和政治经济学来指导,不需要西方主流经济学理论和方法,中国早期教育经济思想和理论在马克思主

义思辨研究方法的指导下,很难走上以实证和实验研究方法为基本特征的科学研究之路。只有在社会主义市场经济建设的大背景下,西方经济学理论和方法的引入和应用,才可能使中国人认同并接受西方教育经济学理论。④ 科研文化上的"两个凡是"(凡是马、恩、列、毛等伟人的理论观点都是正确的;凡是西方资本主义的人文社科理论和方法都是错误的),使我们不敢引用和借鉴西方教育经济学成果;非实事求是的"御用文人"作风阻碍了中国教育经济学走上科学发展轨道。⑤ 在1966年开始的"文革""破四旧(破除旧思想、旧文化、旧风俗、旧习惯)"行动影响下,旧中国教育科学研究成果被彻底否定,这导致民国时期古楳的《中国教育之经济观》(1934)、邰爽秋的《教育经费问题》(1935)、陈友松的博士论文《中国教育财政改造》(1934)等中国教育经济学萌芽时期的代表性研究成果长时间没有得以研究、继承和应用,使得本土化的中国特色教育经济学研究进程出现中断。

1978年以后,我国改革开放政策驱动下的经济建设大趋势,要求教育事业在人才培养和现代化建设中发挥决定性作用。为了积极应答时代诉求,多学科人才顺势而为,促使中国教育经济学诞生并快速成长起来。这期间学会的作用不可低估。

1979年全国教育科学规划会议提出要建立我国的教育经济学,1980年8月在北京召开了我国第一次教育经济学研究经验交流会。1982年华东师大教育系首次开设了教育经济学本科课程。1983年12月青海人民出版社出版了全国教育经济学研究会筹备组织编写的《教育经济学概论》,一般可以认定此书的出版标志着我国教育经济学学科的诞生。1984年10月中国教育经济学研究会在黄山市正式成立,标志着教育经济学进入了独立发展阶段。

在全国教育经济学研究会的影响和带动下,1986年4月江苏省教育学会教育经济学研究会在南京召开成立大会暨第一次学术讨论会,共80多人参会,提交论文40多篇,江苏省教育科学研究所的穆嘉琨任理事长。1989年12月1—3日在南京召开第三次学术研讨会,会议主题是"教育投资与效益",出席人数为40人,收到论文26篇。此后,学会就处于闲置状态,几乎检索不到有关学会学术活动的任何记录。20世纪80年代江苏省从事教育经济学研究的代表性人物包括穆嘉琨、冒瑞林、令狐昌毅等,他们在《教育与经济》期刊上都有2~3篇论文发表,其中,冒瑞林等编著的《教育财政学》(苏州大学出版社,1993年)一书是国内最早出版的教育财政学专著。

中国教育经济学研究会对教育经济学发展做出了重要贡献。具体来说,表现在如下几个方面:

首先,从组织上聚集各方科研力量,保证了教育经济学能够按照国际、国家和区域的社会经济发展与教育事业发展的趋势,联合、联动开展学术研究和学科建设,在知识与方法的共享、观点与建议的交流和碰撞过程中实现共振、共生、共赢,有利于培育中国特色(地区气派或流派)的教育经济学派。通过学派建设促进学科发展是新时代的必然要求,而形成中国教育经济学流派争鸣,是实现教育经济学原创性发展的最有效途径,也是学会发挥作用的努力方向。

其次,学会定期召开研讨与交流会议,为研究队伍的壮大提供了可能。教育经济学分会自1984年成立以来,从事教育经济学教学与研究的人员越来越多,来源也多元化,不仅有教学、科研人员,还有从事财政、财务、计划和教育行政管理的人员,学术年会的规模越来越大,由最初的几十人发展到现在的几百人。

再次,为优秀学者传播独到的学术思想、彰显学术实力、打造学术声誉提供了舞台。每次学术研讨会组织者都会安排交流和讨论当年有代表性或创新性的研究成果,使得成果的创造者有机会扩大知名度。

最后,为教育经济与管理专业发展和研究生培养创造了条件。1998年,教育经济学与教育管理学合并成教育经济与管理专业后,本领域的研究生招生数量和毕业生数量迅速增加,使教育经济学研究队伍不断得到补充和扩大。学会定期举办研究生论坛,为教育经济学研究方向的硕士和博士研究生培养创造了条件。

二、理论来源上经历了从学习引进、升华到自主创新的过程

十一届三中全会以后,我国政府工作重心转移到经济建设上来,"四个现代化"建设所需要的人才奇缺,使执政者和有识之士认识到教育的经济意义。思想观念的转变和改革开放政策的实施,使学者可以大量引进、翻译、评价和引用西方教育经济学著作。20世纪80年代属于中国教育经济学理论发展的学习引进与消化吸收阶段。

1981年8月,由刚成立的全国教育经济学研究会筹备组在北京举办讲习班,华东师大邱渊教授首次在我国系统地介绍了西方和苏联教育经济学的产生、发展和基本内容。此后,国内陆续翻译了一批外国名著,主要是英美和苏联的著作,至少在10本以上。其中,1981—1990年间的代表性著作包括:英国经济学家约翰·希恩的《教育经济学》(郑伊雍译,教育科学出版社,1981年)、苏联学者科斯塔扬的《国民教育经济学》(丁西成译,教育科学出版社,1981年)、英国经济学家马克·布劳格的《教育经济学导论》(韩云等译,春秋出版社,1989年)、美国经济学家加里·贝克尔的《人力资本》(梁小民译,北京大学出版社,1987年)、美国教育经济学家埃尔查南·科恩的《教育经济

学》(王玉昆,等译,华东师范大学出版社,1989年)、美国经济学家西奥多·舒尔茨的《人力资本投资》(蒋斌、张蘅译,商务印书馆,1990年)、《西方教育经济学流派》(曾满超、曲恒昌等译,北京师范大学出版社,1990年)等。将国外教育经济学的研究成果引进国内,为我国教育经济学建立提供了丰富的理论与方法,为教育经济学学科在我国的发展和兴盛,以及提升民众的教育投资意识、正确认识教育与经济发展的关系做出了重要贡献。

中国教育经济学诞生是我国实施改革开放政策、教育经济功能得以确认的结果,同时也是外国教育经济学在我国传播并被接受的结果。它来源于西方教育经济学和苏联的国民教育经济学,这一"混血儿"的本质属性,决定了在坚持马克思主义经济学理论指导下,大力运用西方教育经济学的理论和方法研究中国的教育经济问题是大势所趋。西方教育经济学在教育的经济价值、教育资源优化配置、教育供求预测与规划、教师薪酬、教育筹资等五大领域的研究成果,反映了社会化教育产业和教育投入与产出的一般规律。引进西方的教育经济学为我所用,丰富和扩展了中国教育经济学研究的内容,使中国教育经济学的发展始终没有离开教育经济学的世界学术发展主流。

20世纪90年代属于中国教育经济学发展的升华阶段,属于用"外国猫抓中国鼠"的阶段。许多学者运用国外的经济学理论与模型,研究中国的教育投入与产出问题,产生了大量研究成果。例如,利用西方经济增长模型,检验中国教育对经济增长的贡献;利用西方教育投资收益率计量模型,估算中国不同类型教育投资的私人收益率和社会收益率。

21世纪前十年,中国教育经济学已经开始进入自主创新阶段,属于打造"中国猫"、尝试用"中国猫抓中国鼠"阶段。

中国30多年改革开放政策的成功以及经济与教育发展所创造的"中国奇迹",使中国教育经济学具有了运用自己的实践经验检验已有理论、创造新理论的资本和发言权。

首先,用中国实践检验西方教育经济学已有理论,对那些被实践证明是科学的基本原理与方法,加以继承和发展;对被现实证伪的个别结论敢于抛弃;对无法或还没有被中国实践验证的观点与结论进行专项研究。

其次,根据中国国情和现实对西方教育经济学做出本土化的嫁接与改造。作为人口第一多的发展中大国的教育,与西方发达的市场经济国家的教育存在巨大差异,有许多中国特有的教育经济问题是西方经济学无法或不能全部解释的,需要发挥中国学者的聪明智慧。

再次,升华新的概念和理论,揉入中国元素,构建中国特色社会主义教育经济学新体系。中国30多年的经济与教育的对接与互动产生了丰富的教育产业运行的成功经验,反映出新的理论与规律,为教育经济学者提供了历史机遇和科研发展空间。研究者需要全力构建本土化的教育经济学理论与方法,才能提高中国教育经济学的学术地位,更好地解决中国教育变革中的现实问题。

如果能以一种历史的演化经济学视角分析提炼出不同社会历史阶段教育经济发展或教育与经济关系的一般特点与规律,我们就可以更加确切地知道中国的教育究竟需要什么样的经济投入与产出绩效,什么样的资源配置方式和制度设计才能更符合未来教育发展需要。

三、研究视域与范围上,由宏观、中观扩展到微观和制度

伴随着我国经济体制改革的步伐,中国教育经济学的研究对象和研究范围也逐渐拓展。从学科诞生伊始,中国教育经济学就关注在经济体制改革背景下教育发展的宏观与中观问题,例如,教育的生产性及其经济功能、教育发展与经济发展的关系、教育结构与经济结构的关系、不同类别教育投资效益等问题。在20世纪80—90年代,有几次促使学科研究大发展的政治经济条件:一次是1984年《中共中央关于经济体制改革决定》和1985年《关于教育体制改革的决定》发布并实施以后,教育投资的合理比例与结构及其内部经济效率与外部经济效益问题得到深入研究,取得了多项可喜成果;另一次是1992年党的十四大报告确定了我国经济体制改革的目标是建立社会主义市场经济体制,以及党中央、国务院发出《关于加快发展第三产业的决定》以后,教育与社会主义市场经济的关系、教育事业的产业发展取向成为教育经济学宏观和中观研究的主题。进入21世纪以后,国家于2001年末加入了WTO,并开始实施区域发展战略,教育与区域经济、教育与知识经济、教育服务国际贸易、教育在提升国家国际竞争力中的地位与作用等成为新兴的研究主题。近几年,随着教育资源市场化配置局面和学校之间竞争局面的形成以及受教者教育权益的伸张,"教育资源均衡配置的制度保障""学校经营"与"教育消费"成了新生研究主题,教育经济学研究进一步扩展到学校管理的经济学分析、施教行为与学习行为的经济学分析、教育市场与学校营销、教育消费经济学、教育制度变革的经济学分析、城乡及校际教育资源公平配置等微观和制度层面。

四、研究主题上,从教育增长经济学转换到教育发展经济学

改革与发展是我国自1978年以来社会经济生活的两大主题,也是我国教育领域的两大主题,分别探讨两个主题及其相互关系就构成了中国教育经济

学的中心议题。在20世纪80—90年代,中国还处于"穷国办大教育"阶段,教育投资不足、教育投资效益不高、教育规模不够、教育结构不合理等问题是当时迫切需要解决的问题。当时的研究主题是如何通过改革教育投融资体制、改革办学体制、提升办学效益来实现教育增长,即"多出人才、快出人才、出好人才"。改革是为了教育事业的外延式和内涵式增长,因为不改革,就无法培养出足够多的社会主义现代化建设人才,不改革就无法快速发展教育事业。当时研究教育的重点是规模、速度、体制改革与结构适应问题。

进入21世纪以来,当我国"双基"问题解决了,进入了高等教育大众化中期阶段以后,人民收入水平的提高、生活条件的改善对优质教育提出了更多需求;国家和地区经济增长方式的转变、经济结构调整、产业结构升级对劳动力素质提出了新要求。改革开放、科技进步和创新驱动成为新型经济发展的动力源,国民经济转型升级要求教育事业必须随之发生变革,必须走上全面的、高质量的、公平的、有效益的教育事业发展之路。教育改革的目的不再是教育增长,而是转移到教育全面协调的科学发展上。在此背景下,教育经济学的研究主题转变为教育投入与产出的质量与结构、教育资源配置的公平与绩效、教育投资与创新型人才培养、教育体制改革的市场与非市场收益。中国教育改革发展模式应该是结构主义和制度主义的,因此,教育投入与产出的结构优化与体制机制创新的经济学分析将成为学科研究的核心主题。

总体上看,教育经济学的研究主题重点集中于五大领域:一是教育投资的收益与回报问题;二是教育事业发展的外部社会经济关系,尤其是与公共财政和劳动力市场之间的关系;三是教育系统内部的经济问题,重点是不同类型与级别的教育服务的生产与消费及其公平分配问题;四是用经济学原理和方法解决或解释教育活动与知识生产及其管理问题,如教育制度生成与演化的经济学分析、学校管理的经济学分析、课程改革的成本—效益分析、教学行为的经济学分析、学习行为的经济学分析、政产学研协同创新的经济学分析等;五是教育资源配置方式与教育经济制度安排的时空演化与国际比较问题。这五方面内容的每一方面都是一个非常宽泛的、立体的问题域。

五、研究方法上,从哲学思辨、理论演绎扩展到实证检验

从中国教育经济学研究方法的演进来看,开始主要注重思辨研究和理论分析,运用逻辑推理得出结论,形成教育经济价值观。以后,随着科研人员学科背景的多元化以及西方教育经济学实证研究方法被广泛接受,2005年以后,科学研究方法大行其道,尤其是量化的实证分析方法得以广泛应用。有学者统计研究结果显示,2005年以后,开展定量实证研究的学术论文占比大

幅度上升,超过了开展定性的规范分析论文的占比,达到58%以上。

开展经验实证研究需要构造模型和准备必要的数据,这是一切经验实证研究的必要条件,而这两个条件常常相互促进或者相互制约。实际上,坚持科学研究范式的教育经济学研究的主要目标是构造模型并借助模型对数据进行处理与解释、探索与发现;或利用经验实证研究结果来验证理论假设。越是高水平研究者,越应该在数据处理上表现出娴熟与高超的技巧,越是能够在纷繁复杂的数据资料中探索发现内隐的学理、规矩与意蕴。

美国学者在教育经济领域之所以能够大大领先于世界,拥有相对完整的可用数据是重要原因之一。我国的经济数据和教育投入与产出数据的品质及公开发布情况令人不满,这可能也是妨碍我国教育经济学者广泛开展实证研究的重要原因之一。在数据资料的占有和运用上,我国学者早期主要集中于二手数据资料,近十年开始大量运用问卷调查、深度访谈、田野观察、教学实验和元数据分析来开展实证研究,取得了可喜的成绩。

我国经济体制改革不断深入,经济结构的转型升级正在加速,各级各类教育投资不断追加和积累,教育事业的产业功能和经济价值日益凸显。在国家和区域层面上,教育改革与经济改革的对接与互动为中国教育经济学运用中国教育改革与发展的经验进行实证研究创造了条件。这种便利条件主要表现在两个方面:一是运用中国经验事实对已有的经典理论进行检验,找到其对中国教育经济现象解释的有效性与局限性;二是运用中国多年积累的经验数据,开展探索性和验证性实证研究,从经验事实中探索发现新规律,提出新学说。通过这些研究活动,推进西方教育经济理论中国化,大胆运用具有普适性的西方经济学研究方法研究中国教育发展实际问题,为构建中国特色的教育经济学理论体系奠定方法论基础。

六、中国教育经济学研究的主要贡献

我国教育领域所花费的公共资源差不多与国防或公共卫生服务一样多。依据2014年官方公布的统计数据估算,2013年全国13.6亿人口中大约有21.78%在各级各类教育机构中接受全日制教育,在教育领域工作的教职工人数占全国城镇劳动就业人口总数的比例约为4.65%,投入到教育领域的国家财政性教育经费占当年国内生产总值的比例达到4.3%。如此多的资源投入到教育领域,理应得到经济学家和教育家的足够关注。自我国教育经济学作为独立学科以来,30多年的研究历程处于年轻的成果收获期,许多新颖的切中时弊的真知灼见频繁产生,许多针对现实问题的研究成果影响着政府决策,多项关键性重大研究成果被提炼成国家政策举措。下面仅列举几项作为例证。

1. 教育与经济关系的理论化与定量化

20世纪50年代末60年代初,西方学者以人力资本理论为基础,利用西方国家的数据,通过实证分析和规范分析相结合的方法,较早地将教育与经济关系理论模型化和定量化。在1978年至20世纪80年代中期,中国教育经济学者主要运用马克思主义的社会再生产理论和劳动价值论以及教育的经济功能论解释、论证教育的生产性和产业性及其经济功能。此外,还从新中国经济建设正反两方面的经验教训来论证,从教育对社会再生产、国民经济增长、劳动力就业、科技进步及其成果转化和个体收入增加的影响等方面来论证,从经济与教育发展相互促进关系的国际比较方面来论证,为教育在社会主义经济建设中的战略地位和巨大作用提供理论依据。自20世纪80年代后期以来,开始运用统计学和计量经济学方法,利用新中国成立以来的时间序列数据或面板数据,验证不同类型的教育与经济关系理论模型的合理性与自洽性,其中包括:基于内生性经济增长函数模型,采用丹尼森的国民经济增长因素分解法,核算中国教育对经济增长量和增长率的贡献率;采用内部收益率和明瑟私人收益率的算法,估算我国不同类型、不同级别的教育投资回报率;基于对世界后发国家追赶或赶超先发国家的经济发展历程和国家兴衰演化规律的考察,论证教育适度超前发展是后发国家实现经济赶超的先决条件。这些关于教育与经济关系的研究成果,为执政党和政府把教育放在优先发展的战略地位提供了科学依据。

2. 公共教育投入的合理比例与结构

在20世纪80年代初,中国的教育投资需要多少才能与经济发展需要相适应,这一问题成了国家"六五"期间哲学和社会科学的重点科研课题。北京大学的厉以宁、陈良焜,中央教育科学研究所的孟明义,北京师范大学的王善迈等教育经济学者承担了课题研究任务,他们基于41个代表性国家的20世纪60—70年代的数据,构建教育经费与国民经济增长关系的计量分析模型,对教育投资与人均国民收入或人均GNP之间的数量关系进行实证分析,估算了不同经济发展水平下各国相应的平均教育投资比例水平以及教育投资水平对经济发展水平的弹性系数,发现教育投资变动有以下三个特点:① 一国一定时期的教育投资水平,以该国的经济发展水平为基础;② 一国的教育投资增长率高于国民收入(或国民生产总值)的增长率,则存在教育投资超前增长现象;③ 随着人均国民收入(或人均国民生产总值)水平的不断提高,教育投资的超前增长的幅度逐渐减缓,在没有重大科技进步影响下,教育投资的增长率将与经济增长率趋向同步。学者们依据计量分析结果,根据当时中国经济发展水平,提出财政性教育投入应该占国民生产总值的比例达到4%的政策建议。这项课题研究的结论和建议对此后 30 年国家教育财政政策和教育保障体系的建设发挥着重要的推动作用。1993 年《中国教育改革和发展纲要》和 1995 年《中华人民共和国教育法》都规定了财政性教育经费增长要求和比例要求:财政性教育经费支出的增长高于财政经常性收入的增长,按在校生人数平均的教育经费逐步增长,教师工资和生均公用经费逐年有所增长;财政性教育经费占国民生产总值的比例在 2000 年达到 4%,财政用于教育支出的比例,"八五"期间要达到全国平均 15%。

3. 教育投资内部经济效率的计量与评价

如何利用既定数量的教育投入,培养出质量更高、数量更多的合格人才,是中国教育经济学者的另一个重要研究课题。处于社会主义初级阶段的中国教育,一方面可开发利用的教育资源投入不足,另一方面有限的教育投入没有得到高效率的利用和配置,还有一方面问题就是即使不缺钱的教育领域也培养不出具有创新精神和创新能力的拔尖人才。面对这些问题,我国学者已经做出了有分量的研究,目前可以检索到的研究结果包括:① 将内部经济效率界定为符合社会和个体发展目标的教育产出价值与教育投入价值之间的比率。在教育产出的度量指标中包含质量指标和增值指标,并采用多种统计和计量方法进行量化评价。② 建立了不同层次、不同类别的学校教育投资内部效率评价指标体系。③ 利用时间序列数据、截面数据或面板数据,运用计量经济学的多种回归模型开展经验实证研究,发现了影响不同区域或不同类型学校教育投资经济效率的显著因素。④ 以规模经济和范围经济理论为支撑,运用教育生产函数和成本函数模型,对我国 21 世纪以前的学科少、规模小的中等和高等学校展开实证研究,研究结果为公立学校适度规模决策提供了依据。学校规模经济和范围经济研究成果为我国 20 世纪 90 年代以来的合班并校、学校布局调整以及区域教育空间规划提供了决策参考。

七、中国教育经济学的发展机遇

在中国 30 多年来改革开放的时代背景下,教育事业与社会经济良性互动的实践历程,为中国教育经济学科建设与发展提供了学术土壤与实证材料。《国家中长期教育改革与发展规划纲要(2010—2020)》颁布实施以后,教育现代化进程加速推进,教育与区域经济的关系更加密切。近年来,我国为了抓住世界第三次工业革命所提供的发展机遇,避免陷入"中等收入陷阱"而加速转变经济增长方式,其中一项重要举措就是从投资驱动转向创新驱动和消费拉动,而各种创新,如知识创新、科技创新、管理创新、制度创新等,都是内生的,决定了是否能培养出足够数量的具有创新精神和创新能力的人才,这为运用经济学理论和方法研究教育体制机制创新、人才培养方式创新等问题提供了广阔的科研空间。

（一）教育改革发展及其利弊得失分析

对教育经济问题的研究，其目的就在于教育的改革与发展，以教育家的人文情怀，借用经济学的理论与方法分析教育发展的得失利弊，其中包含着丰富的值得探索的课题。

例如：其一，教育发展也应注意教育供给与需求的均衡问题，防止长期失衡现象的发生。其二，教育的整体发展不仅仅是公共教育的问题，还应通盘考虑如何鼓励其他产权类型学校的发展。其三，在教育国际化的背景下，国际教育问题又构成了教育经济学的新课题。其四，教育的发展与经济的发展一样，需要对其未来的发展规模与水平做出科学的预测，能够利用教育经济学的基本原理，分析规划一个国家或地区整体教育发展状况，以及各级各类教育的发展规模等。其五，各种教育政策与发展规划的利弊得失分析。

（二）学科自身的发展

在理论基础方面，应该有所拓展。在坚持人力资本理论和马克思的劳动价值论的同时，筛选假设理论、教育消费理论、社会资本理论、文化资本理论的出现，又构成了教育经济学研究的新内容，它是对传统人力资本观的发展，是教育综合发展的必然要求。从早期基于人力资本理论和马克思劳动价值论的教育经济问题研究到现在以多种理论共同支撑的教育经济问题研究，这无疑促进了教育经济学学科体系走向成熟。

教育经济学不能只是立足于人的"工具性"能力提高，它不仅要关注人作为生产主体所具备的人力资本的积累与开发，还要关注人作为消费主体所具备的消费价值观、消费理性知识、消费技能和消费评价的有效培养与训练。它不仅要研究教育的投资性收益，还要研究教育的消费性收益。教育经济学应该是一门研究人生存与发展的教育经济条件以及如何通过教育与培训途径实现人生价值增值的社会科学，而不是一种"见物不见人"的局限于工具理性的学科。

（三）教育产业发展大势出现转变，为学科发展提供了科研增长点

当前，要实现教育事业自身"全面、高质量、协调、公平、有效益"发展，就需要教育经济运行过程做到如下转变：一是从总量增长到全面质量提升，推进中国教育经济发展的目标转换；二是从人力与物力要素到文化与生态要

素,推进中国教育经济发展要素的转换;三是从投资到消费,从资本本位到人生本位,推进中国教育经济发展的动力转换;四是从公立为主到公私立并重,推进中国教育经济发展的道路转换;五是从效率优先兼顾公平到公平与效率并重,实现中国教育经济发展的导向转换;六是从开放到全球化,推进中国教育经济发展的条件转换。实现这些转换,是中国特色教育经济学研究的新兴研究热点。我国有世界上最丰富的教育历史与实践经验积累,现在又恰逢经济社会转型升级、迎接第三次工业革命的新时期,教育与经济的互动关系更加密切,应该说具备了创建中国特色教育经济学派的外部条件。扎根于中国文化土壤之中,"中学为体,西学为用",在研究本国教育经济问题的基础上,形成具有中国风格、中国气派和中国特色的中国教育经济学话语体系,这是教育经济学在21世纪真正成为一门独立、成熟学科的重要标志之一。

参考文献:

[1] 古楳. 中国教育之经济观. 上海:上海民智书局,1934.

[2] 邰爽秋. 教育经费问题. 上海:上海教育编译馆,1935.

[3] 厉以宁. 教育经济学. 北京:北京出版社,1984.

[4] 王善迈. 教育经济学概论. 北京:北京师范大学出版社,1989.

[5] 范先佐. 教育经济学. 北京:人民教育出版社,1999.

[6] 宁本涛. 教育经济学研究方法的反思. 教育与经济,2006(1):42—45.

[7] 靳希斌. 教育经济学(四版). 北京:人民教育出版社,2008.

[8] 黄维,陈勇. 中国教育经济学发展轨迹的知识图谱研究. 教育与经济,2010(3):68—72.

[9] 陈柳钦. 我国教育经济学科发展动态分析. 社会科学管理与评论,2010(1):67—76.

[10] 靳希斌. 人力资本学说与教育经济学新进展. 北京:教育科学出版社,2010.

第九讲　故事里的教育

和　汇

一、责　任

侄女大学毕业了,参加完学校举办的毕业典礼之后,拿到盼望已久的毕业证书和学位证书,这两个证书承载着她父母及所有家人寄予的希望。然而她将这两个证书交给了她的男朋友,让她男朋友帮忙保管一下。谁知道她男朋友拿到她的毕业证书和学位证书后,放到了自己宿舍的桌子上,然后出去了一会,等回到宿舍后,发现侄女的毕业证书不翼而飞,只剩下学位证书了,而她男朋友自己的毕业证书和学位证书却仍然在桌子上。

学校的毕业证书只发一次,丢了就不可能再给你补发,只能给你出具一个学历证明,证明你曾经在某学校学习过,有毕业证书之类。而用人单位的人事主管部门要查验所有录用人员的毕业证书的原件,并且还要留下毕业证书的复印件。没有了毕业证书原件,其他的学历证明之类是不起任何作用的。由于侄女弄丢了毕业证书,事前找好的工作也就丢了。

拓展一:妹妹和弟弟的全家去逛商场。妹妹将自己的提包交给弟弟保管,结果弟弟弄丢了妹妹的提包,连什么时候丢的都不知道。妹妹以为把提包交给了弟弟来保管,弟弟以为把提包交还给了妹妹,两个人多次易手,造成了提包的丢失。

拓展二:在人行横道上闯红灯的行人和骑车人,将自己的生命交给了正常行驶的机动车。司机并不想轧死行人或者伤及行人。可是机动车在行驶时是有盲区的,司机可能真的没有看到闯入盲区的行人,结果造成了对行人的伤害。汽车转弯时,前后两轮有内轮差,车型越大,内轮差就越大,大型车转弯时内轮差造成的事故屡见不鲜。

中国曾经实行过行人违章"撞了白撞"的法律,第一起事故是上海的一个小孩被汽车撞死了,监护人不但没有得到赔偿,还给车主赔偿了汽车修理费。最后一起事故是北京的一个退休教授,横穿马路被撞死了,结果引起了人大代表的关注,最后全国人民代表大会去掉了"撞了白撞"的相关法律,目的是为了保护弱势群体。在欧美等国家,行人违章仍然有"撞了白撞"这样的条款。

  警示:自己的重要事情一定要自己负责,不能让别人负责,别人无法负责,也负不起责任。

二、后　　悔

  我的一个学生有一对儿女,他们两口子上班后都不在家,却将这一对儿女反锁在家里。两个小孩不懂事,在家里玩起了火,一不小心,点燃了沙发的一角,孩子很紧张,赶紧打电话到妈妈的办公室,要找自己的妈妈,正好妈妈出去了,不在办公室里。妈妈的同事接的电话,说你妈不在,她出去了。然后也没有多问,就挂了电话,事后也忘了告诉孩子的母亲孩子来过电话。等孩子的父母下班回家后,发现一对儿女已经被点燃的沙发所产生的毒气给毒死了。点燃的沙发并没有引燃其他物品,只是产生了致命的毒气。

  如果孩子的父母不把孩子们反锁在家里,如果孩子们不玩火,如果妈妈的同事多问孩子一句话,如果妈妈的同事告诉她孩子来过电话……太多的如果也无法挽回两个孩子幼小的生命,后悔是没有用的。

  拓展一:苏州电视台报道过这样一则新闻,有一个孩子的父亲年终请几个朋友吃饭,吃饭地点就在自己家的楼下。结账时发现身上的钱不够用,就打电话给孩子的妈妈,让孩子的妈妈送一点钱下来。等孩子的妈妈送钱下来后,就这一会儿功夫,孩子从楼上掉下来摔死了。孩子的父亲当时就昏倒在地,孩子的母亲也是悲痛欲绝。

  警示:欧美等国家都有一些法律,禁止12岁以下的孩子独处,违者家长将会受到法律的制裁。中国没有相应的法律,使得中国的未成年人受到的伤害较多。学生在学校上学,一定要遵守学校的一切规章制度和国家的各项法律,不要违反校纪校规和法律,否则这个污点会终身记入你的档案,如果你想考国家公务员,哪怕你考了第一名,最后的政审也会让你名落孙山。有些错误是不能犯的,犯了就无法后悔了。我们每个人都应该是遵纪守法的模范。

三、爱　　心

  中央电视台有一年举办了教师节的表彰大会,大会请了几个嘉宾进行现场采访,有全国优秀语文教师魏书生等人。其中有一位北京退休的全国优秀班主任老师,是一位令人尊敬的女教师。这位老师给大家讲了一个故事:有一年她所带的班级来了一位插班生,这个小女孩是从乡下转来的,在班里学习成绩也比较差。有一次老师进行课堂提问时,小女孩举手了,当老师让她来回答问题时,她却不会,当时老师什么都没说就让她坐下了。下课后老师将小女孩叫到办公室里,问她为什么不会还要举手,小女孩说我看见别的小朋友都举手了,我不能不举手。老师并没有批评小女孩,而是和她约定,以后老师提问时,如果你不会你就举左手,如果你会你就举右手,这是我们两个人的小秘密,可不许告诉别人。

以后每当这个小女孩举起右手时,老师都尽量让她来回答问题,极大地培养了小女孩的学习兴趣和自尊心,小女孩的学习成绩很快就赶了上来。当主持人问到老师和这个小女孩还有联系吗?老师说几天前还和这个小女孩通过电话,她现在在瑞士的一家大医院里工作,已经是一名非常出色的医生了。

拓展一:浙江一所中学有这样一条规定,女同学在没有扎好辫子时,不能进入学校大门。有一次进行期中分班考试,关系到每一位同学在好的班级的去留问题。有一位女同学下午考试去晚了,考试将要开始,她在没有扎好辫子的情况下,慌慌忙忙冲向学校,可是值班老师以违反校规为由,不让她进学校的大门。学生苦苦哀求,值班老师无动于衷,就是不让她进校门。学生说:"你不让我进学校,我就去死了。"老师说:"你要死就去死吧。"结果这个学生真的自杀了。学生家长和学校打官司,最后法院判决学校不承担责任,参加旁听的全体老师居然起立鼓掌。

警示:老师对学生付出爱心,和学生交朋友、讲知心话,这样才有利于学生的身心健康发展。教师的付出应该是无私的,教师的付出应该是不求回报的,这样才能够对得起老师这个神圣的称谓。

四、敬　　业

晏才宏是上海交大一位普通讲师,在世时默默无闻,在三尺讲台上尽着一个老师的天职。2005年3月12日死于肺癌。他去世三天内,上海交大校园BBS上竟发表了学生千余篇悼念文章,学生还自发筹资为他出版纪念文集。这位老师的死引发了争议,他终年57岁,教学水平和师风师德广受赞扬,但由于没有论文,去世时还仅仅是个讲师。

他上课已达到了这种境界:一杯茶、一支粉笔随身,从不带课本和教学参考书,知识早已烂熟于胸,例题信手拈来,讲课条理清晰、自成体系。加上一手俊秀的板书,洪亮的嗓音,他的电路课被誉为"魔电",几乎场场爆满,座无虚席。[1]

拓展一：在大家欣赏航空 style 时，请不要忘记罗阳。罗阳同志作为中航工业沈飞负责人，以国家之振兴为己任，以企业之发展为己任，兢兢业业，鞠躬尽瘁，将自己的全部精力和生命都奉献在了工作岗位上。生命不息、奋斗不止，在他生命的最后一个月里，为了让新型战机翱翔于蓝天，为了让舰载机驰骋于大海，他不知疲倦，劳心劳力，在实现了两大重点型号相继成功首飞后，就立即赶赴珠海航展为新型战机呐喊，紧接着又转战"辽宁舰"为舰载机助力，没有一刻休息。他用全部的精力带领着中航工业沈飞冲上了事业的巅峰，用无悔的信念诠释着"航空报国"的真谛，直至生命的最后一刻。[2]

警示：对于爱岗敬业的每一位人，在他们为国家和民族做出贡献的同时，国家、社会、集体也要为他们的家庭、健康等做好后勤保障，不要等悲剧发生了才引起大家的重视。

五、劝　　学

学习知识，就像在蛋壳中的小鸡，出壳前你自己啄破蛋壳钻出来，你就获得了新的生命。如果啄一下，感到震得头痛、浑身不舒服，很辛苦、很累，继续待在温暖安逸的蛋壳中，过几天后，你就死定了。

警示：知识是你的朋友，平时你要善待她，和她搞好关系，关键时刻她才会帮助你，否则到关键时刻她理都不理你。当前提倡素质教育，什么是素质呢？素质是永久不忘的正确的能力和方法。

六、冗　　余

《读者》曾经发表过这样一篇文章，说一个人去看他的同学，他的这位同学在大学毕业后的短短几年中，就升职为某单位的高级文秘，收入高得让人羡慕。他来到这位同学的单位后，正好赶上了单位新开张了一家营业点要进行剪彩。正当剪彩就要开始的时候，单位的领导发现了台下有一位贵宾，就强拉这位贵宾上台来一齐剪彩。他马上替他同学捏把汗，担心没有多余的剪刀剪彩，让上了台的贵宾遭遇尴尬。没想到他的同学不慌不忙地从口袋中掏出一把剪刀递了上去，顺利地完成了这次剪彩。

---

[1] 李柯勇,刘丹.晏才宏朱淼华两位教学型大师的悲情遭遇.http://www.eol.cn/article/20060106/3169338.shtml.

[2] 中航工业.罗阳同志事迹材料.http://www.avic.com.cn/cn/xwzx/jtxw/383162.shtml.

事后他对这个同学说幸亏你多准备了一把剪刀,要不然今天可就麻烦了。他的同学告诉他,别说多增加一位贵宾剪彩,就是再来几个贵宾也没有关系,我还准备了好几把剪刀呢。

从这一件事他理解了他的同学为什么会在比较短的时间内很快升职,这都是这位同学平时办事严谨、事无巨细、考虑周全应有的回报。

拓展一:有人总是抱怨单位的领导和同事,交给他的事他都办好了,可是还是落了批评,明明不该他负责的事,最后都怪他没有把事情办好。抱怨别人处处和自己过不去,怎么不从自身出发好好想一想。

拓展二:计算机为了能够正常工作,有大量的冗余。Windows XP 的小系统只有 10M 左右,基本上就能完成日常的所有任务。而 Windows 7 操作系统有几十个 G 的操作系统文件,有大量的冗余,是小系统的几千倍,这么大容量的目的就是为了方便、稳定、可靠、全能。

警示:学生在学习时,不能满足"会"就可以了,要追求熟练掌握知识。这就需要在学习的过程中不断增加知识的信息量,达到精益求精的目标。平时不要仅满足于一种解法或者一种方案,要追求一题多解和多种方案,这样才能应对不时之需。机会总是留给有准备的人。

七、逻　　辑

有一个人请几个朋友吃饭,已经到了三位朋友,大家都在等第四位朋友。他想这位朋友该到了,可嘴上却说成了"该来的没来"。其中的一位朋友听了后想,该来的没来,那就是我不该来了,于是第一位朋友就走了。这位请客的人想你怎么走了,可嘴上却说成了"不该走的走了",剩下的两个朋友其中之一想,第一位走的朋友不该走,那就是我该走了,于是第二位朋友也走了。

请客的朋友想你怎么又走了,可嘴上又说成了"我没有说你",第三位朋友想,没有说他,那就是说我了,也就是我该走了。于是第三位朋友也走了。[1]

请客的人说话的逻辑有问题,使得听话的人产生了误解,结果得罪了三位朋友。

警示:语言中的词语不同的排列与组合,会产生不同的意思和不同的效果。在我们的日常生活中,逻辑应用的不同会产生不同的效益和结果。中国在古代就有田忌赛马等典故。当今在生活领域、经济领域、军事领域等领域中,逻辑的应用都能够产生质的变化。

---

[1] 吴家麟. 故事里的逻辑. 银川:宁夏人民出版社,1979.

推荐著作：

1. 赵美萍. 我的苦难我的大学. 北京：作家出版社，2005.
2. 覃彪喜. 读大学究竟读什么. 广州：广东南方日报出版社，2009.
3. 李开复. 做最好的自己. 北京：人民出版社，2005.
4. 徐小平. 图穷对话录——我的新东方人生咨询. 北京：光明日报出版社 2002.
5. 柯维. 高效能人士的七个习惯. 王亦兵等，译. 北京：中国青年出版，2008.

参考文献：

[1] 吴家麟. 故事里的逻辑. 银川：宁夏人民出版社，1979.
[2] 李柯勇，刘丹. 晏才宏朱淼华两位教学型大师的悲情遭遇.
　　http://www.eol.cn/article/20060106/3169338.shtml.
[3] 中航工业. 罗阳同志事迹材料.
　　http://www.avic.com.cn/cn/xwzx/jtxw/383162.shtml.

第十讲　大学之大与大学人生

尹艳秋

一、大学是什么

每年金秋时节,一批又一批莘莘学子满怀新的憧憬与渴盼,走向菁菁校园。

步入大学校园,常常让人觉得有种奔涌的、富有生命的东西在撞击着新生学子的心灵,使人兴奋、激越而升腾……这种东西就是大学特有的无形的精神文化与有形的物质环境的结合体,在冥冥之中引导你前进。它本于文化,弥漫于校园,存在于学生、学者、学校之中。这就是大学的"精气神",是大学的魂与魄。一种组织一旦失去精气神,就难免有体无魄,失去吸引力。那么,大学的精神在哪里?大学的精神是什么?当今的世界,大学如此之热:那么多人想去上大学,千军万马竞相奔腾,其竞争的激烈程度不亚于足球"世界杯";那么多人都想与大学产生联系,商人、学者、政治家、外交家等;文凭、地位、荣誉、金钱,似乎大学都能给予……那么,大学大在哪里呢?

(一)大学之大在于有"大家"

"大家",即思想解放,富有远见,敢为人先的大学校长。

周川先生在其主编的《百年之功——中国近代大学校长的教育家精神》一书的前言中,对大学校长做过这样的描述:大学校长是一种职位。一个人,可以因各种不同的因缘而走上这个职位;一位校长,也可以出于不同的动机而行使其职权。他可以像政治家一样,把学校当作政治斗争的"工具";他也可以像企业家一样,把学校办成一本万利的摇钱树;他还可以像大大小小的官僚一样,按官场规则运作学校;他更可以像南郭先生一样,终日正襟危坐,实则无所用心、滥竽充数而已……这些校长有校长之名,而无校长之实。

一个校长,只有真心实意在办教育,他才算得上名副其实的校长;只有办出好教育、雕朽木为有用之材,他才能算得上教育家。一个人要做出教育家的业绩,就需要理解教育工作的本质与意义,需要倾注自己的智慧与热情,需要具有不怕压力、不畏艰险的意志,需要具有自我牺牲的精神与胸怀。

陈平原先生说过:你问我大学校长好不好当?既好当又不好当。我国改革开放以来,多少企业家破产,多少高官落马,但没见过国立大学办不下去的。但大学校长不同于企业老板、行政官员、专家学者、诗人等,他同时需要拥有管理家的魄力、学问家的眼光、教育家的襟怀等。

一所大学的成功可以说是大学校长的成功。大学发展到现在虽然外部制约因素复杂多样,但有几点仍是衡量大学校长优秀与否的条件。

1. 有理念,能坚持

曾任北京大学校长的蔡元培先生就是因为理念而任职,又因理念而辞职。在就任校长的演说中,他说道:"诸君来此求学,必有一定宗旨,欲知宗旨之正大与否,必先知大学之性质。大学者,研究高深学问也……宗旨既定,自趣正轨。"梅贻琦先生1931年出任清华大学的校长,直到1948年,是新中国成立前清华大学任期最长、贡献最大的一位校长,开创了清华大学历史上的"黄金时期"。抗战期间,清华、北大与南开西迁昆明,成立"国立西南联合大学"。当时物资设备和生活条件极其艰苦,加之战乱的侵扰,梅先生历经八年始终坚守学校,以坚韧的毅力和果敢的气度克服困难,造就了一代又一代人才。曾任南开大学校长的张伯苓,任职40多年,倾其毕生心血和资产创办南开,将自己的一切献给了南开的一草一木。张伯苓认为:一个人要有自己特有之人格,一所学校要有自己特有之校格;"失一生之人格,则生命何足贵哉"。为此,他十分重视在南开培养一种精神的气质与氛围,并由此打造了体现爱国、开拓、认真等品质的"南开精神"。

2. 有专业,能超越

大学校长是学者,但又不同于专门的学者。他们敬畏知识,他们有一专之长,却又超越专业,网罗众家,具备通才的品质。

李登辉担任复旦大学校长之初,根据科学发展的需要,把国文、英文、社会科学、自然科学四门课列为全校各系的必修课。蔡元培任北大校长期间,提出思想自由、兼容并包的教育原则。兼容并包体现在大学的知识内容上是广采博收古今中外一切学术思想文化成果;兼容并包还包含了思想自由、学术自由的原则。在蔡元培兼容并包理念的推动下,北大充满朝气,学术自由风气大开,各种主义、各种学说层出不穷,呈现出一幅欣欣向荣的景象。马相伯创办复旦时明确提出了"囊括大家、网罗众学、兼容并收"的办学方针,主张学校应该包容各种学问,广泛吸收各种人才,对不同思想和意见,应展开讨论。严复对中国传统文化中的经典著作推崇备至,同时也特别重视西学的学习,认为如果没有自然科学基础,将无益于国家前途。[1]

哈佛大学的校长一直恪守"与柏拉图为友,与亚里士多德为友,更与真理为友"的校训,一方面重视传统,尤其是古希腊的人文理性传统;同时强调追求真理是至高的原则,无论是世俗权贵,还是神圣的权威,都不能替代真理。

3. 有名望,能感召

大学校长的感召力,主要指他们强烈的社会责任意识。凡是伟大的教育家,都不会封闭在学校圈子里就教育办教育,都会面向社会,密切关注时代的发展。这也是教育家与一般教育工作者之间在视野和胸怀上最根本的区别。[2]

复旦大学的校长杨玉良说过:"一所优秀的大学必然具备强烈的责任感,没有责任感的大学是十分可怕的";"我更希望,我们每一个复旦的学子,不是一个高高在上而又漠不关己的批评者,而是做一个勇于担当责任、解决问题的创作者";"让我们永远做一名关注人类命运、关注社会发展、关注百姓疾苦的复旦人"。

钱理群先生在《走进北大》一书的"序"中对北大做过这样一些描述:

记得当年美国著名哲学家、教育者杜威对蔡元培有过这样的评价:把全世界各国大学校长比较一下,牛津、剑桥、巴黎、哈佛、哥伦比亚等大学的校长之中,他们有的在某一学科确有成就;但是以一个校长的身份而能领导那个大学,并对那个民族、一个时代起到转折作用的,除了蔡元培,恐怕还找不出第二个了。这同样可以视为对北大的评价:一所大学,在一个世纪之中,能够三次对自己民族、国家的政治、思想、文化的发展,社会的变革,历史的进程产生直接与深远的影响,确实罕见,称之为"世纪辉煌"是一点也不过分的。

4. 有个性,能独立

中国的教育家竺可桢说:"大学犹海上之灯塔","大学是社会之光"。

大学校长关注现实,但又能远离世俗,远离世故。美国前国务卿基辛格原来是哈佛大学的教授。从政多年离职后想去哈佛任教。可当时的博克校长没有聘他。博克校长说:"我要的是教授,不是大人物。"傅斯年先生在北京大学代理校长期间,曾顶住来自各方面的压力,拒聘"伪北大"的教职员;在任台湾大学校长时,一些带有什么"委员"、有什么"长"头衔的人希望能在台大兼职或任教,几乎全被他拒绝。蔡元培上任北大校长第一件事就是整饬校风,开除品德恶劣、作风败坏的中外教员。一位不学无术的英国教员被辞退后,英国驻北京公使出面干涉,强求蔡元培予以续聘,被先生严词拒绝。

---

[1] 田正平. 中国教育史研究——近代分卷. 上海:华东师范大学出版社,2009:338.
[2] 孙孔懿. 论教育家. 北京:人民教育出版社,2006:126.

（二）大学之大在于有"大师"

大师,即德高望重、造诣精深、诲人不倦的大学教师。古人云:经师易遇,人师难遭。只讲专业知识的经师容易遇到,而既有学问又有德行,"尊德行而道学问"、人格魅力高尚的老师,是非常难得的。蔡元培先生说过:"教育者,养成人格之事业。使仅仅为灌注知识、练习技能之作用,而不灌之以理想,则是机械之教育,非所以施于人类也。"

中国知识分子源起于春秋战国时期"士"阶层的崛起。春秋战国时期发达的生产力、劳动分工的经济条件、社会动乱、礼乐崩坏的社会条件,各国争霸、群雄争锋而招贤纳士的政治条件,等等,促成了"士"阶层的兴起,并且,春秋战国时期的政治经济社会背景及其要求,使得士阶层从其兴起时,就以"政治智囊、军事参谋、外交使节、思想精英、文教师长"[1]等角色而活跃于当时的历史舞台,体现出强烈的社会责任感、使命感及独立、清高、豁达的人格特征。士阶层的这一品格特征,极大地影响了其后中国历代知识分子的群体精神面貌,使得他们常常将以天下为己任、替天行道、为民请命、改革社会的社会责任感及其人文精神作为自身的人生理想与追求,并在其对教育的认识及所从事的教育活动中得到充分的体现。

钱理群同志在《走进北大》这本书的"序"中说:

北大的光荣与骄傲,恰恰在于它所拥有的称为"大师"的学者。他们不仅以渊博的学识,更以自己的精神力量、人格魅力,吸引着全国(以至全世界)的莘莘学子。北大在全民族心目中的"精神圣地"的崇高地位正是仰赖于此而形成的。

（三）大学之大在于有"大度"

大度,即有囊括大典、网罗众家、学术自由的大学涵养。

英国教育家纽曼在《大学的理念》中说:一所大学就是一个群英荟萃的殿堂,天下各处各地的学子到这里来,以寻求天下各种各样的知识。大学乃是一切知识和科学、事实和原理、探索和发现、实验和思索的高级保护力量。西方把大学叫作"University","University"有广博、普适、经天纬地之意。大学所培养的"大人"既要有科学精神,也要有人文的关怀。

这里笔者引用吴咏慧《哈佛琐记》中"后记"里的一段话[2],从中可见大学之大度:

---

[1] 何晓明.百年忧患——知识分子命运与中国现代化进程.北京:东方出版社,1997:11.
[2] 吴咏慧.哈佛琐记(后记).西安:陕西师范大学出版社,1998.

哈佛的可贵之处，便是提供一个良好的气氛，让每个人尝试去表达自己，发觉真实的自我。在哈佛，每人受到鼓励用自己的想法去思考，用自己的感官去感觉，按照自己喜爱的方式去生活。除了个体层面的解放之外，哈佛还能够承接西方智识的传统，使置身其地的人随时可以与古人精神相往来。

威廉·詹姆士（William James）曾描述他心目中"真正的哈佛"：

我相信，就培植自主与孤独的思想者的苗床而言，除了哈佛大学外，无出其右者。哈佛的环境不只允许，而且鼓励人们从自己的特立独行之中寻得快乐。相反地，倘若有天哈佛想把她的孩子塑模成单一固定的性格，这将是哈佛的末日。

（四）大学之大在于有"大雅"

大雅，即尚德求真，美化人生的氛围，也是大学所体现出的素养、品质。

大学之所以称之为大学，不仅仅在于它是知识的殿堂，更在于它是文化精神的殿堂。世界高水平的大学都有其优秀的文化精神。哈佛大学的"让真理与你为友"，耶鲁大学的"光明与真理"，加州理工学院的"真理使人自由"，等等，无不体现着大学所载负的人类理想与精神。北京大学蔡元培先生提出的"兼容并包，思想自由"，清华的"自强不息，厚德载物"等，都是其精神与吸引力的彰显。从某种意义上说，大学的安身立命之本就是大学的精神。

教育是一种培养人的社会实践活动，教育也就具有了相辅相成的两个方面。一方面，教育受制于社会，有其特定的时空存在，它肩负着社会的重任。对社会政治稳定、经济振兴、科技发展有着重要的作用，并赋予受教育者适应"当下"生活的一切特性，体现出其强烈的功利性、适应性；另一方面，教育又立足于人的未完成性和超越性，鼓励个体通过现实的努力追求，缔造一个寄托人的美好愿望的有意义的世界。因此，教育世界既是一个事实的世界，又是一个价值的世界、意义的世界。教育无法自觉选择国家的政治体制、经济实力，也无法选择人的价值信仰、民族皈依等，因而就无法逃避来自于社会历史的、文化的和社会现实及个体身心的制约，是"事实的世界"；然而，教育也在授予学生知识、规范的同时，又诱导学生理解由道德生活所带来的心灵的崇高，它关怀并教导人生，包含着人们对真、善、美的永恒探索与追求，体现出一个意义的世界、价值的世界。教育给了人类以维持生存的技能、以适应社会生活的策略，而且还给人们以安身立命之根本。

作为培养人的活动，教育要告诉人们世界是怎样的，从而使人成为有知识的人、客观的人、现实的人；教育要告诉人世界为什么会是这样的，从而使人成为有智慧的人、会思考的人；教育还要使人知道世界应该是怎样的，什么样的世界才是美好的，从而使人成为有理想的人、有道德的人，勇于超越和创造的人。而这一点,恰恰是教育的最高境界,是教育的终极目的。

所以,人类社会之所以需要教育,不只是为了社会生产的延续和发展,不只是为了社会政治、经济、文化的延续和发展,还因为每个人本身也需要发展;教育不仅为人的劳动能力和社会生活的提高发挥价值,教育还要为人的生活的美好做贡献。唯有教育才把人性的真、善、美作为自己的信念和追求,才把造就理想的人、理想的人性作为自己的目的。这正是教育独特的一面,也是教育的神圣与崇高的一面。

(五)大学之大在于有"大楼"

"大楼",这里指大学有使人身心舒适的建筑设施、物理环境,它对大学师生能起到精神陶冶的作用,置身其中的人,能焕发出身心的活力与生机。一个人在一所有着优美物质环境的大学里"浸润"几年后,就不可避免地被烙下深深的文化印记,这种印记将会影响人一生的成长,打造一个人特有的气质。大学的环境之美也往往增添了其所在地的魅力与活力。试想,如果杭州没有浙江大学,北京没有北京大学、没有清华大学,上海没有复旦大学、没有交通大学,武汉没有武汉大学,广州没有中山大学,等等,这些城市该多么的不完美。

(六)大学之大在于有"大学生"

大学生,即风华正茂、精力充沛的学生。大学生,是一所大学活力之所在,是一所大学精神气质的标识之所在,也是衡量一所大学优秀与否的标准之所在。一所大学只有"江山代有人才出",才能对这个大学在社会的声望起到推波助澜的作用,才能使一所大学具有源源不断的生命力。

二、当代大学理念的偏失

以上主要围绕大学之"大"来展示大学的精神与面貌,也是借此引导初入大学之门的莘莘学子懂得在接着而来的大学生活中应该确立的人生追求与价值信仰,或者说懂得自己步入大学后应该坚守什么,应该弘扬什么。同时,我们也要揭示出现代社会工业化、科学技术的发展与经济市场化等给大学带来的精神冲击与影响,借此引导初入大学之门的莘莘学子,在接着而来的大学生活中应该警惕什么,应该有怎样的自律与自觉。

现代意义上的大学教育,在我国始于近现代之际。近代中国险恶的生存环境和救国图存的压力,使得中国教育在从近代向现代教育转向的兴学之初,从政府到社会都对教育抱着急切的功利态度,以图教育为"救国"之急用。这在高等教育的表现上尤为突出。中国早期大学由培养实用人才的外语学堂、武备学堂发展而来。当时政府从救国图存的实际功利出发,优先发展培养专门人才的高等教育而非普及基础教育。在高等教育中,优先发展船舶、铁路、军事工程等专业。这虽然是当时国家、社会之需要的反映,但从某种程度上使教育带有强烈的功利主义价值和浓厚的技术主义、工具主义倾向。"五四"新文化运动虽然确立了学术自由、思想独立的教育精神,但在战争年代,这种教育精神难以得到确认和巩固。而后在抗日救亡的形势下,教育自然为抗战服务,并培养实用的专业人才。不可否认的是,这一时期,我们也培养了许多学术大师、科学家和实业界人士。

新中国成立之后,为迅速实现工业化,赶超发达国家,教育从一开始就奠定以工程技术、专业教育为主的"重理轻文"的格局。1952年,以苏联为模式的高等教育院校调整,大学文理分家、理工分家,学科专业过窄,专业教育被理解为科学教育,而科学教育又被理解为知识教育。如清华大学、浙江大学成为工程院校,科学与人文的整合被剥离。如果说古代社会曾以"半部论语治天下"的话,那么此时则是"学好数理化,走遍天下都不怕"。在这一口号下,20世纪50年代,我国的教育也被纳入高度专门化、技术化的轨道,智育至上、能力主义等观念成为一种普遍的价值观念,学校培养统一规格的"标准件"。这种教育虽然为我国国民经济和社会发展培养了大批专门人才,发挥了教育在社会建设中的作用,但是,教育的人文价值、人文内涵遭到漠视,教育的精神得不到全面的张扬与体现。

20世纪80年代以来,伴随着经济的飞速发展,教育得到从未有过的重视与发展,"尊重知识、尊重人才"成为社会的风尚。义务教育的普及使得基础教育得以快速发展,高等教育为社会经济建设培养出大批的合格的高素质人才。但是,在由计划经济向市场经济转轨的过程中,教育又受到了来自市场经济的种种新的冲击,产生了许多急功近利的短期行为。市场经济作为工业社会的经济形式,它把人直接引入了市场。在市场经济中,人是围绕着"市场"转的,如何获得效率、效益,如何高效地聚积物质力量等,成为人们优先考虑的因素。这就使得人们易趋向于眼前的世俗生活,着眼于现实的物质利益,而忽视了市场经济的文化基础,忽视了自己的精神支柱。从高等教育来说,什么专业见效快就办什么,什么赚钱就干什么;教师忙于经商下海,其科研带有了强烈的功利性,过分追求学术的功利价值。如果说古代知识分子"重义而轻利"的话,那么,在市场经济的大潮下,不少教师缺少古代文人的内在品质,即缺乏追求真善美的科学精神、人文精神,缺乏拥有丰富内心世界的传统知识分子的文人品性。

伴随着科技的迅猛发展，全球化时代的到来，社会变革的加剧，我们把科教兴国、培养创新人才作为教育的价值取向。但是，无论是创新教育，还是重点大学向世界一流的追赶，都在自觉不自觉中将科学技术、科学教育放在了教育的中心。那些具有社会长远利益但不能直接带来经济利益的学科或专业，往往受到不同程度的冷落或轻视。在经济利益及个人功利驱动下的文凭泛滥、学术腐败等不良现象也在侵蚀着今天的教育。

刑永富在《实现教育现代化应重视解决三对根本性矛盾》一文中指出了伴随着社会工业化的进程及经济的社会化、市场化与现代化的发展，教育出现"三对矛盾"或"冲突"，也让我们从中看到了当代大学精神的偏失。兹理解并概括如下：

一是教育生态性与生产性的矛盾。即人们在教育实践中片面追求教育的生产性价值而忽略了教育的生态价值，由此造成教育的生产价值与生态价值间的失衡和冲突。这使得教育在育人功能上片面促进人的社会属性的发展，忽视了人的自然属性的发展，从而造成人的社会属性和自然属性间的失衡和冲突；还使得教育在社会功能上片面追求社会生产力的发展和社会对自然资源的利用和消耗，而忽视对自然环境的保护以及对自然资源的更新，从而造成社会发展与自然环境间的失衡和冲突。

二是教育的科学性与人文性的矛盾。即在现代历史条件下，人们片面追求教育的科学价值而忽视其人文价值，因此造成教育的科学价值和人文价值的失衡和冲突。大工业生产本质上是运用科学技术的过程，科学技术成为生产力，而与大工业生产相联系的市场经济又利用"市场"不仅使科学技术成为稀缺的经济资源，而且将科学技术直接物化为生产力。在这样的背景下，现代教育往往片面追求科学价值，片面传播和发展科学技术，片面发挥以科学技术为基础的生产功能、经济功能，从而造成现代人在认知与情感、理性与感性、科学与人文上的分离乃至冲突，造成社会发展在经济与文化、物质与精神等方面的对立和冲突。

三是教育的物质性与精神性的矛盾。即人们在现代教育实践中，片面追求教育的物质价值而忽略教育的精神价值，由此造成教育物质价值与经济价值的失衡和冲突。这使得教育在育人功能上片面促进人的功利意识、物质需求、消费心理及其生产生活技能的发展，忽视了培养人的超越意识、精神解放、道德自律和终极关怀，从而造成人的物质存在与精神存在、现实生活和理想追求、物欲满足与终极关怀间的失衡；还使得教育在社会功能上片面追求科学技术的发展和利用、物质财富的增加和经济的繁荣，淡化了教育在社会精神文明和文化发展上的职责。大工业生产和科学技术在创造"堆积如山"的商品和巨大的物质财富中，也使得教育被空前"物化"，而市场机制作为配置资源的手段,又日益把教育变为稀缺经济资源配置于物质生产过程中,从而又强化了教育的"物化"过程,淡化了教育自己的主体意识与精神。

综上可知,当代大学精神的偏失集中体现在以下方面:

一是办学庸俗化。即大学自觉或不自觉地忽视和削弱了学术性,热衷于急功近利的商业行为。大学要服务社会,满足社会需要。但大学在服务社会的同时,要获得自我的维持和发展,即增强知识,并保证为个人和社会的利益而去传播真理。教育作为一种培养人的社会活动,不论怎么发展,它都不能割裂与社会生活的千丝万缕的联系。教育为社会生产服务,为社会生活服务,这本应是教育的职能,也是赖以存在的根本。换句话说,适应社会政治、文化等多方面的需求,本应是教育的当然之义与应尽之责。然而,现代教育在其发展中尤其是在当今社会不断变革的情况下,却又转向另一个极端,即被动地、单向度地适应社会某个方向的需要,屈从于工业化和市场化的过程,随着经济而在市场中"沉浮",随社会需求的多样化及变化而"随波逐流""左右摇摆",丧失了自己的独立品性和主体品格。

二是官本位倾向。即攀权附贵,唯上唯官,学校运作世俗化。杨玉良校长在2010年毕业典礼的演讲中说:"出于人才竞争和科研竞争的需要,大学越来越屈从政府和社会对其资源配置的要求,学术和市场结合越来越紧密,学术研究在某些方面逐步沦为商业行为,大学之间围绕着所谓的若干定量指标展开激烈竞争,以量化指标为导向,大学功能主义盛行,机会主义盛行。这样的大学怎么能支持它的毕业生以良好的心态去面对生存压力的困惑呢?"

三是办学趋同化。不同的大学应该有不同的文化性格,以不拘一格培养人才。而我们的大学近些年来一味盲目攀高,求全求大,丧失了自己原本的特色与优势。美国杨博翰大学第九任校长霍兰德上任时说:"我们杨博翰大学已经进入一个时代,有所为就必然有所不为。我们不可能做好所有的事情,但我们选择的事情,我们必须做好。"

三、如何度过大学的生活

(一)大学新生心理的"动荡"

大学新生入学前在中学阶段接受教育。"高考"这个指挥棒指挥着他们的人生目标,也调动着他们身心的几乎全部力量,使他们有了一时的人生目标与支柱。而进入大学后,这个指挥棒一下子倒掉了,许多大学新生也因此突然失去人生的目标与方向,身心的力量一时也无处调动;再加上大学的学习目标、学习内容、学习方式、师生关系等都与中学有很大的不同,一些新生在入学最初一段时间的新鲜感、兴奋感过去后,随之而来的却是一种迷茫感、混沌感,甚至空虚感。

整体上说,大学新生进入大学后,在最初的一段时期,其心理上会表现出迷茫与动荡。具体有[1]:

1. 自我认知和社会认知不稳定

能考入大学的大学新生,在考入大学前,他们中的许多人是重点学校或重点班级的学生,他们是老师重点关注的对象,是家长重要保护的对象。考上大学后,他们一跃成为社会的宠儿,不免有飘飘然之感。这时,无论做什么事他们都表现为满腔热情、胸有成竹、信心百倍、蓬勃向上。然而,进入大学后,随着时间的推移,在群英荟萃的新的集体中,在同一起点的同学中,有的人就会逐渐发现自己过去的优势已不存在了,有些方面甚至处于落后的境地。于是,自我陶醉的时期结束了,随之,其心理往往转向另一极端——自卑。对事情或是漠不关心,或是疑虑重重,或是玩世不恭,或是自暴自弃。

2. 理想志向不稳定

大学新生虽步入大学,但依然是"从校门到校门"的学生,他们社会阅历也较浅,人生观、世界观刚刚形成或正在形成中。因此,尽管一部分人已树立了人生的远景或近景理想,但尚不十分牢固,一旦受到社会上某些不健康思潮的影响,往往就产生怀疑或动摇;其理想也不可排除地带有相当程度的幻想性、志趣性和浪漫主义色彩。总的说来,他们大都希望自己学习好,获得优异成绩;能在所学专业或所喜欢的专业上有一定的突破、取得一定的成就;等等。然而,若是在前进中遇到了挫折,他们往往就会重新开始设立目标,寻找道路。特别是,大学新生刚刚进入与中学不同的生活与学习环境,一时还难以把握实现自己目标的途径与努力的方向及着眼点。于是,有些意志薄弱者则开始变得消沉,甚至颓废下去。

3. 情绪情感不稳定

大学新生多处于18岁左右的年龄发展阶段,其情感丰富,并开始逐步形成高尚的情操,情绪情感具有一定的稳定性。但是同成年人、同大学高年级学生比较起来,大学新生的情绪情感的波动性仍然很明显。这种波动性表现为心境变换比较频繁,情绪忽高忽低,情绪极易受客观环境和活动方式的影响,而且引起情绪变化的原因有时是很细微的。此外,由于他们自我控制力不强,因而极易产生激情。处于激情状态的学生往往热血沸腾,激昂慷慨,无所顾忌;但当激情状态一过,往往又会产生冷漠与空虚之感。

---

[1] 祁立刚. 大学新生心理动荡性探析. 光明日报. 2012-7-25.

4. 意志品质不稳定

大学新生的自制力、目的性、坚毅性比之高中阶段有显著发展,但仍不稳定。由于他们兴趣广泛,加上社会诱惑的丰富多样,有些人的目标往往经常变化,见异思迁。例如:有时由于在某学科的学习中遇到困难,就失去信心,不愿继续努力;在要求政治进步方面,有的人入学后就写了入党入团的申请书,但若听到一些冷言冷语、讽刺挖苦等,就又产生重重疑虑,甚至会放弃进步要求;在情绪情感控制方面,自我控制力较差,极易受情绪情感的支配,心境转变快,变化幅度大,常常出现一些缺乏理智的冲动、任性现象。在各种活动中也经常表现出情绪忽高忽低,态度忽冷忽热,志趣爱好也时常随具体环境而转移。

上述的种种迷茫与动荡,如果不能得到及时的疏导与调适的话,就会影响大学新生整个大学阶段的生活与学习,以至于影响他们将来步入社会的人生质量。

(二)大学新生的大学人生

受过大学教育的人,常常把"大学"作为自己的文化程度。那么,我们从"小学"读到"大学",有没有思考过"小"与"大"的区别到底在哪里呢?大学和小学,是"人化"的程度不同,是人的境界的差异,是人生境界的提升,是一个人教养的提升。中国有句话:"养其大者为大人,养其小者为小人。"大学,乃是大人之学,大学之道就是培养大人的学问。什么才是"大人",就是在道德和学问上有很高造诣,能够修身、齐家、治国、平天下的那种人。[1]

对新生来说,大学的时光应该怎样度过呢?应该为进入新的人生阶段进行哪些规划呢?

1. 调动自己的积极性

一是给自己一个目标,即为自己明确一个方向。这也是为自己"立志"。易卜生说:"你最大的责任是把你这块材料铸造成器。"立志,就是在人生的航船上建立航标,沿着航标才能达彼岸。如果没有目标就会迷茫,就会没有方向,而得过且过,随波逐流。目标可以有大有小,有长有远,但只要有目标,人就会充满朝气与活力。

大学是知识的大海,有丰富的藏书,有一批学有专攻的学者,讲座、社团活动等也丰富多彩。大学生不仅要"耳"学、"心"学,还要"眼"学、"手"学。在学习的过程中,尽快发现自己的兴趣,寻找自己的追求。

二是别让努力的程度下滑。大学新生在中学阶段为了考取大学而一度

---

[1] 参考樊和平教授在东南大学"人文大讲座"的讲演《中国传统文化与现代人的安身立命》。

起早贪黑、废寝忘食,几近"头悬梁、锥刺骨"。而一旦考取进入高校,会有种"船到码头车到岸"的轻松,不再愿意在学习上努力,身心的积极性也调动不起来。英国的怀特海说过:中学阶段,伏案学习;大学里,应该站立起来,四处瞭望。杨福家先生在《年轻人应该怎样成长》演讲(《新华文摘》2012 年第 24 期)中说:"年轻人如果能做到文理结合,拥有广阔的知识背景,你的生命就会变得更充实,你也能够更加从容地面对今天的世界。"

这里引用武汉大学校长顾海良在 2010 年毕业典礼上告诫即将走向社会的毕业生的一段话,借以告诫初入大学的新生:"我希望你们能逐渐具备深邃的世界眼光和深刻的中国意识,拥有海纳百川的胸怀和熔铸百家的气度。既要仰望星空,又要脚踏实地,要把阳光种入泥土;既要开拓进取,又要勇于创新,要把卓越付诸实际。"

三是珍惜有效生长期。对大学新生来说,大学阶段是他们人生的最佳生长期,需要并且容易接受知识的阳光雨露,给自己身心以丰富的营养,让自己充实而丰满。否则,时过然后学,则勤苦而难成。

胡适先生给上海中国公学 1918 级学生的毕业赠言说:"趁你们年富力强的时候,努力做一种专门学位。少年时一去不复返的,等到精疲力竭时,要做学问也来不及了。"

杨福家先生在《年轻人应该怎样成长》演讲中还敬告年轻的大学生:"我想送同学们一个建议,就是趁着你们的大好时光,记忆力强、体力也好的时候,不知疲倦地学习,像海绵一样吸收知识……人的生命是有限的,而知识是无限的,不管你是哪个年龄阶段的人,不管你是多大的学者,你不知道的东西总比你知道的东西要多得多。没有这个胸怀是不行的。"

四是培养团队精神。这要求大学新生正确处理个人与集体、与群体、与他人的关系,与自己周围的人团结友爱,和睦相处,从大局出发,与老师同学一起营造温馨和谐的集体和环境。

2. 意识到从中学到大学的转变

(1) 从中学到大学,适应社会角色的转变。

能考入高等学府的新生,在中学阶段也大多是班上学习的"优等生",受到老师的关注也比较多。而进入大学后,同学之间的"起点"差不多,以往"优等生"的优越感不复存在,有些新生就会有失落感,找不到自信。实际上,大学新生应当看到这种转变,及时调整心态,让这种转变成为新的动力与契机。在中学阶段,他们忙于"升学",职业的方向感不明确,是"潜人才";而到了大学,专业的大方向确立,职业方向也基本明确,是"准人才"。因此,应该以更高的标准要求自己。

(2) 从考试到深造,适应奋斗目标的转变。

大学新生入学前,高考这个指挥棒指挥着他们的人生目标,也调动着他们身心的力量。而进入大学后,这个指挥棒一下子掉了,许多大学新生也因此突然失去人生的目标与方向,身心的力量一时也无处调动。新生一定要认识到:大学阶段是全面发展与提升自己的最好时期,要为此规划自己。要有"独上高楼,望断天涯路"的气度、有"衣带渐宽终不悔,为伊消得人憔悴"的决心与毅力,从而赢来"柳暗花明"的又一村,赢来新的人生阶段的"灯火阑珊"。

(3) 从感性到理性,适应思维方式的转变。

大学新生在中学阶段多处在半幼稚、半成熟的"非成人化"阶段,处理事情多依赖家长、老师;而进入大学他们要向"成人化"转变。要摆脱依赖,理性处事,不随心所欲,有头脑、有远见、能独立。西安交通大学校长郑南宁在2011年的毕业典礼致辞中告诫大学生:遇事要冷静,不要一点就着,要有独立思考的精神和自我反思的力量,运用理性的头脑去伪存真,把虚虚实实的世界看得更清楚。

(4) 从监督到自觉,适应学习方式的转变。

这要求大学新生从以往的应付考试而转变到提高素质。要在日常学习中培养自己的兴趣,特别是养成良好的学习习惯,规划好自己的学习时间与方式。

(5) 从依赖到独立,适应生活方式的转变。

新生在入大学之前,饮食起居多由家长包办代替。而进入大学后,生活逐步独立,更多依赖自己,这要求新生养成良好的生活习惯。养成良好的生活习惯,是一个人自立的良好开端。这包括有规律的作息制度、学习计划、文体活动时间,还有良好的卫生习惯,等等。

(6) 从旧友到新朋,适应交往方式的转变。

大学新生在中学阶段,学生交往多限于本班、近邻;而到了大学,来自全国各地的同学汇集在一起,交往的天地开阔起来。大学新生在交往中应该做到:主动,相互了解;相互理解,学会合作;帮助别人,与人为善;尊重差异,宽容谦让。

最后,引用武汉大学校歌中的一句话作为笔者与大学新生的共勉:
扬帆长江,奔向海洋;今朝多磨砺,明日做栋梁!

第十一讲　大学生模糊容忍度与创造力关系研究

陈羿君

一、问题提出

大学生创造力的发展是时代的要求,并且符合大学生发展的需要。一个国家要在科学技术竞争中处于领先地位,要想成为真正的世界强国,就必须有高创造力的人才。美国心理学家卡尔文·泰勒认为,创造活动不但对科技进步,而且对整个社会都具有巨大的影响,哪个国家能最大限度地发现、发展、开发人民的潜在创造力,哪个国家就将处于十分有利的地位。大学生是国家的未来,大学生创造力的高低将直接决定社会的进步和国家的强盛与否,高等教育必须重视大学生创造力的培养和开发。

创造力一词来源于拉丁语 CREARE,意即创造、生产和造就。"创造力"(Creativity,也被译为创造性)是由美国心理学家吉尔福特(J. P. Guilford)于20世纪50年代首次提出的(吴中良,2006)。根据韦氏字典(Webster Dictionary)的阐述,创造力意谓"创造的能力、才艺智力的开发"(刘孝群,2005)。对于创造力的定义目前还没有一个统一的结论,不同的学者从不同的角度对创造力进行定义。Guilford 1950 年在《论创造力》中说:"创造力是指能代表创造性人物特征的各种能力。""心理学家所研究的创造力问题是创造性思维问题。"(罗晓路,2004)Bruner 认为,具有创造性的产品不仅使观察者对这种新奇而又完全适宜的产品或反应产生认可,而且使观察者产生"真正的惊奇"(张文新,古传华,2004)。Koestler 认为创造是一个"双向联结过程(dissociative process)"——两个先前并不关联的"思想矩阵"联结生成一个新的观点或产品(Koestler,1964)。Malhara 指出创造性包含两部分:其一是创造的过程,是个体内部发生的;其二是创造的产物,是可外显的、可被定义的(Sternberg,Amabile,Lubart,1999)。Gruber 和 Wallace(1993)认为:"创造性是新颖和价值的统一体,具有创造性的产品,应该既新奇而且从某种外在的标准来看是有价值的。"Feist(1993)则指出:"创造性的观念是新颖而且适于作为问题解决的方法。"Amabile 认为,创造力的表现就是经过专家评定为有创意反映或工作的产出,而这种产出乃是领域相关技能、创造力相关技能和任务动机三者互动的结果(张世慧,2003)。

当然,国内也有一些专家学者从不同的角度对创造力做了界定。林崇德把创造力定义为"根据一定目的,运用一切已知信息,产生出某种新颖独特、有社会或个人价值的产品的智力品质"(林崇德,2000);俞国良则在《论个性与创造力》一文中认为,创造力就是产生新思想、发现和创造新事物的能力,即创造行为成就的能力(俞国良,1996)。

任何创造性活动的完成都需要个人智力和个性品质的完美结合,如果个体具备有利于创造力表现的人格特质,并且这些特质与创造动机、创造环境交互作用,那么个体就有可能表现出不凡的创造力。长期以来,国内外学者都集中于对创造力人格的探究,试图找到高创造力者与低创造力者之间不同的人格特质。Wallas(1926)提出具有创造力的人在情意态度方面具有好奇、冒险、挑战与想象的心理特质。而 Coopey(1987)认为富有创造力的人具有高度自律、勇敢面对挫折、独立判断、模糊容忍度较高等多种人格特质。Kirton(1976)研究也发现,创造力的人格与认知态度有关,并将进一步影响创造力的行为表现。容忍模糊有利于创造性思维和创造行为的原因在于,对于复杂问题不充分和不完善的解决办法并不能使个体满足,能够容忍模糊的人面对大量的刺激信息和复杂情境,更容易接受并视其为一种挑战,更加喜欢进行问题发现、问题解决等活动,从而产生创造性行为。

模糊容忍度(Tolerance of Ambiguity)这一概念最初由 Frenkel – Brunswil 提出,是一种涉及个体情绪和认知功能的人格变量。它是指在做事情时并不一定要墨守成规,做决定时也没有任何预设立场。当面对一些模糊或暧昧的生活情境时,并不畏惧,反而能保持开放的胸襟,也往往有丰富的想象力,不会自我设限(黄译莹,2003)。

模糊容忍度作为一种既可测量又可理解的人格特质,对创造性思维是非常重要的。国外研究指出,容忍模糊是创造性思维的必要条件,容忍模糊有利于创造性思维和创造行为的原因在于,对于复杂问题不充分和不完善的解决办法并不能使个体满足,能够容忍模糊的人面对大量的刺激和复杂情境,工作起来会更有效率(MacDonald,1970)。一般模糊刺激的作用在于用新的视角来思考环境和感知新的可能性。Herzberg 指出,如果没有模糊性刺激,就没有创新,个体经历和发现新事物的能力与他的模糊容忍力呈正相关(Kirton,1981)。Tegano(1990)认为,模糊容忍力作为一种既可测量又可理解的人格特质,对创造性思维是非常重要的,容忍模糊的特点可以同时促进创造的过程和创造的结果。能够接受并视模糊事物为挑战的个体,会更加喜欢进行问题发现、问题解决和评价等活动,而避免在整个过程中过早下结论。创造力强的个体更倾向于在模糊情景下工作,他们对无序的、模糊的、非封闭的刺激有更大的容忍性,这又反过来提高了他们用新方式重组思维的能力。Stemberg(1991)等人发现,高创造者人格有七个特点:对模糊的容忍,愿意克服障碍,愿意让自己的观点不断发展,活动受内在动机的驱动,有适度的冒险精神,希望被别人认可,愿意为争取获得别人的认可而努力。Brown 认为,能容忍模糊的人易于接受新鲜事物,创造能力强,不易在认知和感情上受模糊和易变的干扰。根据 Urban 创造性思维因素模型,容忍模糊能促使个体通过内在动机的影响去探索新颖、复杂的刺激,从而有利于创造性的活动过程(符程,2011)。已有的研究中对模糊容忍力和创造力的两者关系持肯定结论的占据多数,但是真正能支持模糊容忍性与创造力之间存在显著关系的实证研究并不多见。再者,国内还没有关于模糊容忍和创造力关系的实证研究。在研究对象上,国外主要是对科学家、艺术家进行访谈或传记分析,对学生群体的研究较少,因此本研究希望能以国内大学生为样本,用实证的方法来探讨研究模糊容忍度和创造力两者的关系。

二、研究方法

(一)研究目的

本研究的研究目的如下:
(1)探究大学生模糊容忍度及创造力现状。
(2)分析不同背景因素对大学生模糊容忍度及创造力的影响。
(3)探讨大学生模糊容忍度对其创造力的影响路径。

(二)研究对象

本研究选取了来自苏州大学的 1183 名学生为调查对象,共发放问卷 1183 份,回收问卷 1109 份,其中有效问卷为 1064 份,回收率为 93.7%,问卷有效率为 95.9%。其中,在性别方面女生为 628 人(59.0%),男生为 436 人(41.0%);在专业方面,理工专业的学生最多,为 374 人(35.2%),艺术专业的学生最少,为 29 人(2.7%);在年级方面,大一学生为 185 人(17.4%),大二学生为 383 人(36.0%),大三学生为 470 人(44.2%),大四学生为 15 人(1.4%),研究生为 11 人(1.0%)。

(三)研究工具

1. 模糊容忍度量表

本研究采用量化研究,改编符程(2011)编制的《模糊容忍力调查问卷》以测量模糊容忍度。量表均为5点量表,要求被访者从1"完全不同意"到5"完全同意"进行五级评定。该量表共14个题项,包含好奇性、心理弹性和求异性等三个维度。将其做Bartlett球形检验,检验值为1723.63,$p<0.001$。样本适应值KMO为0.785,在因素分析部分,采用主成分分析的方法,删除旋转后因素负荷量的绝对值小于0.3的题项,剩余题项分为好奇性、心理弹性和求异性三个因子,累积解释率为39.66%(见表1)。本研究中,上述三个维度的内部一致性系数范围在0.573~0.618,该量表的内部一致性系数为0.792(详见表1)。且验证性因素分析表明,模型各项拟合指标均达到或接近理想水平($\chi^2/df=2.26$, CFI=0.952, GFI=0.982, NFI=0.918, RMSEA=0.034)。

表1 模糊容忍度量表因子分析

模糊容忍度	特征值	变异数(%)	累积变异数(%)	Cronbach's α
好奇性	3.048	21.768	21.768	0.614
心理弹性	1.358	9.7	31.468	0.573
求异性	1.147	8.19	39.659	0.618
模糊容忍度总量表				0.792

2. 威廉斯创造力倾向量表

在创造力方面,本研究对《威廉斯创造力倾向测验量表》进行改编,用以测量大学生创造力。量表为5点量表,要求被访者从1"完全不同意"到5"完全同意"进行五级评定。该量表共50个题项,包含冒险性、好奇心、想象力和挑战性四个维度。将其做Bartlett球形检验,检验值为13047.89,$p<0.001$。样本适应值KMO为0.913,在因素分析部分,采用主成分分析的方法,删除旋转后因素负荷量的绝对值小于0.3的题项,剩余题项分为冒险性、好奇心、想象力和挑战性等四个因子,累积解释率为31.345%(见表2)。本研究中,上述四个维度的内部一致性系数范围在0.559~0.697,该量表的内部一致性系数为0.877。说明,该量表具有良好的信度。且验证性因素分析表明,模型各项拟合指标均达到或接近理想水平($\chi^2/df=1.702$, CFI=0.992, GFI=0.993, NFI=0.980, RMSEA=0.026)。

表2　威廉斯创造力倾向测验量表因子分析

模糊容忍度	特征值	变异数(%)	累积变异数(%)	Cronbach's α
冒险性	9.23	18.46	18.46	0.559
好奇心	2.702	5.405	23.865	0.697
想象力	2.016	4.033	27.898	0.690
挑战性	1.723	3.447	31.345	0.657
创造力总量表				0.877

三、结果与分析

（一）大学生模糊容忍度与创造力现状分析

由表3可知，总体来讲，大学生创造力处于中等水平，而模糊容忍度则处于中等偏下水平。在模糊容忍度方面，大学生在好奇性和心理弹性方面表现出较高的容忍度（3.13和3.10），而求异性水平较低（2.98）。对于创造力量表的四个分量表来说，大学生的挑战性水平最高（3.74），但想象力水平则较低（3.38）。

表3　大学生创造力及模糊容忍度现状分析

项目	M	SD	项目	M	SD
好奇性	3.13	0.63	冒险性	3.63	0.55
心理弹性	3.10	0.76	好奇心	3.53	0.53
求异性	2.98	0.74	想象力	3.38	0.52
			挑战性	3.74	0.53
模糊容忍度	3.07	0.54	创造力	3.57	0.45

（二）大学生背景因素与其模糊容忍度、创造力差异分析

经差异分析，专业显著影响模糊容忍度的心理弹性层面。且大学生的专业、年级与父母教养方式显著影响其创造力水平。

由表4可知：在专业方面，理工科学生在冒险性、好奇心、挑战性及创造力总量表上面显著高于经管专业的学生，同时，经管专业的学生在这些方面的表现也显著低于其他专业（如机电、建筑等）的学生；而文史和医学专业的学生则在冒险性及挑战性两个分量表中的表现显著高于经管专业的学生。同时，文史专业的学生在心理弹性方面表现显著低于医学类专业学生。在年级方面，大学一年级学生总体上表现出了更高的创造力水平。具体来说，在冒

险性、挑战性和创造力总量表方面,大一学生得分显著高于大二及大三的学生;而在好奇心上,大一学生的得分也显著高于大三学生。在父母教养方式方面,大学生创造力的差异主要体现在好奇心上,民主型教养方式的家庭培养出来的学生,其好奇心显著高于放任型教养方式下所培养出来的学生。

大学生创造力各层面及模糊容忍度在性别方面并无显著差异。

表4 大学生背景因素与创造力及模糊容忍度水平差异分析

	专业	年级	父母教养方式	性别
	T值/Scheffe	T值/Scheffe	T值/Scheffe	T值/Scheffe
冒险性	8.05*** a>b;b<c;b<d;b<f	6.52*** a>b;a>c	3.08* ◎	0.41
好奇心	5.80*** a>b;b<f	3.52** a>c	3.77** a>d	0.48
想象力	2.81* ◎	2.03	0.68	0.87
挑战性	5.54*** a>b;b<c;b<d;b<f	4.80** a>b;a>c	3.10* ◎	0.41
创造力	7.07*** a>b;b<f	5.29*** a>b;a>c	2.72* ◎	0.34
好奇性	2.99* ◎	0.29	1.40	15.56
心理弹性	3.41** c<d	0.64	3.08* ◎	2.71
求异性	1.01	1.64	1.46	1.32
模糊容忍度	3.03* ◎	1.05	1.32	8.24

注:
专业:a代表理工;b代表经管;c代表文史;d代表医学;e代表艺术;f代表其他。
年级:a代表大一;b代表大二;c代表大三;d代表大四;e代表研究生。
父母教养方式:a代表民主型;b代表权威型;c代表专制型;d代表放任型。
$*p<0.05$,$**p<0.01$,$***p<0.001$,p为概率值(Prob-value)。

(三)大学生模糊容忍度与创造力的相关分析

此部分探讨背景变量及大学生创造力四个层面与模糊容忍度三个层面之间的相关关系。根据Pearson相关分析发现,大学生创造力的四个层面和创造力总量表之间具有高度正相关,相关系数介于0.804~0.862;模糊容忍度的三个层面和总量表之间也具有高度正相关关系,相关系数介于0.728~0.777。

同时,大学生创造力各分量表与模糊容忍度总量表之间也存在正相关关系,相关系数介于 0.090～0.153;而模糊容忍度各分量表与创造力总量表之间也呈正相关关系,相关系数介于 0.075～0.139。

在背景变量中专业(理工)与大学生创造力冒险性分量表之间存在正相关关系,相关系数为 0.050;而专业(经管)则与创造力各分量表及总量表之间呈负相关关系,相关系数介于 -0.150～-0.061。年级(大一)与创造力量表中冒险性和好奇心这两个分量表及创造力总量表之间有正相关关系,相关系数介于 0.058～0.166;而年级(大三)则与冒险性、好奇心、挑战性及创造力总量表之间呈负相关关系,相关系数分别为 -0.111～-0.085。父母教养方式(民主)与冒险性、好奇心、挑战性及创造力总量表之间呈正相关关系,相关系数介于 0.079～0.097;而父母教养方式(权威)则仅与冒险性、挑战性及创造力总量表之间呈负相关关系,相关系数介于 -0.092～-0.056。

背景变量专业(理工)和专业(经管)与好奇心之间有相关关系,相关系数分别为 -0.066 和 0.057;父母教养方式(民主)与模糊容忍度分量表心理弹性之间也有正相关关系,相关系数为 0.065。

相关分析说明大学生模糊容忍度影响其创造力水平,适合建立结构方程模型(详见表5)。

(四)大学生模糊容忍度影响其创造力的路径分析

本研究探讨模型结合了大学生创造力的四个层面与模糊容忍度的三个层面及专业(经管)和父母教养方式(民主)等两个变量。对测量模型的参数估计和检验采用协方差结构模型的极大似然法,得到拟合指数如下:$\chi^2 = 296.22$,$\chi^2/df = 11.39$,GFI = 0.902,CFI = 0.91,NFI = 0.91,RMSEA = 0.098。部分指标不符合良好模型的标准,做进一步修正。

基于上述测量模型,进一步考察模型的参数估计值,发现好奇心等变量不显著,因此将其删除。而后删除不显著路径按逐步删除法将其删除,并根据模型修正指数进行修正,得到最终模型,拟合指数如下:$\chi^2 = 49.74$,$\chi^2/df = 4.52$,GFI = 0.989,CFI = 0.982,NFI = 0.977,RMSEA = 0.057。根据拟合良好模型的标准,χ^2/df 小于5,RMSEA 小于 0.08,GFI、CFI 和 NFI 都大于 0.90,拟合指标良好。

在此模型中,专业(经管)对模糊容忍度中的求异性产生正向影响,路径系数为 0.08,说明经管专业的学生其容忍求异性的水平要高于其他专业的学生;父母教养方式(民主)对模糊容忍度中的心理弹性也产生正向影响,路径系数为 0.06,说明民主型教养方式的家庭培养出来的学生较之其他教养方式下培养出来的学生有更高的心理弹性。

表 5　大学生创造力与模糊容忍度的相关分析

	好奇性	心理弹性	求异性	模糊容忍度	冒险性	好奇心	想象力	挑战性	创造力	理工	经管	大一	大三	民主	权威
1	1	0.377**	0.337**	0.728**	0.141**	0.076**	0.067**	0.094**	0.114**	-0.066**	0.057*	0.004	0.012	0.031	-0.002
2	0.377**	1	0.317**	0.777**	0.085**	0.055*	0.016	0.094**	0.075**	-0.028	0.009	0.023	0.003	0.065**	-0.033
3	0.337**	0.317**	1	0.742**	0.124**	0.111**	0.122**	0.107**	0.139**	-0.013	0.038	-0.017	0.046	-0.040	-0.012
4	0.728**	0.777**	0.742**	1	0.153**	0.107**	0.090**	0.131**	0.144**	-0.045	0.044	0.005	0.027	0.025	-0.022
5	0.141**	0.085**	0.124**	0.153**	1	0.611**	0.524**	0.640**	0.835**	0.050*	-0.150**	0.166**	-0.111**	0.097**	-0.066**
6	0.076**	0.055*	0.111**	0.107**	0.611**	1	0.627**	0.643**	0.862**	0.048	-0.116**	0.113**	-0.085**	0.089**	-0.033
7	0.067**	0.016	0.122**	0.090**	0.524**	0.627**	1	0.545**	0.804**	0.033	-0.061*	0.058*	-0.021	0.045	0.003
8	0.094**	0.094**	0.107**	0.131**	0.640**	0.643**	0.545**	1	0.842**	0.029	-0.121**	0.135**	-0.095**	0.079**	-0.092**
9	0.114**	0.075**	0.139**	0.144**	0.835**	0.862**	0.804**	0.842**	1	0.048	-0.135**	0.142**	-0.094**	0.093**	-0.056*
10	-0.066**	-0.028	-0.013	-0.045	0.050*	0.048	0.033	0.029	0.048	1	-0.258**	0.021	0.086**	-0.045	0.055*
11	0.057*	0.009	0.038	0.044	-0.150**	-0.116**	-0.061*	-0.121**	-0.135**	-0.258**	1	-0.170**	0.098**	-0.016	-0.010
12	0.004	0.023	-0.017	0.005	0.166**	0.113**	0.058*	0.135**	0.142**	0.021	-0.170**	1	-0.453**	0.097**	-0.017
13	0.012	0.003	0.046	0.027	-0.111**	-0.085**	-0.021	-0.095**	-0.094**	0.086**	0.098**	-0.453**	1	-0.069**	0.028
14	0.031	0.065**	-0.040	0.025	0.097**	0.089**	0.045	0.079**	0.093**	-0.045	-0.016	0.097**	-0.069**	1	-0.514**
15	-0.002	-0.033	-0.012	-0.022	-0.066**	-0.033	0.003	-0.092**	-0.056*	0.055*	-0.010	-0.017	0.028	-0.514**	1

注：$*p<0.05$，$**p<0.01$，$***p<0.001$。

此外,模糊容忍度"心理弹性"对创造力中的"想象力"具有负向影响,路径系数为-0.06;而其对创造力中的"挑战性"则有正向影响,路径系数为0.05。模糊容忍度"求异性"对创造力量表的四个层面——冒险性、好奇心、想象力和挑战性均有正向影响,路径系数分别为0.11、0.10、0.14、0.07。

四、讨论与结论

(一) 大学生创造力水平一般,模糊容忍度较低

大学生创造力处于中等水平,而模糊容忍度则处于中等偏下水平。对于创造力量表的四个分量表来说,大学生的挑战性水平最高(3.74),但想象力水平则较低(3.38)。在模糊容忍度方面,大学生在好奇心和心理弹性方面表现出较高的容忍度(3.13和3.10),而求异性水平较低(2.98)。

创新是时代发展的要求,近年来,随着科学技术的迅猛发展,知识、技术及创新在社会经济发展中的作用日趋重要,对创造型人才需求和培养的要求也越来越高(吴凡,吴业春,2012)。本研究发现,大学生创造力水平仅属中等,这说明我国大学生的创造力情况不甚乐观。高珊与曾晖(2012)的研究也指出,我国大学生群体的创造力潜力一般,并且呈现出严重的两极分化现象。这就意味着仅仅有极少部分人群拥有高创造力,而大部分学生的创造力水平一般,或者根本缺乏创造力。这主要是由长期的教育体制导致的,在我国的大学中,无论是课堂还是学生社团等无不给学生设计了严格的规章制度以及行为规范,而这样呆板的环境并未留给学生发展个性和发挥创造力的空间,反而在长期受到抑制和束缚的环境下,学生的创造性精神逐渐被消磨殆尽,从而失去创造力。大学生创造力的缺失还表现在大学课堂上,大学课程的设计传统呆板现今的理念并没有给创造性人才的培养提供生根发芽的土壤。

同时,本研究还发现,在整体创造力水平一般的情况下,大学生的挑战性较其他层面水平较高,但是想象力较差。这与赵春梅(2010)等人的研究相似,他们认为大学生创造力突出表现为挑战性。挑战性高说明大学生能够适应时代的要求,具有勇于面对挑战的心理准备,这为充分发挥大学生的创造潜能提供了很好的前提条件。然而大学生的想象力却相对较差,众所周知,儿童时期是培养孩子想象力的关键时期,我国大学生的想象力水平较低,这有可能是因为我国传统的初等教育过于死板,极大地限制了孩子想象力的发展,以至于缺乏想象力成为制约大学生创造力的关键因素。

在模糊容忍度方面,大学生属中等偏下水平,其中在好奇心和心理弹性方面表现出较高的容忍度(3.13和3.10),而求异性水平较低(2.98)。模糊

容忍度作为个体在知觉和应对模糊情境时所表现出的人格特征(程诚,闫国利,梁宝勇,2012)是影响个人创造力水平的一种人格特质,而我国大学生的模糊容忍度水平较低则说明我国大学生普遍缺乏对模糊容忍宽容的态度,从而影响其创造力水平。模糊容忍度的三个层面——好奇心、心理弹性以及求异性中好奇心和心理弹性方面表现出较高的容忍度(3.13 和 3.10),而求异性水平较低(2.98),这说明我国大学生比起与众不同,更愿意选择与众人一致的行为方式,这也是由我国学生长期所受的教育导致的。儒家文化提倡"中庸"思想,这在一定程度上限制了个体按照自我追求发展的可能。在这种文化环境中,个体受到其长期的教育与熏陶,使得大学生在面对选择及思考问题时,更多地倾向于与众人相同。

4.2 大学生的背景因素显著影响其模糊容忍度及创造力水平

经研究发现,大学生的专业、年级与父母教养方式显著影响其创造力水平,但是大学生创造力各层面在性别方面并无显著差异。且专业显著影响模糊容忍度的心理弹性层面。

不同性别大学生在创造力各层面上并无显著差异。但是,通过平均数可以发现,男生在冒险性、好奇心、想象力、挑战性及创造力总量表上面均略高于女生,这与我们社会上普遍的认识相一致,即男生比女生在创造力表现上更好,主要表现为男生具有更强的灵活性、好奇心、挑战性等。但是本研究的发现与高珊(2012)等人的研究有所不同,该研究发现大学生的创造力倾向在测验得分上,不论是总分还是子项目男生都略低于女生。

大学生的专业也是影响其创造力倾向的重要因素。研究发现,理工科学生在冒险性、好奇心、挑战性及创造力总量表上面显著高于经管专业的学生,同时,经管专业的学生在这些方面的表现也显著低于其他专业(如机电、建筑等)的学生;而文史和医学专业的学生则在冒险性及挑战性两个分量表中的表现显著高于经管专业的学生。经管专业的学生创造力较差,这说明经管类学生可能由于缺乏创造性人格而导致了他们在创造性倾向方面的欠缺。而其他如理工科、医学等专业需要学生具有客观的逻辑推理能力;同时文史类专业也要求学生能够触类旁通,通过读史等方式学生的创造性人格愈发成熟,从而也较经管类学生有更高的创造性倾向。

文史专业的学生在心理弹性方面表现显著低于医学类专业学生。有研究表明,心理弹性作为一种压力反弹能力与大学生的消极情绪和生理症状等呈负相关,与乐观、积极情绪等呈显著正相关(史光远,崔丽霞,雷雳,郑日昌,2013),心理弹性高的学生倾向于积极主动的压力应对(Campbell-Sills L, Cohan S L &Stein MB. ,2006)。医学类专业的学生相对于文史专业的学生在认知以及问题的处理等方面,更加客观、理性,并且医学类专业学生在学习过程中更容易遇到问题,这就使得他们养成了积极主动解决难题的压力应对习惯,因而,其心理弹性较文史专业学生而言更高。

罗晓路等人(2006)认为在冒险性上四年级学生显著高于其他年级学生,而在好奇心上一年级学生的得分则显著低于其他年级,总体上大学二年级和三年级学生表现出了较强的创造力,而一年级学生创造力较差。而本研究表明,在年级方面,大学一年级学生总体上表现出了更高的创造力水平。具体来说,在冒险性、挑战性和创造力总量表方面,大一学生得分显著高于大二及大三的学生;而在好奇心上,大一学生的得分也显著高于大三学生。这可能是由于被试群体的差异造成的,也有可能是由于被试的年龄阶段差异影响。如今,大学一年级学生均为"95后",在当今社会发展的今天,"90后"已成为大胆、创新的代名词,因而,由于特殊的时代背景,大一学生在创造力倾向上表现得更为突出。

在父母教养方式方面,大学生创造力的差异主要体现在好奇心上,民主型教养方式的家庭培养出来的学生,其好奇心显著高于放任型教养方式下所培养出来的学生。放任型的教养方式对子女过度保护,倾向于满足子女的外部需求,而对子女的内心需求并不能即时掌握,这类家庭的家长较少地给予其子女帮助和支持,一味的满足就使得其子女很难自主思考,跳出定势。而民主型教养方式的父母在与子女交往中具有较高的民主意识,能够充分理解和接纳子女的意见及想法,因此,在这类家庭中成长起来的孩子,对外部世界往往会保持热情及好奇心(单玲玲,2006)。

(一)背景因素影响大学生模糊容忍度,且模糊容忍度也影响其创造力

研究发现,经管专业学生对模糊容忍度中的求异性产生正向影响;民主型教养方式对模糊容忍度中的心理弹性也产生正向影响。

经管专业学生对模糊容忍度中的求异性产生正向影响,说明经管专业的学生其容忍求异性的水平要高于其他专业的学生。

民主型教养方式对模糊容忍度中的心理弹性也产生正向影响,说明民主型教养方式的家庭培养出来的学生较其他教养方式下培养出来的学生有更高的心理弹性。

此外,模糊容忍度"心理弹性"对创造力中的"想象力"具有负向影响,而其对创造力中的"挑战性"则有正向影响,模糊容忍度"求异性"对创造力量表的四个层面"冒险性""好奇心""想象力"和"挑战性"均有正向影响。心理弹性能力较强的大学生能够根据情况变化而灵活多变地处事,针对同一问题产生聚合性思维,从而找到最佳方案来解决问题。模糊容忍度"心理弹性"对创

造力中的"想象力"具有负向影响,这一研究结果与杨继平(2000)的研究有所不同,她认为心理弹性这种变通能力在观察、记忆、思维等心理活动中表现为:迅速引起联想和建立联系;善于从不同方面来思考问题并寻求最有效的解决问题的办法;善于自我调节,迅速及时地调整原有思维进程。而"心理弹性"对创造力中的"挑战性"则有正向影响,从情绪心理学的观点来看,一个压力过大的人比较难维持客观的态度,也很难找到事情的代替方案,这类人总感到时间不够、自己很难达到别人的要求等,这种受挫的情绪会导致创造力低落,并降低决策能力。而心理弹性较强的人更能够容忍一些压力,并能够从这些压力中表现出更强的挑战性。许多早年生活经历创伤和危机的人日后更容易成为一位革新者,是因为经历了最糟糕的情况后应对日常规则将变得更加轻松自如,能够毫不惊慌地处理面临的障碍,这种技巧赋予人们能屈能伸的弹性品质,而这种弹性正是过着平静生活的人身上所缺乏的。

求异性思维是一个发现问题、提出假设、验证假设的过程。如果人没有发现问题的能力,就不可能有创造性思维和创造性的活动。众所周知,学贵有疑,小疑则小进,大疑则大进,常有疑点,乐于探索,才能结出创新成果。求异性强的个体不盲从规矩,他们知道有些规定必须革新;缺乏求异性思维的个体安于接受现状,养成了懒得去改变的陋习。有研究指出,某些工作领域中的许多发明创新都是由别的领域的人突破的,因为这些"外行人"并不知道有关的规定和限制,所以他们的创造力也没有受到局限。黄黎明(2001)指出,创新就是要求创新者发现别人没有发现的东西,这往往需要一些非常规的思维和非常规的行为,而这些非常规就是"求异",这就要求在教育中要有目的、有计划地培养学生敢于求异、善于求异的品质。

五、建议与启示

教育家陶行知先生很早就在《我们的信条》一书中指出"教育应当培植生活力,使学生向上长"。这里所讲的"生活力",首先是指适应生活环境的劳动能力,同时指改造生活环境的创造能力,也就是说,教育应以生活为中心,以实践为基础,培养创新人才(陈兴华,2009)。在现代教育中,人们越来越重视培养学生的创造力。创造力培养应包括创造性认知行为和创造性情意行为的培养,即创造性人才应具有创造性个性,它包括性格上的好奇心、想象力、挑战性和冒险性等(盛红勇,2007)。

(一)重塑大学独立自由宽容的精神,培养学生容忍模糊的能力

我国传统文化强调集体主义、平均主义,强调顺从、合作和接受群体内的

权威,侧重群体的发展,忽视个性。大学也感染上这样的氛围,往往很多时候迫使学生个体需要服从于群体的需要和权威,且被动接受影响。这些不仅严重限制了大学生想象的空间,还影响了学术的独立自由精神及繁荣发展。因此,要创设独立民主宽容的环境,给学生言论的自由,使学生展开自由、独立的思考,在此基础上形成独特想法,相互交流、争辩和讨论。作为教师也应该改变传统的教育理念,更新对创造性活动的认识,尊重学生独特个性的存在,重视和注重培养学生的创造型才能。

(二) 加强教学方式的多样化

首先,要重新明确对创造力的认识。创造力不仅仅是"创造问题—解决问题"这一过程,创造力的培养与培养个体形成多侧面的完整人格是分不开的。我国著名心理学家林崇德认为,创造性人才 = 创造性思维 + 创造性人格。林崇德将创造性人格概括为五个方面的特点及其表现:① 健康的情感,包括情感的程度、性质及其理智感;② 坚强的意志,即意志的目的性、坚持性(毅力)、果断性和自制力;③ 积极的个性意识倾向,特别是兴趣、动机和理想;④ 刚毅的性格,特别是性格的态度特征,例如,勤奋以及动力特征;⑤ 良好的习惯。因此,创造型人才培养,同时要注重对学生个体人格及其内在动机的观察和培养。心理学家为了发展人类的创造才能,推荐源于各种不同创造力的训练程序,比如头脑风暴法等,因而教师应在教学中好好运用这些训练方法,培养学生的创造性思维和人格。学校应多开展丰富的创造性实践活动,比如,开展竞赛活动、兴趣小组,提供课外实验室平台等。通过这些活动,促使学生主动思考去解决问题,在不断发现问题、解决问题的过程中,变被动学习为主动学习,这对创造性的培养起到很好的推动作用(邹广平,夏兴有,2010)。

(三) 增强学生自主创造性学习

作为学生,应当首先从自身出发,增强自己主动学习的能力,培养对事情独立思考、判断和选择的能力。林崇德(2000)提出,学生要自主进行创造性学习,要主动学习、除旧布新,敢于自我发现,成为学习活动的反思者。在创造性学习中,学生要学会学习,有效运用学习策略,能擅长高效、新奇、灵活的学习方法,并且具有创造性的学习动机。

参考文献:

1. 吴中良. 创造性与创造性人格概念探析. 长江大学学报:社会科学版,2006,29(4):106—109.
2. 刘孝群. 创造力研究评述. 成都高等教育专科学校学报,2005,10(4):

21—23.

3. 张文新,古传华. 创造力发展心理学(第1版). 合肥:安徽教育出版社,2004.

4. 张世慧. 创造力——理论、技术/技法与培育. 高雄:复文出版社,2003.

5. 林崇德. 创造性人才·创造性教育·创造性学习. 中国教育学刊,2000(1):5—8.

6. 俞国良. 论个性与创造力. 北京师范大学学报:社科版,1996(4):83—89.

7. 罗晓路,林崇德. 大学生心理健康、创造性人格与创造力关系的模型建构. 心理科学,2006,29(5):1031—1034.

8. 陈兴华. 浅议大学生创造力的培养. 教育探索,2009(7):76—77.

9. 盛红勇. 大学生创造力倾向与心理健康相关研究. 中国健康心理学杂志,2007,15(2):111—113.

10. 邹广平,夏兴有. 试论大学生创新能力培养模式. 黑龙江高教研究,2010(3):128—129.

11. 吴凡,吴业春. 浅谈大学创造力缺失的表现和培养. 黑龙江教育,2012(6):91—92.

12. 程诚,闫国利,梁宝勇. 模糊容忍性量表的编制. 心理与行为研究,2012,10(3):231—235.

13. 史光远,崔丽霞,雷雳,郑日昌. 大学生的压力、情绪与心理弹性. 中国心理卫生杂志,2013,27(9):703—708.

14. 杨继平. 思维的流畅性、变通性、独创性与心理定势关系的实验研究. 太原教育学院学报,2000(1):24—26.

15. 黄黎明. 批判性思维、求异性思维与创新. 宁波教育学院学报,2001,3(2):50—51.

16. Sternberg, R. J. , Amabile, T. M & Lubart, T. I. Handbook of Creativity. New York: Cambridge University Press,1995.

17. Gruber, H. E. & Wallace, D. B. Special issue: creativity in the moral domain. Journal of Creativity Research, 1993,6(1), 1—20.

18. Feist, G J. A structural mode of scientific eminence. Psychological Science, 1993,4(2),366—371.

19. Tegano D. Relationship of tolerance of ambiguity and playfulness to creativity. Psychological Reports,1990(66):1047—1056.

第十二讲　非正式学习与人生

赵蒙成

　　学习是人类最基本的活动之一,它与人的日常生活、生产活动一样,是人类基本的一种生存状态。人类社会的文化传承、知识的传递,都离不开学习这条主要途径,学习也是人类个体获取知识、发展技能的基本手段。可以说,人只要活着,就需要学习。学习活动是如此普遍地、时时刻刻地发生着,以至于人们对"学习"这个词耳熟能详,学习活动也成为一个科学研究的对象领域。作为科学研究的对象,不同研究者基于不同的角度,对学习会有不一样的理解。一般而言,绝大部分研究者所说的学习特指学校环境中学生的学习,或称"正式学习",着力探索这种形式的学习的特点与规律;而发生在人们日常生活和工作中的学习——即非正式学习——在很大程度上被忽视了。其实,非正式学习也是人类学习的一种基本途径,在某些情境之下甚至比学校里的学习更重要。为了提高人类学习的成效,为了促进人类在学校之外的学习活动,急需对非正式学习的含义、特征、规律与应用等问题进行深入研究。了解非正式学习的一些基本特点与重要价值,对于我们在大学里的学习有十分重要的意义。

一、非正式学习的内涵与特征

(一)什么是学习

　　要深刻把握非正式学习的含义、特征和规律,首先需要正确理解什么是"学习"。提到学习,很多人脑海里马上浮现出学生在教室里看书、做作业或听老师讲课的情形。毫无疑问,这是比较典型的学习,有专门的学习场所,有老师教,有特定的学习内容以及学习内容的载体(书本),而且也有特定的学习评价方式,以及一些其他的明显特点。然而,学生的学习仅仅是人类学习的一个特例,在学校之外,人类在工作、生活以及娱乐中经常需要学习,通俗地说,凡是人们不会而又需要使用的知识、观念、技能等,都需要学习。对于人类的学习,如果仅关注学生的学习现象,就难以准确理解学习活动的实质,还必须从本质上对学习活动进行严谨界定。心理学研究者对学习这种活动进行了长期研究,提出了若干关于"学习"的定义,兹举几例:

学习是行为或行为潜能相对持久的变化,它是经验的结果,而且不能归因于由疾病、疲劳、药物等引发的暂时性机体状态。[1]

学习是指学习者因经验而引起的行为、能力和心理倾向的比较持久的变化。这些变化不是因成熟、疾病或药物引起的,而且也不一定表现出外显的行为。[2]

分析以上定义可以看出,心理学家们没有把学习限定为在校学生的学习现象,而是在更为普遍的意义上界定学习的概念。实际上,学习有广义与狭义之分。通常人们理解的学习是指狭义的学习,就是特指学生在学校中、在老师的指导下去理解、掌握书本知识的活动。这种学习虽然有其优势,比如能够让学生在短时间内掌握大量的书本知识,但也有其先天的缺陷,最重要的是学习的所谓"知识"不一定有用。广义的学习则包括人类所有的学习现象,即凡是习得、巩固新观念、知识或行为变化的活动均属于学习范畴。此外,教育家或哲学家则更强调学习活动对于人类的重要意义,例如:

学习是人类(个体或团体、组织)在认识与实践过程中获取经验和知识,掌握客观规律,使身心获得发展的社会活动,学习的本质是人类个体和人类整体的自我意识与自我超越。[3]

依据这一定义,在最根本的意义上,人类的学习活动同人类的物质生产活动一样,都属于人类最基本的社会实践活动,二者相辅相成,互为因果。学习是人类自身再生产的社会实践活动,发展人类自身的学习能力同改造外部世界的人类生产能力即生产力共同构成人类生存发展的基础、动力与源泉。从这个定义可以看出学习对于人类的重要性。不夸张地说,学习是人类生存与发展的基础,它为人类提供了在多变的环境条件下生存所需要的灵活性。正是由于具备学习能力,人类才能有效地适应并改造环境。

总之,广义学习的定义林林总总,这里采用国内心理学、教育学理论中普遍接受、广为流传的定义,即学习是指学习者因经验而引起的行为、能力和心理倾向的比较持久的变化。这些变化不是因成熟、疾病或药物引起的,而且也不一定表现出外显的行为。

---

[1] B. R. 赫根汉,马修·H. 奥尔森. 学习理论导论(第七版). 上海:上海教育出版社,2011:6.
[2] 施良方. 学习论:学习心理学的理论与原理. 北京:人民教育出版社,1994:5.
[3] 桑新民. 学习究竟是什么?——多学科视野中的学习研究论纲. 开放教育研究,2005(1):8—17.

如果我们思考一下什么活动不是学习,会更有助于我们理解什么活动才是学习。根据上述的界定,人类的一些行为变化不属于学习的范畴,这样的变化大致可归纳为以下几类:

(1)反射。反射是有机体对某类特定刺激的非习得的或天生的反应。例如,具有网状神经系统的水蛭在受到外力击打时会迅速收缩成一团,人的膝盖受到重击时会突然弹起,人的皮肤在高温环境中会出汗等。反射是有机体适应环境的低级行为,是对环境刺激做出反应的简单行为。它是非习得的,由遗传决定,而不是经验的产物。

(2)本能。本能也是由遗传决定的有机体的行为,但它比反射行为高级,是有机体对环境做出反应、适应环境的复杂行为。本能行为包括诸如筑巢、迁徙、冬眠、交配等活动。例如,某些鸟类和鱼类会迁徙,鸟类会筑巢,动物性成熟后会交配等,这些都是受本能驱使的行为。可以说,本能是某一特殊物种在某种环境下所具有的非习得的、复杂的、相对不易变异的行为模式。这种行为模式通常具有两个特点:其一,该行为模式是这一物种的所有成员都具备的;其二,在与其他同类成员隔绝的情况下,这一物种被隔绝的个体仍然能够产生这种行为。人类的不少行为也受本能的驱动,不过,人类的本能活动往往与后天习得的行为混合在一起,有时甚至难以区分清楚。比如,人类的婚配既是受动物性本能驱使的行为,但同时也受到人类社会文化的深刻影响。对于其他动物而言,本能与后天习得的行为共同支配其活动的情况也是常见的。

(3)由机体成熟所导致的行为变化。随着年龄的增长,人的身体与心理逐步发育并达到成熟状态,然后又逐步衰老,这是引起人类行为变化的重要原因之一。例如,假设一个人在4岁时仅能搬动1千克重的物体,而他在20岁时能够搬动40千克的重物。这种变化并非是他天天练习搬动重物引起的,而主要是由于身体力量的增强。再如,人在幼小时记忆力很强,而老年时却很容易遗忘,这也是由于身体的变化而引起的。在其他动物身上成熟引起的行为变化也很普遍。因此,与学习一样,成熟也是导致有机体行为变化的基本因素之一。换言之,成熟是指以遗传为基础的、生理学或解剖学意义上的变化,它随着时间的推移而在有机体身上生长或展开。这种生长与展开是自然的,其内在的顺序和形式不受外部力量的影响,它是非习得的。

(4)药物或肌体暂时性变化所导致的行为改变。例如,体育运动员在比赛前服用兴奋剂,那么在比赛时就能够达到很高的运动水准。然而,一旦比赛结束,兴奋剂失去效用,他就无法再达到比赛时的运动水平。再如,驾驶员在精力充沛时能够熟练驾驶车辆,但在极度疲劳时驾驶车辆极易出现错误的判断与动作,一旦得到休息、精力恢复,他又能够熟练、正确驾车。可见,诸如此类的行为变化都是非习得的、暂时性的,它们不是学习。

(二) 什么是非正式学习

进一步分析学习的概念,我们认为,学习可以分为正式学习与非正式学习两大类型。一些人想当然地以为,正式学习就是狭义的学习,是发生在学校里学生的学习,而非正式学习就是发生在学校以外其他地点的学习。这种粗浅的想法不能构成一个严谨的概念,实际上,非正式学习的概念包括诸多方面的含义。当然,要理解非正式学习,需要把它与正式学习进行对比思考。美国的研究者格林菲尔德和莱夫(Greenfield and Lave)、瑞斯内克(Resnick)等,正是通过把非正式学习与正式学习进行对比的方法来界定非正式学习的概念;也有研究者,如玛斯乔克(Maarschalk),把正式学习(Formal Learning)、准正式学习(Non-formal Learning)、非正式学习(Informal Learning)并列在一起进行思考。他们所界定的非正式学习如表1所示。

表1 正式学习、准正式学习与非正式学习之间的比较

正式学习	准正式学习	非正式学习
格林菲尔德和莱夫(Greenfield and Lave,1982) 正式教育与非正式教育的8个理想特征		
与日常生活中的情境隔离		蕴涵于日常生活的活动之中
由教师传送知识		学习者自己对获取知识和技能负责
非个人的,教师不应当是(学习者的)亲属		(学习者的)亲属是合适的教师
清晰的教学方法和课程		模糊的教学方法与课程
变化与非连续性受到重视		保持连续性与传统
通过口头交流来学习		通过观察和模仿来学习
通过口头讲授来教学		通过演示来教学
社会性动机较弱		由新手对成人生活的社会性贡献来激励
瑞斯内克(Resnick,1987) 比较正式学习与非正式学习的四个维度		
个体认知		共同认知
纯粹的心理作用过程		依赖操作工具
符号的操作		情境性的思考
普适性的技能与知识		具体的能力

续表

正式学习	准正式学习	非正式学习
玛斯乔克(Maarschalk,1988) 正式的、准正式的、非正式的科学教育的比较*		
在学校、学院和大学里以有计划的方式进行	在一些机构或组织里以有计划但是比较灵活的方式进行,例如在职培训、学生的实地考察旅行、参观博物馆、电视和广播的教育节目等	在日常生活的情境中自发产生的,例如,在家庭和邻里间发生的(教与学)

* 正式的、准正式的和非正式的科学教育是相互依赖的,例如:在学校里讨论一个来自于某个电视节目的观点,而该观点是自发产生的。

由表1可以看出,研究者们从学习者的主动权、评价方式、发生的时间和空间、计划性、目的性和结果等维度对两种学习进行了比较。一些研究者给出了非正式学习较简洁的定义,例如:

马席克(Marsick)和瓦特金斯(Watkins)认为:正式学习是专门组织承担的,发生在教室内的和高度结构化的;而非正式学习也可能发生在组织内,但不是发生在教室内和高度结构化的,并且学习的控制权主要掌握在学习者手中。

克罗斯(Cross)认为:正式学习和非正式学习位于学习连续体的两端。正式学习发生在学校、教室和工作场所。它是官方的,通常是有计划的,并且教授课程。大多数时候,它是自上而下的,学习者被根据他们对某些材料的掌握程度评价和分等,而这些材料是别人认为重要的。那些记忆力好的和擅长考试的人能够得到好成绩并处于优势地位。正式学习结束后,毕业者能得到文凭、学位或资格证书……非正式学习可以是有意也可以是无意发生的。没有人出席,因为没有课程;没有人得到分数,因为在生活和工作中的成功是衡量学习效果的最终尺度;没有人毕业,因为学习永远不会结束……在理想情况下,每个人都从被动的正式学习的学习者成长为有创造性的非正式学习的学习者。

欧盟国家的研究者也提出了对非正式的理解,认为:正式学习是指发生在组织化和结构化的情境中的学习活动,如学校中的学习,企业内正式培训中的学习等。学习结果可能获得正式的文凭、资格证书……非正式学习是指包含在其他活动(如工作)内的学习活动,但没有被特意明确或强调,可是这些活动包含重要的学习元素。非正式学习活动是指从工作、家庭或休闲等日常生活中产生的学习。它经常被认为是体验学习并且在一定程度上被理解为偶发性学习。

我国的一些研究者也尝试着界定了非正式学习的概念,如余盛泉和毛芳认为:"正式学习主要是指在学校的学历教育和参加工作后的继续教育(岗位学习、文件学习、听报告讲座、参加培训等这种以单项为主的学习,有的可以取得相应的结业证书);而非正式学习指在非正式学习时间和场所发生的、通过非教学性质的社会交往来传递和渗透知识,由学习者自我发起、自我调控、自我负责的学习,主要指做中学、玩中学、游中学,如沙龙、读书、聚会、打球等。"[1]

上述定义的侧重点不同,但还是存在着许多共同之处。大致可以认为,正式学习是指学习目标、学习内容和学习资源由专门组织——包括学校等教育机构和企业——确定和提供,并且按照一定程式进行的学习。正式学习之外的学习活动则统统属于非正式学习的范畴。应强调指出,学习常常是发生在学习者头脑内部的活动,学习本身是无法直接测量的,人们只能通过学习行为和学习结果来推断学习的发生,因此,非正式学习可以是可观察的行为变化,如一个人学习骑自行车;但非正式学习有时不表现为外显的行为,可以从结果来推断非正式学习的发生,如一个人思想观念的改变。换言之,如果在个体(身或心)发现了持久的变化,而这种变化不是因成熟、疾病或药物引起,也不是由正式学习带来的,则可断定发生了非正式学习。

(三)非正式学习的特征

依据非正式学习的定义,可以描述这种学习的一些基本特征。非正式学习具有一些显而易见的共同特征,例如情境性、模糊性、社会性、非组织性等。再者,不同研究者强调了非正式学习不同的侧面。马席克和瓦特金斯总结了非正式学习的这些特点:① 与日常生活融为一体;② 由内在或外在的触动引起;③ 不是非常有意识的;④ 受偶然因素的影响;⑤ 是反思和行动的归纳;⑥ 与其他学习相关联。格林菲尔德和莱夫认为,学校环境中学习的特征是与日常生活分离,受到结构清晰的教学和课程的制约;而非正式学习的特征是蕴涵于日常生活之中,与结构性的教学、课程关系模糊。瑞斯内克则从四个维度对校内学习和校外学习进行了对照,认为校外学习的以下特征更为明显:① 在社会性组织和合作性的活动中促进年轻人的学习;② 依靠工具去形塑和促进认知和学习活动;③ 包容于情境之中,把人造工具的使用与某一特定的实践活动结合起来;④ 发展的是具体能力。另外,玛斯乔克指出,准正式学习和非正式学习是不同的,尽管许多人对二者不加区别。虽然正式学习、准正式学习和非正式学习之间的联系很紧密,但准正式学习包含有计划的教学,而非正式学习中不存在这样的教学的活动。例如,参观博物馆属于准正

---

[1] 余胜泉,毛芳.非正式学习——e-learning 研究与实践的新领域.电化教育研究,2005(10):18—23.

式学习,而不是非正式学习。

对正式学习和非正式学习进行进一步比较,可以看出非正式学习具有如下明显特点:

第一,非正式学习没有明确的学习时间要求。非正式学习行为可以发生在任何时间,它取决于学习者内在的需求。而正式学习必须要有明确的学习时间,如传统教育中的课程表、培训时间表等。这些都是对时间要素的强调。

第二,非正式学习不强调学习地点。根据学习者的不同情况,学习行为可以发生在任何地点。而对于正式学习而言,必须要有一个明确的学习地点,如某个教室。传统中的正式学习几乎都在特定的教室中发生。

第三,非正式学习动机来自于自我内部。先是自己的需要,然后才触发了学习行为的发生。而正式学习的动机大部分来源于外部,如传统学校中的课程设置、一个培训项目的开发等,都不是满足某个学习者个体的需要,而是有计划、有组织的集体行为。

第四,非正式学习没有严格、统一的学习目标,学习者的学习目标往往都是动态、随机出现的。正式学习则有着统一、明确、固定的学习目标,如学校中的课程、正式的培训课程等都有明确的学习目标。

第五,非正式学习中并没有学习周期的概念。学习者的问题解决了就标志学习已经结束,学习往往是瞬时的行为。正式学习则通常都有较长的学习周期,如学校中每门课程都有一定的课时要求。

第六,非正式学习是基于问题的学习,通常只注重结果,至于采取何种方式以及过程如何并不是最重要的。正式学习关注的重点既包括学习的结果也包括学习的过程。教学组织者在学习过程中运用多种教学设计手段,实施诸如分组学习、组织在线讨论等教学活动,管理者也十分重视形成性评价。

第七,非正式学习中教师并非是不可或缺的资源,而正式学习中,教师通常是不可缺少的要素。无论是学校的课堂中,还是培训机构的教室中,没有教师是很难想象的。[1]

二、非正式学习的重要性

从正式学习与非正式学习的特征比较中,可以看出非正式学习实际上无处不在,与学校环境中的学习相比,非正式学习可以说是一种原生态的学习方式,它天然地与每个人的生活、工作融合在一起,在某些情境下,比如,当人们需要解决工作或生活中即时出现的问题时,非正式学习往往比正式学习更

---

[1] 韩艳艳.工作场所非正式学习研究.华东师范大学硕士学位论文.2008.

重要。因此,非正式学习对于人类社会、对于个人的生活与工作都具有不可忽视的重要价值,具体体现在如下两个方面:

第一,非正式学习是学习型社会的需要。当今时代是知识经济的时代,人类工作的性质和形式发生了深刻的变化。农业、工业等传统生产领域的重要性逐步下降,而知识的生产、制造、传播和使用愈来愈成为举足轻重的产业。与此同时,传统的生产方式也在变革,愈来愈奠基于知识之上。例如,传统上车间里的机床是由人工操作的,而现在则改由计算机程序控制。可以说,工作的主要内容变成了编写程序,而不再是手动操作了。生产方式的变革是人类社会最为本质的变革,为此,人类社会正逐步演变为一个学习型社会。在一个学习型社会里,知识不再为少数知识生产者所拥有,也不再绝对无偿地供全社会使用。知识生产是一个产业,知识是一种商品,在某种意义上,其传播、应用也遵循商品生产和交换的原理规律。每个人都应该既是知识的使用者,也是知识的生产者、出售者、获得者,这就决定了学校中的正式教育根本不能满足当今社会的需要,随时随处发生的、以实际应用为首要目的的非正式学习日益显现其无可替代的重要性。可以说,缺失了有效的非正式学习,构建学习型社会就是一句空话。

第二,非正式学习是终身学习的需要。当今时代是一个终身学习的时代,知识增长与更新的速度大大加快。人们为了更好地工作、生活,必须不断地学习新知识、新技能,有限的学校教育已远远不能满足人们的需要,它仅仅为人们持续不断的学习奠定基础。学校教育结束后,人们势必还需要不断学习,而这时的学习基本上是非正式的学习了。再者,学校教育的内容是狭窄的,距离真实的工作、生活也较远,常常不能马上应用。例如,人们生活中的一些基本能力,学校教育是无法顾及的。工作中的一些技能,学校教育也不可能面面俱到。人际关系对于一个人的顺利工作、幸福生活很重要,但这方面的知识与能力在学校里老师也很难教授。凡正式学习无法胜任而又是人们的生活和工作必需的知识、能力都需要通过非正式学习的途径获得。可见,非正式学习是落实终身学习理念的不二路径。

三、非正式学习与大学生的学习、生活

大学是一个人一生中非常重要的学习阶段。大学的学习与中学相比,有着本质的差别。大学生学习的是专业知识,同时大学里需要学习的东西不局限于课堂,书本之外的各种知识和能力同样非常重要;大学生面对的考试压力大大小于中学生,考试成绩不再是衡量大学生学习结果的唯一手段;大学是学生世界观形成的重要时期,而且大学生在支配、筹划自己的学习方面有

着相当大的自由空间,所有这些都决定了大学生的学习内容与学习方法在很大程度上区别于中学生,而非正式学习在大学生的学习和成长中占据了更加重要的地位。如果不能有效地进行非正式学习,大学生的学习效果必定会大打折扣。依据非正式学习的特点,大学生在学习内容与学习方法上应注意以下几个方面:

第一,要努力发展自主学习的能力。在大学里,学习内容的范围很广泛,而教师与学生的关系比较松散。老师上完课后不大会与学生待在一起,不会严密监督学生去学习。大学基本上不会有晚自习,有些专业老师布置的作业也不多,学生可以自由安排自己的学习。学习的自由度大,对学生学习和生活的独立性提出了很高的要求。一些大学生在中小学习惯了由老师安排自己的学习,习惯了老师或家长的监督。进入大学,没有了别人的监管,这些学生反而不知道如何安排自己的学习了,浑浑噩噩,浪费了很多大好时光。因此,大学生必须学会独立自主的学习,学会科学地安排和管理自己的学习、生活,学会制订合理的计划并自我监督实施。更重要的是,大学生要学会操心,学会独立思考,学会过一种独立的生活。是否具备必要的独立能力,是衡量一名大学生是否合格的重要标准。非正式学习要求学习者具备独立、主动的态度与能力,所以,一方面,进行卓有成效的非正式学习要求大学生必须能够独立学习;另一方面,大学生也可以在非正式学习的过程中更好地养成自主学习的习惯,发展独立自主的学习能力。

第二,要注重在实践中学习。非正式学习与工作、生活自然地融合在一起,并以解决工作、生活中当下的问题为主要目标,这就要求大学生应注重实践,努力从做中学(Learning by Doing)。大学生要学习的是专业知识,这是在毕业后的工作中马上就会使用的知识,即它不仅仅是书本的文字信息,更是一种潜在的工作能力。能力与书本的文字信息不同,必须在践行中才能逐步养成。大学生需要明白知易行难的道理。大学生参与实践活动的途径很多,可以参加学校组织的各种社会实践活动,也可以在学有余力的情况下做些兼职。做兼职工作应有正确的目的,虽然可以获取一些报酬,但不能以挣钱为主要目的,而要以了解社会、锻炼能力为主要目的,同时尽量了解未来自己想要的工作,以及行业的亚文化。另外,理工科的学生会有不少实验课程,这也是一种实践的形式。对于各种各样的实践活动,学生都应该积极参与。

第三,要注意在与他人的交往中学习。在课堂学习中,学生基本上是和老师单向交流,同学之间的交流不多。非正式学习非常依赖于社会交往,大学生与他人交往的机会和范围大大多于中学生,因此,大学生不要封闭自己,不要把学习局限于教室,要做生活的有心人,积极与他人交往,观察、学习他人的长处。大学里有各种学生社团组织,学校或学院也会经常组织一些公共活动，这是同学们相互交流的好机会，应积极参与。低年级的学生还应特别注意向学长们多学习，讨教他们有用的经验。当然，大学生更要努力与老师建立密切的联系，从与老师的交往中学习。比如，许多老师都有科研课题，有自己的科研团队，大学生可以参与进去，尽量做一些力所能及的工作，增加与老师接触的机会，观察、体验老师的学习与研究方法，体察研究团队的规则与氛围。在团队的科研活动中，大学生能够有效地学习、使用专业知识，发展专业能力，同时还能学到本专业的隐性知识以及科研组织中的组织文化。

第四，要学会通过反思学习。非正式学习比较松散、随意，有时是在无意识中发生的，因此，与正式学习相比较，反思对于提高学习成效特别重要。如果没有深度反思，即使积极参与了实践活动或与他人的交往，也有可能错失许多学习机会，收获不大甚至一无所获。大学生应养成独立的、深度反思的习惯，不断对自己的学习进行总结、审视。如果一个学生能够定期反思自己的学习方法、效果，检视自己在一段时间内的进步、失败与挫折，以及需要汲取的经验和教训，特别是能够专门记录下来并加以改进的话，那么坚持一定时期后，他必定能够高效地进行非正式学习，这对于正式学习也有莫大的益处。

第五，要注意把非正式学习与正式学习结合起来。正式学习与非正式学习不是截然分开的，而常常是相互渗透的。大学里非正式学习的概率要远远多于中学，大学生应有意识地把非正式学习与课堂里的学习结合起来，使二者相辅相成、相得益彰。这样既能促进正式学习，又能够提高非正式学习的成效。例如，课堂里学习的一些知识与技能可以作为非正式学习的基础，而非正式学习能够加深、拓展课堂学习的结果，并提高运用课堂知识的机会。再者，两种学习中所使用的学习方法也可以相互补充，从而形成更适合自己的、更丰富的学习方法。

第六，要拓展学习的目标，努力学会做人。大学阶段是一个人思想成熟的关键时期，是形成稳固的世界观、价值观、人生观的关键时期。世界观和价值观是人对世界、对社会、对人生的基本而持久的看法，对于一个人的幸福生活、成功的工作等具有十分重要的意义。世界观和价值观并不是虚无缥缈的，而是体现在具体的活动和事件中。大学生的身体基本发育成熟，而心理的发展也非常迅速。由于年龄、活动范围的增大，大学生面临着许多重大抉择。这是难得的学习机会，大学生应有意识地利用这些非正式学习的机会，努力促使自己思想的成长与成熟，形成正确的世界观、人生观和价值观。例如，大学生会遇到恋爱问题，遇到找工作的问题，会接触到更多的社会事件。如何看待财富？如何看待学习与工作？如何看待成功与挫折？如何看待恋爱与家庭？如何看待社会？诸如此类的问题都会对大学生的是非观、荣辱观、美丑观等提出挑战。如果大学生能够把回答这些问题的过程视作非正式学习的过程,能够严肃认真地对待,那么就能较顺利地形成正确的世界观、人生观和价值观,从而在理念上为一辈子的幸福奠定基础。相反,如果意识不到这些问题的重要性,不从学习的角度去认真对待,或者仅仅关注书本知识的学习,那么,大学生就会一直显得幼稚,个人思想的成熟过程就会大大延宕,这对于大学生各方面的发展是非常不利的。

四、非正式学习研究的发展趋势

作为一种自然的、原生态的学习方式,非正式学习一直在人们的工作与生活中发挥着重要作用,但对非正式学习进行研究的历史并不长。20世纪40年代末联合国教科文组织首发倡议,大力提倡"非正式教育(Informal Education)",由此衍生出了"非正式学习(Informal Learning)"这一专门术语,此后非正式学习逐渐成为一个专门的研究领域。目前国内外学者对非正式学习的研究取得了一定进展,然而研究成果仍不够深入和系统。如前所述,非正式学习具有分散性、随意性、灵活性等特点,导致对它的研究相当困难。目前对非正式学习的研究方法还不够成熟,实验性的、准实验性的、非实验性的研究设计在非正式学习的研究中都存在,而当前针对个案的质性研究成果较多一些。研究方法论上的分歧对研究者的素质提出了极大挑战,为此研究者应当乐于从事时间跨度较长的纵向研究,这样可以捕捉一定时期内发生的变化,并突破不同的学习机构或场所的限制,使得出的结果更具有意义。由于比较法是非正式学习的研究中经常使用的基本方法论,研究者还应该注重合作,建立伙伴关系,包括不同情境的学习之间的关系,以及某种情境中的学习可能支持另一种情境中的学习的方式。对非正式学习研究成果的评估也相当困难,研究经费的资助机构应该认识到,非正式学习结果的显现可能需要经过很长时间,故对这类课题的研究应持比较宽松的态度。另外,非正式学习的一些关键术语还没有在研究者中取得一致的定义,急需对有关重要术语及其测量手段进行细致的讨论和辨析,从而为后续的研究奠定基础。

虽然对非正式学习的研究还很不充分,但研究者要回答的一些问题是共同的。要描述和研究非正式学习,主要应从五个方面入手:地点、关系、内容、教学方法、评价。具体而言,非正式学习的研究应重点回答以下基本问题:

① 地点在哪里?它是如何设置或安排的?

② 学习的内容是什么?学习内容是学科性还是非学科性的?学科性的知识是怎样被松散地组织起来的?谁能够或者不能学习这些内容?

③ 教学过程与方法是如何组织的?其中典型的教学方法包括哪些类型?

"教师"做些什么,"学生"又做些什么?

④ 评价是怎样进行的?口试与笔试的权重如何?评价发挥了什么样的作用?

⑤ 以上各个方面的特征之间的关系是怎样发展起来的?它们是如何通过社会实践而得到建构的?每一特征的角色与作用是什么?

如果一项研究能够对上述问题中的某一点做出自己有理有据的回答,那么对于该领域知识的增长就是有益的。另外,非正式学习在每个人的工作与生活中都时时刻刻、很自然地发生着,只是大部分人不去关注它。每个人在思考或研究非正式学习时,可以结合自己的亲身经验去理解、探究,结合自己经验的反思对于非正式学习的研究大有裨益,这是该领域研究的一个独特之处。研究者可以在自身经验的基础上灵活设计研究思路、选择研究方法,选定一个具体的问题进行深入探索,这样,虽然非正式学习是复杂的、难以把握的,但对之进行有效的研究并非不可能。即使不是专业研究者,普通人反思自己的非正式学习并加以改进,也会给工作和生活带来莫大益处。

推荐书目:

1. 约翰·D.布兰思福特,安·L.布朗等.人是如何学习的.程可拉等,译.上海:华东师范大学出版社,2002.

2. 戴维·H.乔纳森.学习环境的理论基础.郑太年等,译.上海:华东师范大学出版社,2002.

3. 高文等.学习科学的关键词.上海:华东师范大学出版社,2009.

第十三讲 大学生职业素质与人生

冯成志

一、前　言

　　人生是主观与客观凝结和相互作用的过程。主观方面包括人生态度、价值取向和动机等,客观方面包括家庭环境、社会环境、自然环境和自身所具有的素质。就客观方面而言,有些是我们所无法控制和改变的,比如你所出生的家庭背景,所处的社会时代,而我们能够改变的或者具有较多控制权的则是个体所具备的素质。对于素质的概念国内外学者都给出了不同形式的定义,但大致内容是相同的。狭义上来说,素质是指生理学和心理学上的概念,指体能素质,也可以指心理素质;广义上来说,素质是指先天具有和后天习得的特点和品质的总和,既包括体能等先天的特点,也包括政治、思想、道德、人生观、审美观等后天的品质。

　　大学生活在我们的人生中具有重要作用,因为它能够开阔我们的视野,是提升我们的素质的有效途径之一,可以使我们将来走上工作岗位时,在生活中有更多的选择机会,进而增加人生的可操控性。而与之密切相关的则是职业素质,职业素质是指从业者在一定的生理和心理条件的基础上,通过教育培训、职业实践和自我修养等途径形成和发展起来的,在职业活动中起决定作用的、内在的、相对稳定的基本品质。较高的职业素质能帮助大学生树立正确的求职观和工作观,顺利地融入工作环境并建立良好的人际关系,能够更好地施展才能和挖掘潜能。

　　影响和制约职业素质的因素有很多,比如先天的自然条件,后天的社会环境、教育背景、实践经验或工作经历等。作为培养大学生素质的主力军——高校,其功能有三:人才培养、科学研究和社会服务。而其首要任务即大学之本在于人才培养,这一点在哈佛大学校长博克的《回归大学之道》一书中体现得淋漓尽致,由此也引发了究竟何为大学之本的激烈讨论。我们认为,大学之本仍在于人才培养,我们从人才培养的角度将三大功能解读为,人才培养是核心,科学研究(包括社会实践)是进行人才培养的手段,而所培养的人才能够服务社会是目标。以"90后"为主体的当代大学生,其素质修养以及人生态度都打上了鲜明的时代烙印。随着教育体制的不断改革,当代大学生逐渐拥有了更多学习内容的自主权,也有机会在社会实践中发展自身的各项潜能。他们一方面承载着建设国家、服务社会的重大职责,另一方面也寻求着自我需要的实现和满足。因此,帮助大学生认识自身的素质,树立正确的就业观,成为一个合格的社会人,对于未来社会的发展具有极其重要的意义。

根据全国教育事业发展统计公报的数据(如图1),我们可以清晰地看出国内高等教育急速增长的趋势,普通高等教育在校生数2011年已经达到2300多万人,较之1999年的413万人,增长了5倍多,毕业生数也从1999年的近85万人增加到2011年的近610万人,增长了7倍多。精英教育已经演化为大众化教育,在圆了更多人的大学梦之际,同时也带来更多值得担忧的问题:目前大学生的综合素质如何?大学生在高校学习阶段学到了什么?所培养的大学生质量能否得到保证?1996年《中华人民共和国国民经济和社会发展"九五"计划和2010年远景目标纲要》中就明确提出:"改革人才培养模式,由应试教育向全面素质教育转变。"时至今日,大学生的素质有没有得到全面提升?如何评估并提升大学生的素质呢?这一系列的问题引起了社会各界人士的关注和质疑,同时也成为当前大学教育需要反思和迫切解决的问题。唯有如此,我们才能在前进的道路上少走弯路,及时校正,而不至于贻害

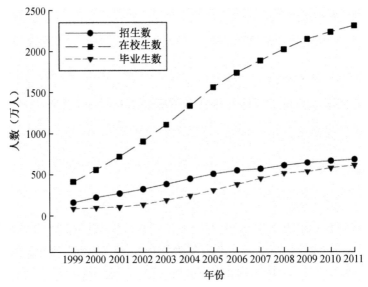

图1 普通高等学校学生变化趋势

青年,浪费个人以及国家资源。因此,全面了解和评判当前大学生素质的现状,同时明察其成因,探寻行之有效的提升大学生素质的举措实有必要。

二、文献回顾

比尔·盖茨说过:"拿走微软的 20 名关键员工,微软将变得无足轻重。"这句话反映出人才的素质和发展潜力对于企业的提升和进步起着决定性的作用。当前经济的发展也决定企业管理的重心由"以物为中心"开始转变为更为重视人才的选拔和培训。而人力资源开发本身的意义就在于充分认识和发掘人才,合理培训和使用,尽力发展人才的特长和挖掘人才的潜力,从而推动组织的进步,也使员工本身可以充分发挥积极性和主动性来实现自身价值。

大学生在当前的社会转型期里扮演着特殊的角色:一方面,他们承受着来自于社会各方面发展带来的压力,努力让自身创造更大的社会价值;另一方面,他们的心理素质也呈现出不一样的时代特点,他们对于自身的了解也不尽其然,对于职业规划和提升自身素质来适应社会的发展趋势也往往没有明确的答案。

因此,研究大学生素质的现状特征和企业的需求,制作一套评价大学生素质的测评问卷,一方面可以帮助企业更好地甄选和培养人才,另一方面可以让大学生更好地了解在新社会特征下作为优秀人才应当具备的素质,帮助他们更好地认识自己和提升自己。

西方关于人员素质的测评可以追溯到 1905 年,比奈编制了世界上第一个智力测量的量表,用此对智力的各种因素来进行测量,也由此打开了通过量表对人员的各种能力进行量化的大门。之后美国心理学家编制的陆军甲种测验和陆军乙种测验,使心理测验被广为关注。同时,在桑代克、斯皮尔曼等心理学大师的研究基础上,加纳德、吉尔福特、斯腾伯格等丰富了能力的因素学说,使得测验量表能够更为细化和完善,使得对个体能力及综合素质的测量成为可能。

在将人员的素质和管理学融合的过程中,泰勒起到了推动作用。20 世纪初,"科学管理之父"泰勒提出了"管理者胜任素质运动"这一概念,即不同的工作类型对工人的能力有不同的要求。1940 年后心理学家们在实际的招聘过程中更为重视"岗位适配度",即岗位和员工之间的匹配程度。他们会在招聘过程中通过访谈和测验来达到评价员工能力的目的。20 世纪 60 年代随着经济的高速发展,评价中心技术也成为员工甄选的重要手段,而之后情境测验等具体技术也迅速涌现(刘琳,2012)。直到 1973 年,素有"素质研究之父"

之称的 McClelland 提出了著名的胜任力模型，他认为智力和工作绩效并没有显著相关，用素质模型来评价个体的职业能力则更为有效，使得当今的人才观发生了巨大改变。此后众多的心理学家将他的理论发展并延伸，对胜任力的各种特征因素进行研究。例如 Nordhurg 提出胜任力模型应包括三大维度，六大种类。三大维度是任务具体性、行业具体性和公司具体性，六大种类包括元胜任力、通用行业胜任力、内部组织胜任力、标准技术胜任力、技术行业胜任力以及特殊技术胜任力。在这些理论中较为有名的是 Spencor 的冰山模型，该模型认为与工作相关的素质可以划分为表象的和潜在的两部分，其中表象素质包括行为和知识及技能，潜在的素质包括价值观、态度及素质角色、自我形象、个性品质和内驱力及社会动机。这些素质特征中有些较为稳定，有些则可以根据环境而改变，因此这就要求企业在对人员进行培训的过程中可以充分利用人员素质的可发展性特征，帮助其更好地适应职业本身的需求。而对于素质心理研究的意义就在于，它要求量表现实地体现出社会对于人才的要求，也要能更为全面体现当代大学生具备的素质，包括潜在的特征。

国内学者对于素质的研究也是相当丰富的。刘亦符认为素质应该包括综合素质、人文素质以及专业素质。王先述认为素质包含专业素质、人文素质、政治素质、科技素质、心理素质、身体素质以及技能素质。胜任力也是素质的一部分。王重鸣和苗青教授提出基于企业竞争力的企业家胜任力的六维结构，包括机遇能力、关系能力、概念能力、组织能力、战略能力以及承诺能力。时勘、王继承等则对通讯业管理干部具有的和普通组差异显著的素质加以研究，总结出十种胜任特征，他们也对普通企业的高级管理干部具备的显著性的胜任特征进行研究，获得了和西方研究成果一致的结论。

三、模型建构

我们在文献研究的基础上，随机抽取了 234 名（男生 64 名）苏州大学的大学生，对其进行开放式问卷调查，为大学生的职业素质结构的探索奠定基础。

问卷中的开放式问题如下：
◆ 请你列举你认为大学生应该具有的职业素质。
◆ 从上个问题的答案中，选出五种你认为最重要的职业素质，并进行排序。
◆ 请列出你认为自己已经具备的职业素质。
◆ 在大学生活中，你是通过何种途径来提高自己的职业素质的？

结合文献检索和开放式问卷的结果，我们进行初步的大学生职业素质模型的理论建构。我们初步将大学生职业素质分为五大维度,主要包括道德修养、社会意识、个性特征、职业技能以及拓展能力。

◆ 道德修养主要包括诚信意识、忠诚度、感恩、责任意识以及政治思想。
◆ 社会意识主要是指组织协调、团队合作、人际沟通、同理心、乐于奉献以及印象管理。
◆ 个性特征主要包含乐观自信、意志力、抗压能力、自我管理、身体素质、应变能力、谦和以及适应能力。
◆ 拓展能力包括创新、信息能力、竞争意识、自我规划和思维能力。
◆ 职业技能主要是指外语水平、计算机能力和专业知识技能。

(一) 访谈

1. 预访谈

首先在目标群体中取样少量被试,进行预访谈。根据预访谈的进展状况,对访谈提纲进行修正,使得下一步访谈目标更为明确和完整。然后最终确定正式访谈的大纲。访谈内容都以开放性问题为主,获得真实有效的信息。

2. 正式访谈

正式访谈采用半结构式,针对应届毕业生、往届毕业生、企业人力资源部门专家以及培训机构的培训师,对访谈的过程进行完整的录音记录。此访谈的内容在明确出相关素质之外,也涉及对于高校针对大学生职业素质建设的具体建议,以及对于大学生自身素质提升的相关策略等内容。

本研究的访谈人数分布主要是往届毕业生 23 人、应届毕业生 26 人、企业人事主管 18 人、培训专家 5 人、优秀企业家 2 人,共计 74 人。每名被试访谈时间在 30 分钟至 1 小时不等,总共访谈时间约为 63 小时,每人平均 51 分钟。

此外在访谈的过程中,我们会要求被试者填写问卷,对大学生职业素质进行排序,并自陈提高综合素质的方案建议。

访谈结束以后,对访谈录音进行转录,用 NVivo 软件做编码分析,5 名心理学研究生参与了编码过程。在明确各职业素质的基础上,对编码结果进行归纳与分类,对存在异议的条目再向项目主持专家咨询,力求概念理解和素质归类一致,获得大学生职业素质特征的二级概念和一级概念。这些概念将是我们建立测评大学生职业素质的调查问卷时编写测评题目的理论依据,表 1 例示了项目组成员对访谈资料的编码。

经过对所得素质条目的合并重复、删除偶然被提及的条目,对初步设定的大学生职业素质模型进行修正,增加了访谈中提及频率较高的表达能力、主动性、自我定位、上进心、执行力和学习能力这六个素质,对访谈内容中几乎没有涉及的政治思想、乐于奉献、意志力和身体素质这四个素质予以删除,最后共生成 20 个素质条目,形成新的素质库。

表 1 个案访谈资料编码示例

访谈内容	职业素质	频次
指导语:…… Q:能谈谈你身上有助于你求职的闪光点吗? A:……比较冷静理智,我不会太冲动,就是缺乏热情的反面,我会思前想后,一件事情我会考虑得比较多。做决策的话,我也会考虑很多,才会下决定。	谨慎 周密性	1 1
Q:你觉得公司的白领身上有哪些能力特别值得大学生学习,有助于大学生在公司里如鱼得水? A:抗压力。我们大学生不是真正在竞争环境下的,对于竞争的抗压力性,我们……一遇到挫折,我们多多少少是会受到影响的。我自身来讲,是主动性,主动与承担,跟他人竞争。适用力,每天处理大量不同信息的能力,每天不断学习,我们就这么过来了,没有太大的挑战性,就是接受不同挑战的能力。 ……	抗压能力 主动性 竞争意识 信息能力	1 1 1 1
Q:进公司会对我们有什么要求?我要具备什么,HR 才会选我呢? A:看不同的岗位要求的吧。我觉得大学生刚进的话,都是需要从下面的做起。公司需要一种很强大的应变和学习能力。大学生大家都差不多进一家企业,但是隔一段时间就会分出差距来,这就是不同的人学习能力的不同。要尽快适应企业的文化,行为方式,适应这个组织,在适应的过程中,找到自己奋斗的那个点,找到适合自己的是什么,扬长避短。学习能力很重要。企业应聘的话,专业基础也是必要的。 …… 结束语:十分感谢您这么长时间的分享。	学习能力 适应能力 自我定位 职业技能	1 1 1 1
记录字数:4775 访谈时间:45 分钟		

(二)初测问卷信效度分析

(1)问卷项目编制参照半结构式访谈结果,使用六点量表(1 = 完全不符合,6 = 完全符合),编写大学生职业素质测评问卷,问卷内容多以具体情境的行为描述,极少涉及态度问题。

① 头脑风暴法。

请各个年级和各个专业的大学生组成讨论小组,讨论主题是最能代表大学生职业素质的行为和生活事件,研究人员在旁记录。

② 参考相应素质的理论和经典量表。

根据相关素质的理论,结合头脑风暴讨论的大学生生活事件和行为事件,以现有的经典量表为参考,编制大学生职业素质调查问卷。

③ 问卷的审核。

心理专家对每个条目进行反复讨论,最终确定初始问卷题目为 76 个条目(其中三个为测谎题)。

对苏州大学应届大学生群体在标准化情景下施测素质测评问卷,共发放问卷 850 份,回收 801 份,有效问卷为 758 份(回收率为 89.2%)。有效问卷中男生 273 人(36.0%),女生 485 人(64.0%);理科 332 人(43.8%),文科 426 人(56.2%);大三 553 人(73.0%),大四 205 人(27.0%);城镇 366 人(48.3%),农村 392 人(51.7%)。

为了检验问卷的构念效度,把数据随机对分成两部分,数据 A($N=379$)用于对大学生职业素质的结构进行探索性因素分析,数据 B($N=379$)用于验证性因素分析。独立样本 t 检验显示,两部分数据在性别、专业、年级、户口等变量上没有显著性差异(p 值均高于 0.10)。

对每个题项进行项目区分度检验,剔除区分度较低或者不具有区分度的项目,得到 60 题区分度符合统计标准的项目,然后组合成大学生职业素质测评问卷。

(2) 信度检验。

本研究采用内部一致性 α 系数和分半信度系数进行信度分析,结果显示 Cronbach's α 系数为 0.908,分半信度系数为 0.857,说明问卷具有良好的信度。

(3) 项目的因子分析。

为了防止模型结构的主观性,以数据 A 为基础,进行因素分析,结果样本适当性 KMO 值为 0.860,Bartlett 球形检验亦表明样本适合因子分析($x^2 = 7772.19$,$p < 0.001$),60 个项目共抽取 20 个因子,所能解释的总变异为 59.96%。

我们将 20 个因子作为二级指标,题目与因子的对应关系大致和初始问卷的设定项基本一致。对数据进行 KMO 及 Bartlett 球形检验来考察数据是否适合进行因素分析。KMO 值为 0.88,表明变量间的共同因素较多。Bartlett 球形度检验的卡方值为 2266.786,达到显著性水平($p < 0.001$),说明目标群体的相关矩阵间有共同因素存在,适合做因素分析。

我们采用主成分分析法,采取最大平衡值法旋转,选取特征根大于 1 的因子。如图 2 所示,碎石图的分布显示,第四个因素之后,陡坡开始转为平坦,因此选取四个因子,总累计解释方差 52.48%,且每个因子解释方差变异的比例适当。

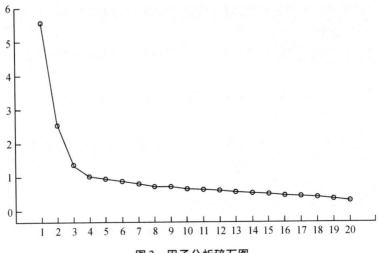

图2　因子分析碎石图

（4）各因子组成。

经最大平衡值法旋转得到的因子负荷矩阵见表2。由此可以将各职业素质指标进行归类。

第一个因子由八种素质组成，分别是主动性、信息能力、适应能力、竞争意识、学习能力、人际交往、应变能力和沟通能力。

第二个因子由四种素质组成，分别是情绪管理、周密性、抗压能力、执行力。

第三个因子由四种素质组成，分别是谨慎、团队协作、谦和、职业技能。

第四个因子由四种素质组成，分别是责任意识、上进心、自主性和自我定位。

表2　旋转成分矩阵

	成分1	成分2	成分3	成分4
F3 主动性	0.730	0.031	0.131	0.238
F5 信息能力	0.689	0.117	0.120	-0.101
F13 适应能力	0.676	0.089	0.147	0.048
F6 竞争意识	0.675	-0.086	0.344	0.142
F1 学习能力	0.658	0.127	0.245	-0.043
F2 人际交往	0.653	-0.067	0.367	0.173
F7 应变能力	0.600	0.252	0.239	0.110
F8 沟通能力	0.520	0.259	-0.099	0.137

续表

	成分1	成分2	成分3	成分4
F18 情绪管理	0.061	0.755	-0.005	-0.025
F15 周密性	-0.028	0.653	0.200	0.250
F14 抗压能力	0.001	0.592	0.183	0.373
F12 执行力	0.043	0.507	0.005	0.387
F19 谨慎	-0.069	0.209	0.739	-0.101
F4 团队协作	0.080	-0.059	0.655	0.096
F11 谦和	0.183	-0.028	0.603	0.197
F10 职业技能	0.226	0.107	0.381	0.241
F20 责任意识	-0.045	0.052	0.068	0.779
F16 上进心	0.180	0.453	-0.161	0.576
F17 自主性	-0.044	0.249	0.287	0.574
F9 自我定位	0.116	0.134	0.103	0.462

（5）大学生职业素质指标体系。

对探索性因子分析所得的四类因子根据其内容分别进行命名。课题组经过文献研究以及反复讨论研究，最后将第一因子命名为个性特征，将第二因子命名为自我管理，将第三因子命名为社会意识，将第四因子命名为拓展能力。

最后建立的大学生职业素质模型如图3所示。

各指标定义如下：

① 个性特征：具有鲜明个性色彩的体现在个体日常生活交往和学习中的心理特征。

● 沟通能力：具有和他人有效地交流信息的能力，并能在交流过程中正确领会他人的意思。

● 竞争意识：在个体或团体间力求做到更好或压倒超过别人的意识。

● 人际交往：能在一个群体内与他人和谐相处，从他人的言行中获得讯息，并能建立良好的人际关系。

● 适应能力：为了更好地工作和学习，主动调控身心达到生理或心理与环境的平衡。

● 信息能力：能够根据自己的需要通过各种媒介获得有效信息，并从大量信息中识别真伪加以分析运用。

● 学习能力：拥有良好的学习意愿和方法，能够从自身获得或别人传授的经验信息中，主动学习并改变自己行为的能力。

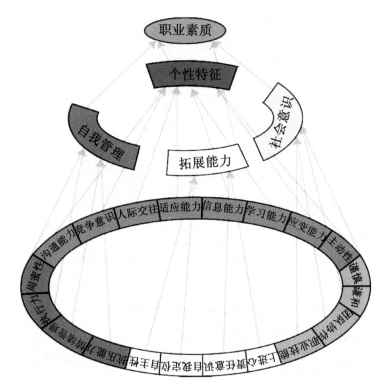

图3 大学生职业素质层次模型

●应变能力:当外界环境发生变化时,能够保持冷静,谨慎思考并做出恰当的决策来积极应对的能力。

●主动性:按照自己预先设置的目标,不依靠外界的力量推动而是积极地采取行动,适应环境并努力达成预先期望。

② 社会意识:影响个体在社会或社团活动中具体行为的心理意识。

●谨慎:对外界的信息和自身的言行密切注意,严密思考,慎重举止。

●谦和:为人处事谦卑温和,心怀感恩,并用开放的心态面对别人的批评和建议。

●团队协作:为了达到团队目标,能够调动团员的积极性和各种资源,勇于承担责任,激励团员协同努力共同奋斗的能力。

●职业技能:会熟练运用与自己专业和将来所从事的工作相关的计算机和外语方面的知识。

③ 拓展能力:在个体活动中主导或促进行动顺利进行所需要的能力。

●上进心:总是保持奋发向上的心态,积极主动的采取行动,获取信息或另辟蹊径努力达成目标并立志做到更好。

- 责任意识:在特定的环境中可以明确责任的具体内容,并主动承担履行社会职责和各种社团活动中的责任,把责任转化成具体行为的意识。
- 自我定位:明确自己的优缺点和在社会中的具体角色,并能根据自己的角色和特点为自己订立适当的预期目标和努力方向。
- 自主性:按照自我认识和意愿,明确自己的责任并兼顾他人的角色,积极采取行动达成计划。

④ 自我管理:体现在个体自我行动中对目标、思想、行为和情绪的管理,帮助个体更好地完成预定目标和适应环境。

- 抗压能力:面对压力情景时,可以谨慎思考周密的计划,并能合理宣泄压力和保持积极的情绪。
- 情绪管理:具有较高的情绪智商,可以在各种情境下有意识地驾驭情绪和控制言行,保持良好的情绪状态,并善于在外界环境中合理表达情绪。
- 执行力:坚定目标,有较高的完成任务的意愿,善于把计划付诸行动,并能积极克服过程中的困难,通过有效的执行措施最终达成目标的能力。
- 周密性:分析事物顾全整体和局部的各部分信息,对各种情景有较为准确的预估和防御措施,逻辑缜密,思虑周全,有明确的计划性和执行力。

(6) 职业素质模型的验证性分析。

大学生职业素质验证性因素分析的结果如图 4(标准化路径图),所有题项都对应于假设的因素,题项的标准化因子载荷都较高,它验证了个性特征这一维度模型的合理性,其各项拟合指标均达到要求($\chi^2/df = 2.115$, $P < 0.001$;NFI = 0.805, IFI = 0.887, TLI = 0.866, CFI = 0.885, RMSEA = 0.054),因此职业素质二级结构模型得到了验证。

四、职业素质状况

我们在网上随机调查了 402 名苏州大学学生,其中男生 86 人,文科生 168 人,来自农村的学生 194 人,接受过岗前职业培训的有 39 人,大一至大四的学生分别有 101 人、185 人、72 人和 44 人。结果发现:在学习能力和情绪管理上来自城镇的学生比来自农村的学生表现得要好($p < 0.05$);在人际交往方面年级之间具有显著差异,大二和大四的学生人际交往能力更突出($p < 0.05$),城镇学生和农村学生间相比也以城镇学生表现较好($p < 0.05$);在信息能力方面,男生要比女生表现突出些,达到边缘显著($p = 0.08$);在沟通能力上以大二和大四的学生表现较好,与人际交往相一致($p < 0.05$);在职业技能和执行力方面,接受过岗前职业培训的大学生表现更优秀($p < 0.05$);在谦和上女生表现更好($p < 0.05$);在上进心方面男生比女生表现得好

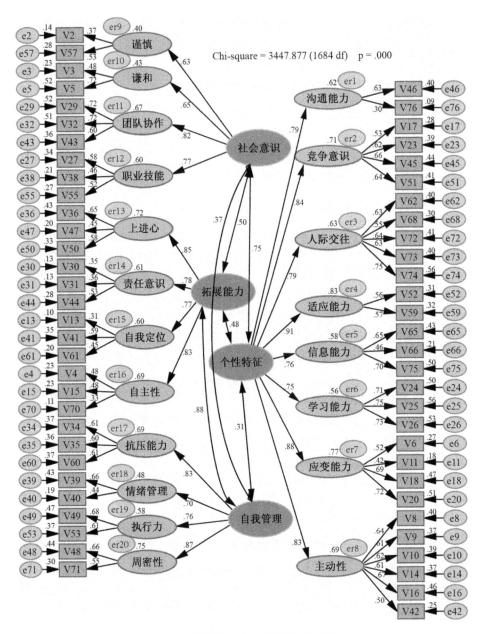

图4 完整模型验证性因素分析结果

($p<0.05$);在情绪管理上从大一到大四呈明显的递增趋势($p<0.05$);在一级指标上自我管理同样表现出年级递增趋势($p<0.05$)。上面的结果尽管来自于400多名大学生的调查结果,但仍然能够反映一些问题。首先,大学生活

期间学生的职业素质在人际交往、沟通能力和情绪管理方面表现出明显的年级优势;其次,城镇学生与农村学生相比在人际交往和情绪管理方面具有优势;再次,男生在信息能力和上进心方面比女生表现得要好,但在谦和上女生表现比男生突出;最后,参加岗前职业培训能有效提升大学生的职业技能和执行力。

五、职业素质提升之途径

(一) 加强认识

在我们访谈和调查中发现有不少的大学生(特别是低年级大学生)还没有意识到职业素质的重要性,他们认为那是到了大三、大四时才需要考虑的事情。殊不知,书到用时方恨少,白首方悔读书迟。如果不及早就树立起正确的职业意识,又怎么能够从一进入大学校门就及早地做好准备,走好大学这一人生坚实的一步。据说,某年哈佛大学毕业生临出校门前,校方对他们做了一个有关人生目标的调查,结果是27%的人完全没有目标,60%的人目标模糊,10%的人有近期目标,只有3%的人有长远而明确的目标。25年过去了,那3%的人朝着一个方向不懈努力,几乎都成为社会各界的成功人士,其中不乏行业领袖、社会精英;那10%的人,他们的短期目标不断地实现,成为各个领域中的专业人士,大都生活在社会的中上层;那60%的人,他们安稳地生活与工作,但都没有什么特别成绩,几乎都生活在社会的中下层;剩下那27%的人,他们的生活没有目标,过得很不如意,并且常常在抱怨他人、抱怨社会、抱怨这个"不肯给他们机会"的世界。同样地,我们在一踏入大学校门之际就应该为自己树立明确的目标,加强对职业素质的认识,做好拓展自身能力、挖掘自己潜能的思想准备,这样才不至于浪费大学时光,你的人生目标和人生方向才不会失之偏颇。

(二) 强身健体

健康的体魄是我们工作的资本,只有身体健康、精力充沛才能使我们在面临困难和挑战时能够从容应对。无论你智商多高、能力多强,如果没有健康的体魄,没有顽强的意志,没有吃苦耐劳的精神,在人生的道路上也终将不会走得很远。因此,制订切实可行的身体锻炼计划,并且付诸实施和坚持下去,才能使身体成为革命的本钱。

(三）拓宽视野

大学生活是充实自我、健全人格的大好时机,要多读书、读好书、勤思考、多实践。不要局限于单一的学科知识,无论是在生活中、学习中还是在交往中,遇到不懂的事情,应借助于网络查阅相关的知识内容,不要把手机流量浪费在无聊的聊天当中。或许大学中所学习的课程并不能直接在工作中得以应用,但这些知识是你在将来的工作岗位上掌握新技能、学习新知识的必备基础。

(四）参加社团

参加社团活动,一方面可以锻炼我们的语言表达能力、人际交往能力、组织协调能力和领导能力;另一方面还能让我们了解社团的运作机制,通过社团与企业或学校职能部门接触将会为你今后的工作打下第一根桩基。各种形式的社会实践,诸如参观访问、社会调查、志愿者服务、企业实习等,可以检验我们的各项素质和能力,让我们发现自身的不足,这样目标才会更明确,才能使我们在未竟的大学生活和将来的工作中找到努力的方向。

(五）定位清晰

毋庸置疑,个体之间在素质和能力方面存在着明显差异,因此结合自己的实际情况制订明确的职业生涯发展规划就是明智之举,切忌好高骛远、不切实际。你将来想成为一名职业经理人还是一名自主创业者,是想成为一名科研工作者还是想踏入政府机关,是想成为一名企业家还是一名教育家,这都要结合自己的兴趣、爱好和特长,并且要了解某个职业或岗位应该具备什么样的素质。你不妨把你最突出的素质和能力与职业要求的素质和能力做个列表比对下,看看匹配程度如何,这将有助于你做出清晰的判断和明确的定位。

总之,希望每个同学都能在未来的人生道路上走出自己的特色、实现自己的梦想,为实现中国梦做出自己应有的贡献。

第十四讲　中国传统文化心理学与自我成长

彭彦琴

　　研习心理学的人都知道,心理学是西方舶来品。然而心理学研究对象自然与社会的双重属性,势必导致心理学自诞生之初,就面临着由于研究对象非单纯物理特性,而不得不形成两种互为对立的研究范式、两大学科阵营——科学主义与人文主义。于是我们看到心理学的发展进程其实就是两种范式、两个阵营的相互对抗、交融、并进。标榜自身科学特质的心理学无疑需要强化科学主义,而作为对人性有完整且深刻洞察的心理学又必须关涉人文主义。于是,文化差异不仅是心理学研究需要考察的因素,也是心理学理论体系建构的核心基石。植根于东方文化土壤中的中国传统文化心理学有着完全区别于西方文化体系中的科学心理学的独创性,具体到各自的研究对象、研究方法,乃至研究路径,均呈现出各有所长、彼此互补的状态。

　　一直以来,我们关注的是主流知识形态的西方科学心理学,如果转换视野则可领略风貌迥然不同的中国传统文化心理学。对于学习者而言,西方科学心理学的习得可能主要是认知层面的,而中国传统文化心理学更多是体验式的,对深层文化精神的共鸣、对自我心理成长的感悟。

一、中国有没有自己独立的心理学体系?

　　中国有没有自己独立的心理学体系,这是我们首先需要回答的问题。

　　中国传统文化思想包罗万象、博大精深,却没有科学意义上的学科分类,诸多科学均是在近代通过西学东渐逐渐形成与确立的,因此近代中国是各种学科建立的时期,这其中就包括心理学。中国的科学心理学是在近代时期,伴随西学东渐直接从西方全盘式地引进,这个时期的中国心理学基本上是西方心理学理论的引介及再验证。

　　可见,"科学心理学在中国"较"中国的科学心理学"的称述更妥帖准确地反映了这一时期中国心理学的发展进程与具体状况。也正因此,当我们对这一时期的心理学研究进行中西对比时,自然会遭遇"今不如古"的尴尬。

中国作为世界文化的重要组成不可能不涉及人类心理与精神活动之本质与规律的探寻,故中国传统文化中必然有心理学研究,只是这种研究思路与体系不同于西方文化所孕育出的科学心理学。

众所周知,西方心理学是以笛卡尔主客二分为学科逻辑基点,因此它一直强调客观性、可还原性、可操作性原则。于是我们看到行为主义将人的复杂心理还原为 S—R 的联结,认知心理学用计算机模拟大脑活动,精神分析以生物本能的力比多来解释人格结构与机能,即使是人本主义提出的自我实现仍然是一种似本能的东西……所有这些表明,西方心理学不论是科学主义还是人文主义路线,其研究思路均是"由下至上"的,即从心理与行为的最本原点——生理机制出发来构建其理论体系,故其实质仍是科学主义;中国传统文化对心理与精神的探究并不符合这一思路,它走的是一条"由上至下"的研究路线,即从心理与行为的最高端入手,强调心理的道德与理性层面,其实质是人文主义的。因此,当视野转换为心理学人文主义取向时,人们立刻感受到迥然的差异。首先,这一时期的论述更多地概括为"中国人文主义心理学",而非"人文主义心理学在中国"。"中国人文主义心理学"和"人文主义心理学在中国"之间的差异决非出于文辞修饰的需要,而是对中国近代心理学发展实质与脉络的映射。使用现代心理学的逻辑框架来整理与挖掘传统心理学思想,并使之系统化、理论化,这是中国传统心理学研究的基本思路,也是中国传统心理学科学化的必经之路;与此同时,中国传统心理学思想并未因为它未修成正果——直接生长出科学心理学,而就从此断裂乃至消失,反而是以它深厚的基底滋养并促成其遵照自身独有的逻辑路线不断发展。因此,中国确实存在一套不同于西方的以科学主义为逻辑原点的完整的心理学思想与体系。[1]

二、中国传统文化心理学的特色是什么?

中国传统文化心理学区别于西方心理学的特点主要有两个:一是人文倾向,二是实证特色。

(一)中国人的心理学是人文主义倾向的

凡研习心理学的人一般不会去刻意区分科学主义心理学与人文主义心理学。就目前科学主义绝对主流的局势,决定了它理所当然地成为心理学代言人,人文主义心理学只是一个不起眼的小配角,尚不足以与之形成抗衡之

---

[1] 彭彦琴.另一种声音:现代新儒学与中国人文主义心理学.心理学报,2007,39(4):754—760.

势,因此,心理学两个主义的划分在以科学主义为主导的西方心理学发展过程中仅是用以反省的阶段性工具与手段而已,但它对于中国心理学具有非同一般的意义。中国心理学的主体、特色是人文主义心理学。

中国心理学发展由于其特殊的历史条件,在近代时期开始明显地区分为两条路线:一条是直接从西方引进的科学主义心理学,如果说这一路线是外铄的结果,那么另一条则是自生的人文主义心理学。近代时期不仅是中国科学心理学的确立与形成期,也是中国人文主义心理学在与外来文化的对撞、并融中,对自身特质的首次自觉、反省与确证期。因此,我们可以将这一套不同于西方的以科学主义为逻辑原点的心理学体系称为中国人文主义心理学。

中国人文主义心理学既不同于它的科学主义心理学,也不同于西方的人文主义心理学。西方两个主义是源自心理学学科双重属性,人文主义多是科学主义的附属与补充;中国两个主义是由本土文化繁衍的人文主义对自西方外铄而来的科学主义的抗衡,相比于西方人文主义的阶段性与工具性,本土人文主义更具主动性与自觉性。

中国的人文主义心理学研究让我们看到以古代心理学思想为深厚根基的中国近代心理学,尽管遭遇西方心理学科学特质的强势移植,但其特异的个性并未完全埋没,而是以潜伏的形式不断前行发展,在进行中外对比尤其是中西对比时依然能感受到足够的自信,具有心理学研究中"另一种声音"的独特价值与意义。

(二)中国人的心理学是实证的

中国传统文化心理学的人文特色大家相对容易接受,而谈及它的实证特色则需要更多笔墨。

第一,实证方法论关乎中国传统文化心理学的合法性。

长期以来,作为一种十分重要的心理学理论形态,中国传统文化心理学虽然不断呈现研究新成果,但仍存在着结构松散、缺乏深度分析的态势,尤其方法论的缺失是招致众多质疑的关键因素。所有科学研究的核心问题都是方法论,众所周知,心理学之所以能由哲学脱胎成为独立的科学门类,方法论的确立是关键。西方心理学众多流派的更迭实质是方法论的不断推进演变的结果。作为心理学"另一种声音"的中国传统文化心理学自然不能例外。可以说,中国传统文化心理学体系的独特性的核心在于研究方法。

中国传统心理学研究方法的独特性是相对于主流的西方心理学方法论而呈现的。西方科学主义心理学一直以追求"客观性"为傲,即始终强调需要借助于一定的工具"眼见为实"。但这种预设的"主客二分"前提使之一进入精神世界、意识领域便显现出明显的逻辑漏洞——有形的实验器材如何准确测得无形无碍的高级精神活动？其结果常常是各种理论、数据充斥，却未见对精神现象实质性的突破。故须对实证主义心理学做反思，否则这种客观性方法论范式可能导致心理学研究难以真正深入意识深层。

心理学的特殊性在于研究对象与研究方法的互依性极强，中国本土心理学首先强调的就是心理学研究对象的特殊性，一是虚灵，二是自知。

中国人一直认为精神现象是一种特殊存在——无形无象、无方所、无质碍，却又恒常遍在且具强大的能动性，即古人所言"虚灵"（朱熹）。这一特性直接导致通过常规的认知方法、逻辑推理很难完整地认识及把握它，更不用说通过实验仪器、量表等有形的器物去验证、测量它了。基于此，学者均认为鉴于西方心理学的实证研究范式，心理学在研究对象上必须有所区分，即"本心"与"习心"（熊十力）、"心理的心"和"逻辑的心"（贺麟）。目前西方心理学只能研究"习心"（即客我层面的心理活动），要真正揭示心理实质必须研究"本心"（即主我的心理活动）。

自我觉知性是意识活动的最典型特征，"心之特点就在'自知'上……研究此一面——独知的一面——的事实是真正的心理学"[1]。其实西方心理学从一开始就意识到实证研究的缺陷，所以心理学之父冯特在创立心理学实验研究的同时，也提出了内省法（Introspection），即在严格的控制条件下对意识经验的内部观察。但他们很快就发现"以我证我"的局限，正如布伦塔诺指出内省是不可能的，因为当我们将注意集中于内部进行的心理活动时，这种内部的心理活动实际上就已发生了改变。于是他提出"内知觉"（Inner Perception），即对当下呈现的心理活动直接自然而然地内部体验或反省。[2]但他也不能详尽地解释如何才能保证研究者对自身意识的观察是内知觉而非内省。

其实不论是内知觉还是内省，与实证研究一样，都是建立在西方心物二元、主客二分的逻辑基础之上的，这势必导致实证研究范式应用在自然物研究上可以畅行无阻，但一旦进入深层意识领域则会有有形之物如何准确测得"无碍"之心的困境；另一方面内省的实质就是用意识去意识，它无法保证对心理活动观察的中立与精准。由此，西方心理学研究方法由于其逻辑基础的缺陷面临"困境"——要摆脱思辨研究不科学的尴尬就必须实证，而一味实证又将陷入"以我证我"的漏洞。因此，西方心理学的百年发展史总是在方法与对象、科学与人文之间徘徊不定。

与西方心理学不同，中国传统文化心理学方法论的哲学基调是主客不

---

[1] 梁漱溟. 梁漱溟全集:第7卷. 济南:山东人民出版社,1993:997.
[2] 车文博. 中外心理学比较思想史:第二卷. 上海:上海教育出版社 2009:261.

分、心物不二,体现在心理活动的探察中就是"即心观心"。"即心观心"乃是发动"心"与生俱来反观内照的自有功能,故不同于西方刻意人为"一心二分"式的内省或实验。以佛教为例,能观之"心"和所观之"心"本质上都是心王阿赖耶识变现而来,只不过是同一"心"的运作过程和方式的不同而已。即便是对外部刺激的认知,也不像我们通常所熟知的认知对象是独立于认知主体的客观存在,而本质是认知主体的心识外化,即认为认知对象有性境、带质境、独影境三种。性境虽实有其境,是客观存在的刺激,却很难为认知主体所把握,相当于物自体。唯有习练禅修通过现量才能了知。带质境即兼带本质,与本质相似,犹如镜中所现之影像与实物相似又非实物本身。这是由于认知主体在对外部对象进行认知之时,不可避免地受到自身的情感、欲望等心理因素支配影响,于是外部对象经过认知主体主观任运的再加工已非真实对象本身。而独影境则没有外部实体刺激,只是心识自身运行而生成的心理现象。如个体回忆过去、构想未来、逻辑推理,也包括梦境。在佛家看来,人们的心理活动基本上都处于此种状态,事实上今天科学心理学的主流范式认知实验心理学所关注的热点领域,包括基于分离范式的内隐研究、启动效应研究等,均在揭示一个事实,即人们的认知很难保证纯然客观,却总是直接、间接地为情感、动机等非认知因素扭曲干扰。

第二,内证是具有中国特色的心理学研究方法。

内证是西方心理学正式引入本土之前,中国人探究精神活动、心理现象时经常使用的概念,它是包括体证、亲证、几证、内自证等相关概念在内的中国本土心理学研究方法的统称。[1] 与大多数传统概念一样,一般典籍中罕有关于"内证"的准确界定,但相关阐述多能见于佛典,尤其佛教禅定理论对内证之法的阐述堪称精妙。这与佛学以"治心""见性"为专长的学术特质有重要关联。佛教认为要获得对于精神本质乃至宇宙实相的最终把握不能仅止于概念的理解掌握,反而是遣除语言概念、逻辑推究,达到了然于目的直接体察,所谓"己情契实"(《大乘义章》)。《法蕴足论》卷二云:"世尊所说苦集灭道,智者自内知见解了,正等觉为苦集灭道,故佛正法名智者内证。"《阿毗达摩杂集论》卷九有:"由此最初各别内证,觉真理故。"直到西学东渐,才有学者(如熊十力等)开始援引西学的概念体系对内证及相关概念予以详尽阐述。

西方大哲康德明确指出人们可知的只是经验自我,而先验自我是不可知的物自体领域。"科学自我研究之父"詹姆斯也持同一观点,认为心理学只能研究较浅层次的"客我"(me),"主我"(I)是哲学领域的研究。与之不同,中国人对此有自己独到的见解,且明确指出内证之法是中国本土心理学探求精

---

[1] 彭彦琴,胡红云. 内证:中国人文主义心理学之独特研究方法. 自然辩证法通讯,2012(2):75—80.

神本质、宇宙本体之共有路径。

内证是一种完全区别于西方心理学的研究范式。首先它以"自求其心""以心观心"的内求为特色,以区别于外在的、器物化的实证研究。觉知性是意识活动的核心特性,这就意味着如果仍然将心理活动作为外在于主体的对象,使其外化为可以被物质工具测量、实验的研究对象,这就是外证;中国本土心理学均强调必须通过系统技术开发自性本具的实证能力在自我内部完成,此为内证。如宋明儒学提出道德本体(理、仁、良知)作为一种先验意识,是宇宙万物及心理实质的本原,故"要实见此道,须从自己心上体认,不假外求始得"(王守仁),要自知穷理,就必须内敛返照、涵养道德,方能证悟自性。并提出以"静观"作为探寻道德本体的修习方法。所谓"静观"——寂静地观照,是研究主体排除是非纷扰、专注思考的认知训练方法和精神修养方式。其次,以"实证真修""身心感应"的证知为特质,而非逻辑思辨式的内省。"证知"就要求研究者按照传统经典提供的方法如实操作、依法修持,宇宙实相、精神本质便会以意象的形式自现于前,即"明心见性""如镜现影"。且伴随产生研究者"自己身心生活上日进于自觉而自主,整个生命有所变化提高"(梁漱溟)的人生境界的如期呈现,故生理、精神、人格中的如期变化可视为内证之结果变量。以佛教为例,佛教之所以以禅为立教之本,就在于禅定总结归纳了历代无数佛教徒修行的真实体验,具体阐述了禅修的心路历程、身心变化、入定的层次、种类及其检验标准。强调真修实炼、解行相应的禅定绝非神秘难测的超验玄思,而是另一种形式的"实证"的形式,"所有经律论三藏都是崇尚实验,指示实验的"(尤智表)。又如道家的"存想"。存想即"存我之神,想我之身"(司马承祯《天隐子》),是道家最具特色的思维方式及求道之法——通过长期存神、精思、凝想,经久习练,以达到洞彻微观身心的状态。在道家理论体系之中,运用此存想实践最为典型的代表应该是中医理论。许多研究表明内证实验性是藏象、经络等中医学基本理论的重要特征,内证实验其实是道家存想的具体体现。

综上可知,内证是修证者(即研究主体)通过禅定、静坐等技术程序对身心进行系统训练,且达到意识自知自控,并最终获得对自身存在、精神本质,直至宇宙实相的直接认知与体验。尽管作为中国传统文化代表的儒、释、道所用方法各有不同,但三家均承续了中国本土方法论——内证的特质,包括:① 虚静专一,认知主体只有在虚静(注意力高度集中)中才能将"即心观心"的自有功能发挥到极致;② 反观内思,宇宙万象、心理活动均是主体心识的运作变现,故向外探求乃背道而驰;③ 直觉顿悟,唯有当主客合一之时,心理自觉自知的功能方能产生,即可直观心理活动自身规律;④ 遵德守道,自然规律为"道",遵循规律为"德",只有遵循自然之道(包括狭义伦理道德),才能开发自性智慧。四者相互依存、共融共生。总之,内证之法不仅为人们提供了对于身心灵世界实现内求证知的一整套实践技术、操作方法以及理论法则,也关注研究主体自身的道德修养与人格境界的提升,这正是中国本土心理学方法论的独有个性。作为对西方心理学研究方法的一种促进和补充,内证法实现了对思辨(内省法)与实证(实验法)的双重超越。

第三,佛教禅定具中国本土心理学研究方法的典范。

在长期的历史发展中,佛教对于其宗教实践中出现的各种心理现象进行探讨和总结,其分析之精微,体系之复杂,甚至达到了使许多心理学家都叹为观止的地步。故本质上"就是心理学"[1](梁启超)的佛学是本土心理学体系的核心。禅定一词是梵汉合璧,由梵语禅那(Dhyana)的音"禅"与三摩地(Samadhi)的意译"定"合成,禅定意为寂静的审虑,即智慧生于静定,它是佛教心理实验的主要工作,也是一种有效认知宇宙实相及(自我)意识的研究方法与操作技术,是佛学研究心理现象最重要、最具特色的方法。

佛家禅定的显著特征是以止观之法实现如实观照所缘境像,它有效地克服了传统研究中意义性和客观性分离的局限性,是一种智慧的证心方式。[2] 止观之法是指修习主体以某一意象(内部或外部)为目标,通过对注意力集中、持续训练,实现思维及认知功能、情绪、意志乃至心理动力系统等心理机能的全面提升与优化,最终实现以智慧如实观照所缘境像直至证心。其中,"止"对应戒、定二学,"观"对应慧学。止观修持的具体流程分为:持"戒"、修"定"和观"慧"。本文主要分析的是这一流程的心理学功能,其中"定"是心理功能实现的核心所在。

1. 持"戒"

禅定以"戒"为根基,所谓"禅定心诚,以戒为基"。所谓持"戒",即严格规范日常言行约束身心,为入定做准备,要求"屏息诸缘,一念不生",排除欲念,停止强烈的情绪和情感困扰,将精神能量聚集专注于一境。只有遵循一定的心理规律与行为规范,才有可能产生良性"定"的境界,进而达到无念无想明镜般的寂静状态,这是修定最重要的前提条件。据《摩诃止观》卷四所述,禅修具体的准备工作应包括二十五方便,即具五缘(持戒清净、衣食具足、闲居静处、息诸缘务、得善知识),呵五欲(色、声、香、味、触),弃五盖(贪欲、嗔恚、睡眠、掉悔、疑),调五事(调食、调眠、调身、调息、调心),行五法(欲、精进、念、巧慧、一心)。概而言之,止观修习先决条件是万缘放下,搁置一切不必要

---

[1] 梁启超. 拈花笑佛. 西安:陕西师范大学出版社,2007.
[2] 彭彦琴,胡红云. 佛教禅定:心理学方法论研究的一种新视角,心理学探新,2011,31(4):297—302.

的攀缘和杂念,以便集中精神,用调身、调息、调心的方法进行不断的修习。否则,在物质和心理准备状态上毫无准备,止观亦是很难成就的。正如《成实论》卷十四《定难品》说,身有冷热等病或疲极失眠,心有忧、嫉等烦恼,都将"定难"。在严持戒律之后,身心已减轻了不少障碍,乃进而静坐入定,做种种观察。

持"戒"的心理学功能表现为,通过生理、精神的主动控制能力的训练,将由生物本能主导驱动的行为及心理反应逐渐转换,最大限度地实现心理功能的能动与自主。无"戒"则个体长期习惯于消极地放舍,身体、精神的放舍导致"漏"。

目前大量从西方回流的禅修技术,只是单纯将技术操作部分移出,伴随禅修不断深入推进,很可能导致训练中出现问题甚至危险;或者仅是停留于外在表相的身体感知的特殊体验,实质是降低了禅修本应达到的效果与标准。因此,禅修训练十分强调有经验导师的指导,这会在最大限度上避免可能出现的问题。

2. 修"定"

"定"梵文作"奢摩他",意为"止",即注意力集中于观察及思维对象。中国老庄的"虚静",儒家的静坐存养功夫,均将修"定"视为个体进行高级认知、思维活动的必备训练。而修"定"在佛教修习体系中有着极其重要的地位,佛学中涉及与"定"有关的概念、阐述极为丰富完备,《俱舍论》中"奢摩他"被列为"大地法"内第一,以表明任何正常心理活动尤其是高级思维活动都以其为基础。

现代西方心理学将注意视为始终伴随意识活动的心理状态,对于注意品质(包括注意广度、注意稳定性及分配等)均展开深入研究,发现正常情况下,个体的注意广度、稳定性是极其有限的。西方心理学家通常发现当人们放松时,注意的灵活度降低,当注意唤醒时,同时伴随高度努力。而佛教注意训练恰好相反,首先强调的是身心放松;在这个基础上,注意稳定性被增强并最终聚合在注意灵活的发展上。如此训练的结果是一种注意平衡的不规则状态,即高注意唤醒水平维持的同时,仍可保留极度的松弛与沉静(所谓"身心轻安")。此时心理活动正处在一种既非注意懈怠也非极度亢奋的状态,当个体训练纯熟时可自如地将意识状态调节到此种最佳状态,即可以有效地参与到任何艰巨任务中。

总之,修"定"的心理学功能主要体现在修习者注意力的高度集中,进入"定心"状态,可使情绪(身心轻安)、记忆(忆念力)、思维(正知力、思惟力)、心理动力系统(精进力、串习力)六种心理功能(六力)全面提升、改善、优化。最终内隐性心理活动可呈现到禅观中的意识层面。佛教充分利用、开发注意力集中这一功能,形成一种特殊的心理训练方式。

3. 观"慧"

观"慧"是以智慧真实观照思维某一境相或某一观念。这种观想不同于一般认知水平上的想象、思维，禅定观心有一定的规范，须严格遵循"闻—思—修"三慧的次第，其核心技术为"定边观"。它有两个特点：一是必须在"止"的基础上展开，否则此"观"就流于通常二元化之想象、思维。二是必须是智慧引领下的"观"，并非随心所欲的想象与思维。依照佛学教理逐渐深入，观想的方向、过程和结果都至关重要。例如修习念住禅必须掌握四谛五蕴等基本教理，才能对禅修中出现的种种身心现象有洞察力、警觉力，才能预防可能出现的身心问题并可及时有效对治。

闻思修三慧即观"慧"的次第。首先，闻慧，指通过听闻佛法获得基本的知识，通过间接经验的习得来发展自身心理水平是人类这一高级物种特有的心理发展途径；其次，思慧，由闻而思，指学习者根据一般经验和逻辑推理思考其得失，这是外在于自我的知识经验逐渐内化，并最终与自我图式同化为一体的过程；最后，修慧，由闻思而修，指通过修习获得"现观"能力，通过自身身心水平的改变与冲破，切实验证佛理甚至于进一步发展佛家的心理学思想。这其中，突破日常心理，实现心理转变后所获得的对内在心理活动的亲证能力是此阶段的最重要的心理功能。由闻而思，由思而修，由修而证，即由粗浅的理性思维进到深度的伺察直觉，由意识表层深入心识深层，这完全符合心理活动运行的基本规律，绝非玄秘莫测的主观臆想。

观"慧"不仅能观察一般认识活动中的心理现象，还能使许多深层心理活动呈现到禅观意识层面，这种显现不同于精神分析所追求的个人潜意识的浮现，毕竟无论"潜意识"还是"自性原型"都还在"我执"（即自我中心）的陷阱中徘徊不定，而定中显现的是更为深入和纯粹、一切心理活动终极源泉的本体阿赖耶识。

总之，佛教禅定丢掉二元对立，对"心"本质的直觉体验，是两千年无数修行者反复实践验证的宝贵财富。当代西方心理学对佛教禅定的转借及实践，已经引发学界主流的不断认同与关注。作为佛教第二故乡的中国，具有佛学经典诠释与禅修践行的资源优势，更应自觉挖掘探索佛教禅定的心理学方法论体系，使之真正成为中国本土心理学研究方法的典范及特色。

三、中国传统文化心理学与自我成长

"我在自己的学术历程和生命历程中，所要追求的就是一种贯通。这就是贯通自己自然的生命与学术的生命，贯通自己日常的生活和职业的生涯。我现在更多体验到的是通畅。尽管学术的道路非常艰辛，非常曲折，非常孤独,也非常平淡,但是我从来就没有后悔过自己的选择。我现在更充分地体验到的是非常快乐,非常开阔,非常充实,也非常敏锐。我从来都庆幸自己走在了学术的道路上。当然,学术可以被借来去追求各种不同的目标和获取各种不同的利益。但是对于我来说,学术探索只是人生旅程中的一种快乐,是生命体验中的一种沉浸!我在自己年轻的时候,也有许多功利的目标,现在则完全沉浸在快乐的体验中。我还有许多学术的目标,还会坚持不懈地追求。我相信快乐会从自己的内心不断涌现出来,快乐会一直伴随着我的追求历程。人生天地间,心中有快乐!"这段话是出自笔者非常钦佩的一位师长某本著作中的后记。写下这段文字的人其实与我并非知交,对他的了解更多是通过他的文字,正因为长时间来一直关注这位师长,读到这段话时才越发真切体会到他内心的真实诚挚,也对自己成为同道中人多了一份信心。

笔者从事中国传统文化心理学研究是从读研阶段起步的,如今已有十八年,这十八年是学术生涯中最有活力的时光,也是自我成长体验最深刻的时光。从未谙世事的青年学子到为人师表的教师,确实有些心得可与大学生做点交流。

首先是关于"专业选择与职业信仰"的话题。

《开讲啦》是中国首档电视公开课节目,被认为是一档"有思考、有疑问、有价值观、有锋芒的思想碰撞"青年公益节目,邀请"中国青年心中的榜样"作为演讲嘉宾,如实业家王石,学者葛剑雄,体育冠军邓亚萍,当红小生陈坤,老艺术家秦怡,等等。主题都是有关自己的人生经历,包括职业生涯中获得的种种体验、心得。节目中有青年学生提问的环节,提出的问题大多是关于青年人应该如何设计、选择人生道路。嘉宾给出的答案中很重要的一个观点是青年人就应该努力为梦想去勇敢追寻。

年轻意味着可以有梦想,有时甚至可以完全不做价值考量,而梦想与空想的区别在于是否能坚忍不拔、脚踏实地地为之付出,就像马云所言:"任何梦想必须伴随眼泪和汗水。"笔者的理解是无论梦想是什么,最重要的是做好眼下必须做、可以做的事情,这是未来进一步选择的基础与前提。所以有时年轻时的单纯、懵懂也可以成为一种勇往直前的力量,让人们有意想不到的收获。比如,大学学习的专业可能不尽如人意,有人因此沉沦颓废,但也有不少人正是通过几年专业的学习对自我有了重新认识,对未来有了全新定位,而且在这一领域终有建树。这种转变不尝试或许永远不可能实现。

一个人要想从所从事的职业中获得持续的快乐幸福,除了在专业领域有所建树外,更重要的是要把它变成自己真正感兴趣的事,甚而于确立一种职业信仰。我们许多人的职业生涯都经历过外在利益的驱动,如导师的认可、学界的认可、组织的认可,如果长此以往很可能会导致职业倦怠,所以应对职业倦怠的有效策略是将职业发展的外在驱动转为内在驱动。职业选择最终目标是自利、利他:坚信自己所做的是于人于己有些价值的,且这种价值不会轻易随着时间而发生变化,有可持续性。比如心理学学习可以自利——提升自我,更可利他——唯一技之长奉献社会,利益众生;比如从事教育事业,做一名教师,更是自利、利他,真正是一种大福报,值得珍惜。

再就是"专业技能与德行修养"。中国传统文化心理学的学习尤其会强化这个观念,即它不仅为学习者提供了对于探求个体心灵世界本质与规律的实践技术、理论法则,更关注研习者自身的道德修养与人格境界的提升。梁漱溟指出,中国文化属于修持涵养类,具体表现为"其学不属于自然科学,不属于社会科学,亦非西洋古代所云爱智的哲学,亦非文艺之类,而同是生命上自己向内用功进修提高的一种学问"。"此特指反躬者在自己身心生活上日进于自觉而自主,整个生命有所变化提高的那种学术,其中有知识、有思想,即主要得之向内的体认,还以指导乎身心生活。"[1]

末了,将一位师长的教诲转赠给各位读者:"顺境不放逸是为君子,逆境长精神更显人格。"愿从此受益。

推荐书目:

1. 葛鲁嘉.心理成长论本:超越心理发展的新心性心理学主张.北京:人民出版社,2012.
2. 汪凤炎.中国文化心理学.广州:暨南大学出版社,2008.
3. 陈兵.佛陀的智慧.上海:上海古籍出版社,2006.
4. 宗萨蒋扬钦哲仁波切.人间是剧场.北京:新星出版社,2010.

---

[1] 梁漱溟.东方学术概观:第七卷.济南:山东教育出版社,1992:153,365.

第十五讲　工业心理学概观

段锦云

工业心理学(Industrial Psychology)是应用于工业领域的心理学分支,主要研究工作中人的行为规律及其心理学基础。其主要内容包括管理心理学、工程心理学、广告与消费心理学、劳动人事心理学等。这一领域强调两个研究目的:一是增长关于人在工作的行为原因和行为方式的理解;二是应用有关人类心理与行为的知识来更好地满足雇员和雇主的需要。工业心理学最早由心理学的两个研究领域综合而成:一是个体差异的研究,对人类能力素有研究的心理学家把他们掌握的知识运用到工作中,并致力于使工作要求与人的技能和能力相匹配;二是社会心理学的研究,如勒温的场理论等,强调人们工作场所中的各种人际关系情景中的态度和行为。

一个企业要发展,必须具备人、财、物三方面的条件。人尽其才,物尽其用,货畅其流,三者充分发挥作用,才能使企业发展起来。而在这三者中,人是最重要、最活跃的因素,财与物都靠人去运转。要充分发挥人在生产中的作用,就需要处理好与人有关的三类关系。即人与人的个体关系、人与财的关系、人与物的关系。工业心理学就是以企业中的人—机关系(man-machine interrelation)、人际关系(interpersonal relation)和人—工作环境关系(man-work environment interrelation)作为研究对象的学科。

一、工业心理学的产生及发展现状

1879年冯特创建的心理学实验室可以看作工业心理学的策源地。大约同一时期,以电力技术和内燃机技术为标志的第二次技术革命把资本主义社会化大生产推上历史舞台,"科学管理运动"应运而生。该运动的代表人物泰罗(F. W. Taylor)和吉尔布雷斯夫妇(F. W. Gilbreth & L. M. Gilbreth)提出,科学管理不但需要对工厂作业进行实践检测和动作研究,还需要管理者、技师与工人都投入理念革命。美国实验心理学家雨果·闵斯特伯格(H. Munsterberg)于1912年出版了《心理学与工业效率》一书,标志着工业心理学的诞生。

该书系统介绍了工业生产部门中的心理研究成果,并概括为三个方面的应用:① 尽可能好的人(人员选择);② 尽可能好的工作(时间和动作研究);③ 尽可能好的效果(广告和营销)。闵斯特伯格是工业心理学的主要创始人,并被誉为"工业心理学之父"。

第一次世界大战期间,飞机和潜艇的出现以及军队装备的机械化,促进了工业心理学的发展。战后美国总结了大战期间的工作经验,并在军工、民用工业中广泛加以推广,人的因素成了一个重要的研究领域。在管理方面由于霍桑实验等的推动,发展为更广泛的行为科学研究。英国为解决工人因加班加点赶制战争物品而出现疲劳的问题,成立了疲劳研究部。1922 年该部改属国家医学委员会,沿至今日。剑桥大学教授 C.S. 迈尔斯在伦敦成立了工业心理研究所,为企业及各种咨询工作服务。美国参战,动员了 200 万人,为甄别兵种进行了大规模的智力等各类测验。此后人事心理学就成为最广泛的研究课题。许多国家都利用工业心理学为战争服务。第一次世界大战后,德国有上百家工厂企业成立了工业心理学研究机构。政府部门、电报电话局等也纷纷成立了专门的研究单位。

苏联于 1920 年在莫斯科成立中央劳动研究所。其特点是课题集中在工厂通用的工具上,不仅研究工具的性能,也研究工具使用者的生理和心理条件。1927 年以后,散布在苏联各地的分所多达 60 个,研究课题也推广到各个方面,后来的合理化建议形成了斯达哈诺夫的群众运动。20 世纪 30 年代,苏联对心理技术学进行了批判,使工业心理学研究中断。20 世纪 50 年代后期又逐渐恢复了对劳动心理学、工程心理学等的研究。

西欧和东欧其他一些国家也都先后开辟了许多有关应用心理学的领域。同时,日本在私人企业和政府机构中也开展了工业心理学的研究,如 1921 年成立了私人的工业效率研究所,东京帝国大学附属的应用心理研究室也为海、陆军的人员选拔和其他应用课题做了工作。

第二次世界大战中,武器的技术含量进一步提高,但新式兵器的使用者还会因无法适应而造成事故,由此,工业心理学又发生了一次大的转折,即转向帮助设计师研制适合使用者身心特点的设备,工程心理学应运而生。

信息革命和高科技发展使人从生产系统中的操纵者变为监控者,电子计算机的普遍应用、人机对话、数字化和网络化的发展使工业心理学又产生了新理论的创新。

中国在工业心理学方面的研究开展较晚。我国管理心理学的发展是从引进早期心理学著作开始的。1921 年成立中华心理学会,张耀翔等人任《心理》杂志主编。1935 年,我国著名心理学家陈立撰写和出版了《工业心理学概观》一书,这是中国人自著的第一本工业心理学专著,第一次从环境、疲劳、休息、工作方法、事故与效率,以及工业组织、激励与动机等重要方面,系统论述了中国工业心理学和管理心理学的基本问题。他指出,工业心理学的贡献是用计划来管理整个工业,组织是个体的集合并使之更有效地达到某种共同目的。《工业心理学概观》成为我国管理心理学理论发展的重要里程碑,对20世纪30年代至40年代乃至以后的管理心理学发展和演变产生了重要的影响。1935年中央研究院和清华大学心理学系着手从事工业心理学的研究和教学工作。陈立、周先庚等曾在机车厂进行劳动环境、库存管理以及疲劳的实验研究。对纺织业的室温、照明和择工测验等实际问题也进行了研究。这些工作因日本侵华战争而中断。中华人民共和国成立后,工业心理学研究有了较快的发展。

20世纪50年代,我国工业心理学日益注重劳动心理学方面的研究,主要开展了技术培训与工作环境、电站设计、劳动竞赛和先进班组等研究,陈立等进行了纺织工训练等研究,李家治、徐联仓等开展了事故防止、操作合理化、群众发明创造等研究。1957年,中国科学院心理研究所成立了劳动心理研究组。

20世纪60年代,随着工业的振兴和生产水平的提高,人和机器之间的协调问题引起了各方面的注意。曹日昌、荆其诚等进行了电站中央控制室设计的心理学研究;曹传咏、朱祖祥等进行了航空工程心理学研究;李家治、徐联仓等进行了信号的信息分析等工作。

到了20世纪70年代,上述各项工作有了新的进展。在中国科学院心理研究所、杭州大学(现浙江大学)等单位建立了设备较先进的工业心理学实验室,开展了机舱照明及与颜色视觉有关的工程心理学研究,并结合标准化工作建立了多项人类工效学标准。

20世纪80年代,管理心理学得到了突飞猛进的发展。徐联仓、卢盛忠等结合工业企业管理开展了领导行为评价、工作激励等方面的工作;朱祖祥、王重鸣等进行了有关屏幕显示与人机界面有关的工程心理学研究;上海交通大学、华东师范大学等单位也开展了与工业心理学有关的研究。这一时期,成立了中国行为科学学会和中国工效学学会,中国心理学会成立了工业心理学专业委员会。

目前国内的工业与组织管理心理学研究队伍主要包括浙江大学以王重鸣、郑全全等为带头人的团队,中科院心理所以王二平、李纾等为带头人的团队,北京大学王垒和谢晓非等教授,北京师范大学以车宏生等为带头人的团队,苏州大学以田晓明为带头人的团队,华东师范大学以俞文钊、刘永芳为带头人的团队,暨南大学以凌文辁、李爱梅为带头人的团队,西安交通大学以席酉民等为带头人的团队,华中科技大学以龙立荣为带头人的团队,中国人民大学以时勘和孙健敏为带头人的团队,等等。这些团队不仅引领了目前国内前沿的研究方向,同时也代表了国内该领域研究的最高水平,在国内外享有很高声誉。现当今,工业心理学正以其独特的学科优势顺应工业和市场经济的大潮而蓬勃发展着。

二、工业心理学的分支领域

1. 管理心理学(Managerial Psychology)

管理心理学,又称组织心理学,是工业心理学的一个重要分支。早在20世纪20年代至30年代,工业心理学就比较注重有关员工心理调节和工业效率影响因素的行为研究,不久,研究重心转移到群体社会心理因素和组织背景中的工作行为。到20世纪60年代至80年代,管理心理学在激励、群体领导行为等方面的理论和应用日趋活跃。20世纪90年代以来,管理心理学日益关注组织层面的问题,与组织行为的融合大大加深。管理心理学是运用心理学的原理和方法,研究管理活动中人的心理现象、心理过程及其规律,使个人或组织提高效率和满意度的一门科学。由此可以概括出,管理心理学的研究对象是管理过程中各层次人员的心理活动规律,以及由心理活动诱发出来的行为规律。由于管理活动包括目标、人力、环境、时间和信息五大要素,所以管理心理学也可以从这样的角度分为目标管理、人力管理、环境管理、时间管理和信息管理五个方面。

管理心理学的任务就是为优化企业组织机构、协调企业人际关系、鼓励职工工作积极性提供心理学的理论原则和策略。其研究内容主要包括:职工工作胜任力、态度与满意感,组织中的群体和团体及其对职工行为的影响,组织的领导行为、领导作风及领导者的心理素质要求,组织内的人际关系协调和信息沟通,组织的结构、文化和变革发展,等等。

陈立(1986)曾全面讨论了管理心理学理论思路和方法论的重点转移,即从人性论到开放的系统观,从严格控制到现实观察和行动研究等。

2. 工程心理学(Engineering Psychology)

工程心理学,又称人类工效学,在美国又称为"人类的因素"或"人类因素工程学",在欧洲称为"工效学",是20世纪40年代开始发展起来的一门新的心理学分支学科,是一个以心理学、生理学、解剖学、人体测量学等学科为基础,以人—机—环境系统为对象,研究系统中人的心理特征行为规律以及人与机器和环境的相互作用,研究如何使人—机—环境系统的设计符合人的身体结构和生理心理特点,以实现人、机、环境之间的最佳匹配,使处于不同条件下的人能有效地、安全地、健康和舒适地进行工作与生活的科学。其目的是为人机系统的设计与使用和工作环境的控制提供人—机和人—环境优化匹配的心理学原则。

工程心理学的核心问题主要有以下四类：① 人体生理心理特点和人的工作能力限度相适应的问题；② 人机过程和人机界面设计要求的相关问题；③ 工作空间设计要求的相关问题；④ 人的绩效和工作负荷的计算建模研究。一个好的人—机—环境系统除了要处理好人—机关系之外，还要使环境因素控制在人所能承受的限度内，最好把它控制在最有利于提高人的工作效能的最佳点上。

工程心理学目前的主要研究领域主要包括认知操作与工作绩效、情境意识心理负荷与自动化以及人机交互的研究。同时，工程心理学在工业设计、公共安全以及军事领域也有广泛的应用。经历几十年的发展，工程心理学在工业设计、公共安全、国防和人机交互等领域发挥着重要的作用。随着信息时代的进步，工程心理学将融入社会生活的各个方面。

由于计算机自动化的日益发展和深入，对感知觉和肌肉活动的要求日益减少，信息加工的作用越来越受到重视，人工智能的研究已成为工程心理学当今和今后发展的一个重要课题。如何使机器设备设计得适合人使用，使人能够安全、有效和方便、省力地操纵机具，是现代人机系统设计中迫切需要解决的一个重要问题。

3. 消费心理学（Consumer Psychology）

1960年，美国心理学会成立了消费者心理学科分会，标志着消费心理学作为一门独立的学科正式成立。它作为心理学的一个重要分支，是心理学在市场营销领域的具体运用，主要研究消费者在消费活动中的心理现象和行为规律。由此可知，消费心理学的研究对象是消费者消费过程中的一般心理特征，以及消费者在购买商品过程中的一般心理活动及其发展规律。

消费者在产品生产和营销过程中都占有重要的影响作用。要生产适销对路的产品，就必须经常对市场情况和消费者的需求进行调查、分析，为新产品开发或调整工艺提供依据，并通过各种形式把产品介绍给顾客和用户。广告就是产品推广的惯用形式。为了提高广告的作用，就需要对顾客的购买行为、广告的设计、产品推销宣传及传播心理学进行研究，因而广告心理学也就成了消费心理学中的重要组成分。

消费心理学的主要研究内容包括影响消费者心理和行为的内部因素和外部因素。其中内部因素包括：消费者的心理活动过程、消费者的个性心理特征、消费者的需要和动机、消费者的生理因素。外部因素包括：社会环境因素、市场因素、商品因素、自然因素等。

4. 人事心理学(Personnel Psychology)

人事心理学是运用心理学的原理和方法,处理人事管理问题的工业心理学分支,其目的在于充分利用人力资源,促进组织目标的实现,维持组织的生存和发展。人事心理学这一名称是德国心理学家斯特恩 1903 年提出的。最早从事这方面研究并做出重要贡献的,一位是在美国哈佛大学任教的心理学教授闵斯特伯格,他首先把心理测验的方法运用于职业选拔和培训,并于 1913 年出版了《心理学与工业效率》一书;另一位是卡耐基理工学院的心理学教授斯科特,他最早从事人事选拔心理学研究,并于 1919 年创立了专门从事工业心理咨询的斯科特公司。

人事心理学研究心理的个别差异,通过测验进行人才选拔和训练,进行职务分析,了解各项职业的人事要求,重视合作和改善人际关系的培训,加强思想政治教育,有效地提高人生的理想,等等。企业人事心理学的研究内容主要是:对企业中的各种工作岗位进行工作分析,通过工作分析,了解各种岗位的工作内容、特点及其对职务执行者身心素质的要求;以差异心理学的理论为指导,对愿意从事不同工作岗位的求职者进行甄别选拔,把那些在身心素质上能力与职务要求相一致的求职者进行择优录取;对职工进行职业培训和职业再教育,使他们具有从事岗位工作的知识技能;对职工的工作业绩进行考核、评价,为企业进行职工升迁、工资福利调整等人事问题的决策提供依据。其主要任务是:企业人力资源管理的筛选,使用与管理好企业中人与事的关系,使之做到事为其人,人适其事。在研究思路上日益重视组织水平的研究,采取所谓"中观"思路,试图把宏观与微观途径结合在一起。在研究中尤其强调分析和考察组织情景中的各种认识过程及其特点。其结果具有较高的"生态效度",更能够应用到解决现实生活中的问题。在研究领域方面管理决策与领导行为正成为热点,工作绩效评估与管理技能培训研究也十分活跃,并且越来越重视高技术条件组织的适应与改革。在理论方面,更多地运用认知的观点,社会认知的理论、归因理论、行为控制理论得到进一步发展,目标理论、认知资源理论和各种决策理论日趋完善。管理与人事心理学研究水平的迅速提高,表明其学科体系的发展与成熟。并从原先注重个体测验与人员选拔,转向强调人力资源的综合利用、工作绩效的总体评价以及人事管理系统的设计。

人事心理学在管理培训研究、工作绩效研究、领导研究、决策研究以及组织文化研究等方面都已经取得不错的成果。针对管理科学从个体研究向社会组织研究扩展的新特点,以及工效学突破生物科学圈子向整个社会网络伸延的必然趋势,陈立提出宏观工效学这一发展方向,这也是管理与人事心理学发展的趋势。

三、工业心理学的研究发展趋势

1. 组织管理的改进

激励、绩效、人员测评、领导、决策和跨文化研究等方面一直都是管理心理学研究的焦点。现代管理者应该善于为组织确定目标,协调与改善组织内外部的关系,并注重采用组织开发的技术,使组织具备自我完善的能力。目前,这些工作难以由组织本身来进行,社会化的咨询机构将越来越多地参与到改进组织管理的工作中。也就是说,组织系统将逐渐从封闭走向开放,这将成为工业心理学发展的一个重要趋向。

2. 操作领域和工作环境的研究

随着科学技术水平的提高,对操作的研究也在发生变化。而今,有关人如何适应新的生产方式的研究将越来越受到重视。比如,从机械工业过渡到自动化生产后,人的直接操作工作减少,监控职责增加,大大减少了人力的使用。今后这方面的问题将成为综合性的研究课题。主要包括新型仪表(如智能化)的设计、人员的特殊训练和选拔以及工作制度安排等方面。工作环境是否适合于保证人的舒适、安全和健康,并保证生产的高效率,也是工业心理学的中心问题之一。因为随着生活水平的普遍提高,人们不仅要求工作环境能适合生理上的需要,而且日益重视工作者心理上的需要。例如,重视工作内容的丰富化和扩大化,减少简单、重复的劳动,提高工作本身对人的意义,增加工作者的满意度等。

3. 人—机—环境系统

工程心理学在这方面做出了不少贡献,把认知心理学的成果及客观分析人的心理过程的方法应用于解决自动化控制系统和大型国防工程也具有十分重要的意义。当前的趋势是把人—机系统扩大为人—机—环境—社会这样的更全面的系统。随着电子计算机的普及应用,人与计算机的交互作用将是今后工业心理学研究的重点。

4. 人力资源开发

生产过程的自动化和智能化将改变人在生产中发挥作用的方式,但并不能排除人对生产的参与。而且随着生产技术工艺的改进,人的作用将变得更为突出,对人的素质要求也将更高。工业心理学今后在提高人的激励水平,改善培训方法,对人进行科学的评价和选拔任用,以及职业的设计和人事安排等方面,都将发挥更大的作用。工业心理学也将为科学地制定有关人事管理的制度提供依据。

5. 消费与需求的研究

不断提高的个人和社会消费需要是生产发展的内在要素。研究消费者的购买意愿和需求对于发展生产有重要意义。今后,第三产业的作用将更加突出,服务行业将成为工业心理学的研究对象。工业心理学将在满足人的兴趣爱好方面发挥更大作用。劳动将成为一种态度和艺术,它不仅有使用价值,而且可以满足美的需要。人的全面发展的理想最后会逐步得到实现,工业心理学对此必将做出贡献。

四、就业前景

工业心理学的研究领域十分广泛,作为最具应用性的心理学分支,它的就业机会分布在不同的行业。工作环境是否适合保证人的舒适、安全和健康,并保证生产的高效率,是工业心理学的中心问题之一,也越来越受到人们的关注。目前,我国企业的管理已经从科学管理范式向人本管理、文化管理、创新创业等范式转变,一般大中型企业都需要这类专业人才,政府机关事业单位也在不断引进这类人才。

1. 进企业

对于有心理学背景的大学生,企业的需求是很大的。一方面可以从事销售人员的培训、客户消费心理分析、产品设计的人性化心理分析,另一方面可以从事与人力资源有关的人才测评、职业评估、员工心理素质培训以及对承受心理高压群体的释压训练等。最近几年,在一些高压力的行业(如新闻、广播电视、保险、销售、银行等),越来越多的企业开始关注对员工进行心理援助和心理辅导(即企业 EAP 项目)。这也为心理学专业的大学生提供了更多的就业机会和岗位。

市场营销和广告经营是当今炙手可热的行业。了解不同人群的心理需求,面对不同的人群投放不同的广告,实施不同的营销方案,能产生出其不意的效果。此类人才是市场最紧缺的人才类型之一。如,在房地产开发企业从事房地产项目设计和规划中的目标客户的消费心理分析,以及对销售人员进行心理方面的培训;在广告行业中从事客户心理分析工作,不断完善和优化与客户的关系;在互联网/电子商务行业中从事网络编辑、分析广告客户对网站的需求心理以及分析网民在网站点击的习惯、浏览网页的心理;等等。

2. 行政事业单位及公务员

有心理学背景的大学生目前能够进入的主要行政事业单位有公检法系统和教育政府管理部门。一些特殊的行业对心理学毕业生的需求也较大,如司法厅局以及劳教所、监狱等,还有各级教育行政和研究部门每年都有一定数量进入指标。对于"铁饭碗"的教师和政府公务员,相对来说就业的竞争也比较激烈。拥有工业心理学背景的学生还可以进各类政府机关和事业单位从事人力资源管理或干部组织管理的工作。

3. 入伍进部队

近些年,基层连队、武警部队从地方大学招收具有心理学背景的大学生专门从事思想政治工作和军人心理辅导工作等,这是大学生就业的一个新途径。对于工业心理学专业的大学生来说,进部队从事战士心理辅导或做思想政治工作比较容易出成绩,而且待遇也较高。武警系列中,消防部队、边检、缉毒等对工业心理学专业的大学生都有一定的需求。

4. 进社会专业服务机构

工业心理学专业的人可进入社会专业服务机构从事职业规划、就业指导、家庭及婚姻指导、心理辅导(医院、社区)等专门咨询服务工作等。这些专业的服务机构多数以私营公司或机构为主,对接受过专业咨询技术培训的心理学专业的大学生来说,从事这些专业的咨询服务具有较大的就业竞争力。在中型以上的城市,这些机构能够提供很多的就业机会和职位。

5. 自主创业

开办管理咨询公司、人才测评公司、心理咨询服务公司、开办心理教育培训中心都是自主创业的主打项目。上海、北京、珠江三角洲等发达地区相对于其他地区,观念比较新,创业环境更好一些,市场需求更大一些。所以,以私营为主的心理服务很有发展前景。相对于发达地区,其他地区自主创业目前比较集中的领域是心理教育培训。发达地区的心理服务的薪资还是很可观的,但对专业的要求也很高。心理培训,基本上以心理咨询师、公共营养师、育婴师、家庭教育指导师为主,属于大众化创业项目,投入少,回报快,但前期投入高、利润低,市场需要一定的培育期。

6. 学校教师

大中专院校心理专业教师、心理健康教育与辅导教师、大学生辅导员、中小学心理健康教育教师、学生心理辅导员、教育机构科研工作者等都是心理学专业的目标职业。

总之,工业心理学专业学生的就业途径和就业前景一直是很乐观的,具体选择什么样的职业还需根据个人的具体情况而定。

参考文献:

1. 陈立. 工业心理学概观. 北京:商务印书馆, 1935.
2. 朱祖祥. 工业心理学. 杭州:浙江教育出版社, 2003.
3. 王重鸣. 管理心理学. 杭州:浙江教育出版社, 1998.

4. 俞文钊.管理心理学(第3版).上海:东方出版中心,2002.

5. 徐联仓,凌文辁.组织管理心理学.北京:科学出版社,1991.

6. D.赫尔雷格尔,J.W.伍德曼.组织行为学.上海:华东师范大学出版社,1999.

7. 方俐洛,凌文辁.工业劳动心理学.开封:河南大学出版社,1998.

8. 朱祖祥,葛列众,张智君.工程心理学.北京:人民教育出版社,2000.

9. 马谋超,陆跃祥.广告与消费心理学.北京:人民教育出版社,2000.

10. 奚恺元.别做正常的傻瓜.北京:机械工业出版社,2006.

11. 赫伯特·西蒙.管理行为.詹正茂,译.机械工业出版社,2013.

12. 彼得斯,沃特曼.追求卓越.胡玮珊,译.北京:中信出版社,2012.

13. 柯林斯.从优秀到卓越.俞利军,译.北京:中信出版社,2009.

14. 詹姆斯·C.柯林斯,杰里·波拉斯.基业长青.真如,译.北京:中信出版社,2009.

15. 彼得·圣吉.第五项修炼:学习型组织的艺术和实践.张成林,译.北京:中信出版社,2009.

16. 罗宾斯等.组织行为学.孙健敏等,译.北京:中国人民大学出版社,2012.

第十六讲　用美的礼仪包装人格

张　明

由于礼制的推行,中国古代以礼为核心的独特社会文明得以推行。中国以礼仪之邦著称于世,礼成为中国文化的标志。礼仪是为人处世必须遵守的最基本、最起码的行为规范,礼仪对个体良好人格的形成具有积极的影响。对于个人来说,礼仪是外部形象和内在素质的集中体现,礼仪既是尊重别人也是尊重自己的表现。礼仪文化在个体人格塑造中发挥着重要的作用,礼仪文化与人格塑造具有内在联系。

礼仪文化是与人类文明一起诞生的,礼仪作为中华民族的基础也有着悠久的历史。从传说中的黄帝时代起历经尧舜时代及夏商王朝,礼仪经历了萌芽、产生、继承与发展几个阶段,直到周代,礼制逐步系统化,并趋于完备,成为后世的典范。"礼"是内核,"仪"是形式,二者互为表里。

在5000多年的历史演变过程中,我国不仅有宏大的内在的"礼"的思想,还有宏大的"仪"的规范,形成了完整的伦理道德、生活行为规范,构成了一种文化,即礼仪文化。在《周礼》《仪礼》《礼记》等传承礼仪文化的典籍中,容纳了上至国家下至庶民百姓的相关内容。

礼仪是客观环境下约定俗成的行为准则,虽然不具有法律意义,但是就如同生活中的道德行为准则一样,需要人们去遵守,以获得他人的认可和亲近。礼仪的存在使得人们在交往中对自己的言行有了约束。因此,其普遍适用性和重要性就显得尤为重要。

以下简述生活中常用的几种礼仪。

一、邮件礼仪

E-mail,或称电子邮件,是21世纪最方便的工具,同时也是最容易给对方带来不好印象的工具。电子邮件礼仪的一个重要方面就是节省他人时间,只把有价值的信息提供给需要的人。从写E-mail就能看出其人为人处世的态度。你作为发信人写每封E-mail的时候,要想到收信人会怎样看这封E-mail,

时刻站在对方立场考虑,将心比心。

(一) 主题

主题是接收者了解邮件的第一信息,因此要提纲挈领,使用有意义的主题,这样可以让收件人迅速了解邮件内容并判断其重要性。

1. 避免主题空白,不填主题被认为是不礼貌的行为
2. 主题要简短,不宜过长,能正确表达内容即可
3. 主题要能真实反映邮件的内容和重要性,切忌使用含义不清的主题
4. 一封邮件只针对一个主题

不在一封信内谈及多件事情,否则不便于日后整理。如果一次要和对方讨论的事情是不同的主题,建议分开不同的电子邮件传送。

5. 可适当使用大写字母或特殊字符(如"＊！"等)来突出主题

使用大写字母或特殊字符可以引起收件人的注意,但应适度,特别是不要随便用"紧急"之类的字眼。

6. 回复对方邮件时,要根据回复内容需要重新添加、更换邮件主题[1]
7. 主题切勿出现错别字,这体现自己的态度,也是对他人的尊重
8. 不要把邮件正文内容写在主题中,除非只有简单的一句话

(二) 称呼语与问候

电子邮件既然是人与人之间沟通的一种方式,那就不可能只叙述正题,基本的礼仪还是需要的,一个友好的邮件开头、诚恳的结尾,甚至是必要的客套都能给对方留下好的印象。

1. 恰当地称呼收件者,把握尺度

邮件的开头要称呼收件人。这既显得礼貌,也明确提醒某收件人,此邮件是面向他的,要求其给出必要的回应。在多个收件人的情况下可以称呼大家。如果对方有职务,应按职务尊称对方。如果不清楚职务,则应按通常的"×先生""×小姐"称呼,但要把性别先搞清楚。

2. 开头结尾最好要有问候语

对于非正式邮件,开头可以写"你好"或者简单的称呼,结尾可以写"祝你顺利"或者什么都不写,直接注上自己的名字。对于正式邮件,开头要用"尊敬的"或者是"先生/女士,您好",结尾要有祝福语,并使用"此致/敬礼"这样的格式。尽量不要用花花绿绿的各种图案做结尾,这显得不严肃。

---

[1] 夏花.发 E-mail 也要懂"礼貌".理财,2010(12):77.

3. 对于请求类的邮件要向对方致谢

根据请求事项的内容以及自己与对方的关系,以适当的方式向对方致谢。尤其是在表示请求的邮件中,绝不可以在单方面地表达了自己的愿望之后立即结束全文,这样显得很唐突也很不礼貌。一定不要忘记写上一句表示感谢的话。[1]

(三) 正文

1. 正文要简明扼要,行文通顺

电子邮件的最大特点就是快捷,所以要讲求简洁性和时效性,不必像正式的信函那样过分讲究遣词造句和修饰润色,也不必长篇大论,简单明了地说明问题即可。如果具体内容确实很多,正文应只作摘要介绍,然后单独写个文件作为附件进行详细描述。正文行文应通顺,多用简单词汇和短句,准确清晰的表达,不要出现让人晦涩难懂的语句。最好不要让收件人拉滚动条才能看完你的邮件。还要尽量别写生僻字、异体字。另外,引用数据、资料时,则最好标明出处,以便收件人核对。[2]

2. 注意论述的语气

根据收件人与自己的熟络程度、等级关系选择恰当的语气进行论述,以免引起对方不适。要尊重对方,要经常出现"请""谢谢"之类的语句。特别注意不要使用感叹号。除了"您好""谢谢"之外,都不要使用感叹号。在电子邮件沟通中,使用感叹号就表示拍桌子、大声吼叫、挥舞拳头等,很不礼貌。

3. 多用序号说明内容,以便清晰明确。如果事件复杂,最好列几个段落进行说明,但每个段落都要简短[3]

4. 一次邮件将信息交代完整

最好在一次邮件中把相关信息全部说清楚,说准确。不要过两分钟之后再发一封"补充"或者"更正"之类的邮件,这会让人很反感。

5. 尽可能避免语言错误

如果是英文邮件,最好把拼写检查功能打开,避免拼写错误。如果是中文邮件,注意拼音输入法产生的同音别字,避免错别字。另外,标点符号的使用要恰当。[4]正确的标点符号给人的感觉是"你很专业"。还要特别注意不要把人名写错。写错人名给人的感觉是极不尊重对方。

---

[1] 范勇慧. 电子邮件的规则、礼仪与美学要求. 美与时代(下半月),2004(11):52—53.
[2] 段成静. E-mail 礼仪. 康定民族师范高等专科学校学报,2005,14(3):30—31.
[3] 雷淑芬. 职场英语 E-mail 礼仪规范浅析. 新校园(学习),2003(2):6.
[4] 杨芳. 商务函电中电子邮件应遵循的礼仪. 文教资料,2006(26):190—191.

6. 合理使用提示信息

合理的提示是必要的，但过多的提示则会让人抓不住重点，影响阅读。不要动不动就用大写字母、粗体、斜体、颜色字体、加大字号等手段对一些信息进行提示。

7. 合理利用图片、表格等形式来辅助阐述

对于单纯以文字形式很难描述清楚的内容，可以配合图表加以阐述。

8. 在完成电子邮件前，不要填写"收件人"这栏

没有具体的收件人的名字，可以避免不小心点击"发送"，而将一封尚不完整或没有校对好的电子邮件发出去。[1]

9. 慎选先进的电子邮件软件

现在市场上所提供的先进的电子邮件软件可有多种字体备用，甚至还有各种信纸可供使用，这固然可以强化电子邮件的个人特色，但由于邮件修饰过多，难免会使其容量增大，收发时间增长，往往会给人以华而不实之感。另外，电子邮件的收件人所拥有的软件不一定能够支持上述功能，反而背离了发件人的初衷。[2]

10. 选择便于阅读的字号和字体

经研究证明最适合在线阅读的字号和字体是：中文用宋体或新宋体，英文用"Verdana"或"Arial"字型，字号用五号或10号字。不要用稀奇古怪的字体或斜体。最好不用背景信纸，字体也要一致，不要使用不同的颜色，除非想用不同的颜色强调某些东西。

11. 邮件的日期与时间要明确

在正文中提到的日期与时间，一定要说明具体日期，时间也要明确是上午还是下午，以免双方认知不同而产生误会。

（四）附件

如果邮件带有附件，请在正文里面提示收件人查看附件。附件文件应按有意义的名字命名，最好能够概括附件的内容，方便收件人下载后管理。正文中应对附件内容做简要说明，特别是带有多个附件时。而且，在邮件的正文中要强调附件中的重点，以节省收件人时间。如果附件是图片文件，不要使用bmp格式，要转换成jpg或pdf格式，以减小空间；长或宽的分辨率调整到1200像素以下；如果原图是横向或倒向，请先进行图像旋转后再加上附件。要注意附件数目不宜超过4个，数目较多时应打包压缩成一个文件。如果有

---

[1] 译言.电子邮件礼仪——写给现代社会繁忙的职场人[J].公关世界(上半月),2011(7):37.
[2] 炜文.电子邮件礼仪.刊授党校,2009(4):52.

特殊格式文件,应注明打开方式,以免影响使用。附件过大(超过 2MB)时,应分割成几个小文件分别发送。发送邮件前应打开附件进行检查,确保所加附件是正确的文件和版本。

(五) 结尾签名

邮件在结尾都应签名,以方便对方在最短的时间内了解来信者的信息。

1. 签名档信息不宜过多

签名档可包括姓名、单位、职务、电话、地址等信息,但信息不宜行数过多,一般不超过 4 行。发信者只需将一些必要信息放在上面,对方如果需要更详细的信息,自然会通过以上方式进行联系。

2. 不要只用一个签名档

可以设置多个签名档,根据收件人群体的不同,灵活调用。[1]过于正式的签名档会让对方觉得疏远。

3. 注意签名字体规格

签名档的文字应选择与正文文字匹配,简体、繁体或英文,以免出现乱码。字号一般应选择比正文字体小一些。

(六) 回复邮件

1. 及时回复电子邮件

要注意以下四点:① 收到电子邮件后如果感兴趣,应该在 48 小时之内给予回复,这就是在互联网用户中所通行的"48 小时原则"。[2]② 收到邮件时及时进行礼节性的回复,回复"谢谢""我明白"以确认你收到邮件,但要删除不必要的先前的邮件和/或附件。③ 收到他人的重要电子邮件后,应即刻回复对方,因为这是对他人的尊重。④ 如果事情复杂,无法及时确切回复,应该及时地回复"收到,我正在处理,一旦有结果就会及时回复",等等。

2. 进行针对性回复

回复问题的时候,最好把相关的问题抄到回复邮件中,然后附上答案。不要用自动应答键,那样会把收件所有内容都包括到回复邮件中;也不要创建一封新邮件,这样会打断原始邮件和回复邮件之间的关联。不要回复得太简单,那样太生硬了,应该进行必要的阐述,让对方一次性理解,避免再反复交流,浪费资源。

---

〔1〕 雷淑芬.职场英语 E-mail 礼仪规范浅析.新校园(学习),2003(2):6.
〔2〕 范勇慧.电子邮件的规则、礼仪与美学要求.美与时代(下半月),2004(11):52—53.

3. 回复一般不少于10个字

对方发来一大段邮件，如果只回复"是的""对""谢谢""已知道"等字眼，是非常不礼貌的。一定要根据对方的具体内容予以认真回复，以显示对对方的尊重。

4. 主动控制邮件的来往

为避免无谓的回复，浪费资源，可在正文中指定部分收件人给出回复，如"期待您的回复"等。对于不需要回复的邮件可在文末添上"无须回复"等。

5. 不要就同一问题多次回复讨论

如果收发双方就同一问题的交流回复超过3次，说明彼此交流不畅，说不清楚。此时应采用电话沟通等其他方式进行。对于较为复杂的问题，多个收件人频繁回复，发表看法，这将导致邮件过于冗长笨拙而不可阅读。

6. 区分单独回复和回复全体

如果只需要单独一个人知道的事，单独回复给他一个人就行了。如果你对发件人提出的要求做出结论响应，应该回复全体，让大家都知道，不要让对方帮你完成这件事情。如果你对发件人提出的问题不清楚，或有不同的意见，应该与发件人单独沟通，不要当着所有人的面不停地回复。与发件人单独讨论好了再告诉大家。

7. 回复错发的邮件

收到他人错发的邮件，请回复发件人"我是×××，你是否错发邮件"，并附上原邮件。自己错发邮件，则需更新邮件。用原邮件转发，原主题后加"update"或"更新"，表明这是更新的邮件。并在转发的内容中说明原邮件中哪里有错，更新为新的内容。

二、着装礼仪

《服装社会心理学》中认为身体意象是自我概念中最基础的构成要素[1]，身体自我与服装密不可分。在社交活动场合中，最重要的就是人们的着装。服装在社交礼仪中具有重要作用，着装是否得体合理，在一定程度上体现了一个人的文化修养和社会地位。在社交场合中，得体合理的着装，不仅可以展现个人魅力和气质，不失风度地轻松应对各种社交活动，给人留下良好印象，也体现了对礼仪的注重。

---

[1] 苏珊·凯瑟.服装社会心理学(上册).李宏伟,译.北京:中国纺织出版社,2003:112.

（一）着装款式

在社交场合中,男性礼仪服装款式单一,着装选择较为简单,通常为西装。西装有着深厚的文化底蕴,主流西装文化被人们贴上了有文化、有教养、有风度等标签。女装款式千变万化,仅一条长裙就能穿出百变花样,并显示出不同的风采。在大型社交场合中,女性礼仪性服装通常为礼服,这也是非常正确的选择,一般不会出现失仪情况。[1]女性参加社交场合时,可根据社交性质和自身特点,选择适宜的款式。一般情况下,女性应选择保守、内敛的礼服,尤其是参加隆重、严肃的宴会时,应以旗袍、晚礼装、长裙为着装首选。

（二）着装的选择原则

在社交场合中要根据社交目的、交往对象选择符合时令、身份、所处场合环境的服装。服装与人体之间的和谐是核心的标准,追求理想的平衡。最终的美不在服装,也不在人体,而在于二者之间实现的关系。[2]

1. 根据自身条件选择适宜服装

根据自身条件选择适宜服装,尤其是根据年龄、体形、肤色选择服装。不同年龄段的人,有不同的着装选择。对青少年而言,应选择可体现青春气息的服装,以朴素、整洁、清新、活泼为佳,不宜选择过于新潮、花哨的服装。对年长者而言,尤其是有身份地位的人,应选择与身份、年龄相吻合的服装,即选择款式虽简单但讲究面料质地的服装。此外,形体条件是影响服装款式选择的重要原因,不同形体条件的人有不同的服装款式选择,如脸形方的,适宜选择小圆领或双翻领服装,脸形长、颈细、身材纤细的人适宜选择浅色高领或圆领服装。

2. 根据社交场合、环境选择适宜服装

选择的服装与社交场合、环境相适应,可以让宾主尽欢,促进彼此间的情感交流。因此,在正式的社交场合中,参与人员着装不宜浮华,应庄重大方,体现出对社交礼仪的注重和自身素养。在晚会或喜宴场合上,应着明亮、艳丽的礼服,符合该场合的氛围;若是参加节假日里的聚会,可选择随意、轻便的服装,拘谨的西装革履则不适宜;如果参加家庭聚会,服装选择应以轻松自然为主,有利于营造轻松、愉悦、温馨的聚会氛围。

---

[1] 张洁.新一代华服设计研究——中国国家社交礼仪服饰设计研究.大众文艺,2013(02):73—74.
[2] 徐宏利,关志坤.服装美学教程.北京:中国纺织出版社,2007:81,90—100.

3. 根据自身职业选择适宜服装

根据职业、场合选择服装,是社交着装礼仪中必须遵循的重要原则。例如,参加酒宴时,参与人员的着装应端庄、整洁、稳重,给人留下愉悦、庄重的感觉。

4. 根据交往对象选择适宜服装

在社交礼仪中,服装的选择必须和交往对象相适应,如有外宾、少数民族的社交场合,必须重视并尊重其习俗禁忌,着得体合理的服装,以免影响民族之间的友谊。

综上所述,社交场合中的穿着,不仅是一个人精神面貌、文化素养的反映,也是其是否懂礼仪的重要体现,不得体不合理的穿着,会降低身份,给周围的人留下不良印象。在社交场合,应以体现"和谐美"为选择服装的基本原则,而且选择的服装要和谐呼应,搭配适宜饰品。

(三)大学生的着装礼仪

正如上一部分提及的,"和谐美"是着装选择的基本原则。大学校园是传授知识的殿堂,大学生在追逐时尚前沿的同时也应该注意着装符合自己身份,穿着整洁大方是最基本的要求。大学生应该有正确的审美意识,这是选择合适服装的前提。审美是以一种"和"的思想和心态去看待社会、看待自身,从而达到"和"的境界。

一般来说,大学生穿着以休闲、运动装为宜,但在不同场合、不同时间应灵活对待,合理穿着。休闲、运动装适合大学生的大部分学习生活。除特别规定必须穿特定的服装的场合外,休闲运动装是不会引起争议的。但在一些重要的学术会议、大型的活动、郑重的场合如开学典礼、毕业典礼、面试求职等还是应穿正装。

大学生作为高学历群体,应该有正确的审美意识,在着装上适宜大方自然。在学校里应注意着装礼仪,穿着要符合身份、符合要求;应促进自身的思想观念、行为导向和为人处事等方面发生积极改变,从而进一步提高思想道德素质和就业竞争能力。

三、餐桌礼仪

吃是人类的低级生理需要,随着人类社会的发展,这种低级的生理需要逐步变成了一种社交手段、一种精致的文化现象。餐桌礼仪的兴起是社会的产物,人们在享受的同时,也遵循一定的规矩,自然而然就形成了餐桌礼仪。虽然没有强制性和法制性,但餐桌礼仪是社会进步的产物,它作为一项生活技巧,正渐渐走入我们的生活。

(一) 邀约礼仪

邀约有正式与非正式之分。正式的邀约,既要讲究礼仪,又要设法使被邀约者备忘,故此多采用书面形式。非正式邀约,通常以口头形式来表现。相对而言,非正式的邀约就随意一些。邀请他人进餐有时是为了联络彼此感情,有时是为了谈论公事。站在交际的角度看待邀约,它实际上是一种双向的约定行为。作为邀请者,要诚意邀请。作为被邀请者需要尽早地做出合乎自身利益与意愿的回应。

邀请嘉宾时要做好纪录:邀请了什么人,一共多少人,统计好人数。邀请时也可以告诉对方,这次的饭局是什么形式的,是为了什么聚到一起,都有什么主要的宾客。作为被邀请人,如果答应了别人的邀约,就一定要按时赴约,不要临时变卦。诚信是人与人交往中的基本素质。实在有不能耽误的事情以至于不能去参加,也要视情况及时给予对方回应,以便对方另作安排。

(二) 座次礼仪

在中国,圆形餐桌受到绝大部分人的喜爱,不但可以坐很多人,而且大家很热闹地围在一起,有利于亲切交谈和问候。座次在这个时候就显得尤为重要了。总的来讲,座次是"尚左尊东""面朝大门为尊"。若是圆桌,则正对大门的为主客,主客左右手边的位置则以离主客的距离来看,越靠近主客位置越尊,相同距离则左侧尊于右侧。若为八仙桌,如果有正对大门的座位,则正对大门一侧的右位为主客;如果不正对大门,则面东的一侧右席为首席。如果为大宴,桌与桌间的排列讲究首席居前居中,左边依次2、4、6 席,右边为3、5、7 席,根据主客身份、地位、亲疏分坐。主人应该提前到达,然后在靠门位置等待,并为来宾引座。被邀请者应该听从东道主安排入座。

(三) 点餐礼仪

邀请者在大多数客人到齐之后,将菜单供客人传阅,并请客人来点菜。对于赴宴者来说,点菜时不应太过主动,而是要让主人来点菜。如果对方盛情要求,可以点一个不太贵又不是大家忌口的菜。记得征询一下桌上人的意见。

点菜时还要优先选择以下三类菜品:中餐特色的菜肴、有本地特色的菜肴和本餐馆的特色菜。在安排菜单时,还必须考虑来宾的饮食禁忌,特别是要对主宾的饮食禁忌高度重视。第一,宗教的饮食禁忌,不能疏忽大意。第二,出于健康的原因,对于某些食品,也有所禁忌。第三,不同地区,人们的饮食偏好往往不同。对于这一点,在安排菜单时要兼顾。第四,有些职业,出于某种原因,在餐饮方面往往也有各自不同的特殊禁忌。例如,驾驶员工作期间不得喝酒。要是忽略了这一点,还有可能使对方犯错误。

(四) 进餐礼仪

1. 喝酒

宴席开始时,主人举杯致开场词,大家共同举杯,与相邻较近的人碰杯。碰杯时,如果对方是长辈或者客人,应该把杯子放得较低一点与人碰杯,以显示对对方的尊重;如果对方是平辈或者小辈时,应该适当地与其杯子持平。当餐桌上的客人很多,无法和相对较远的客人碰杯时,一般将杯子放在桌子上轻轻碰以示干杯。

2. 吃菜

中国人一般都很讲究吃,同时也很讲究吃相。客人入席后,不要立即动手取食。而应待主人打招呼,由主人举杯示意开始时,客人才能开始;客人不能抢在主人前面。夹菜要文明,应等菜肴转到自己面前时,再动筷子,不要抢在邻座前面,一次夹菜也不宜过多。要细嚼慢咽,这不仅有利于消化,也是餐桌上的礼仪要求。用餐的动作要文雅,夹菜时不要碰到邻座,不要把盘里的菜拨到桌上,不要把汤泼翻。进餐过程中不要玩弄碗筷,或用筷子指向别人。

(五) 离席礼仪

大家一起吃饭的时候,每一道菜都是在与人分享,因此最好不要在吃到一半的时候离开座位。有时难免会遇到必须接听的电话、不舒服或者要去洗手间等一定要离席的状况发生,这个时候就需要特别注意,在起身时不要碰倒桌上物品,不要动作太大影响别人。最好不要提前离席,若真有要事在身必须离开,一定要向主人说明、致歉。

如上所述,餐桌上的礼仪有许多的讲究,从入座时就有很多的学问。对于大学生来说,适当地掌握一些这方面的知识不仅是日常生活常识的积累,还可以拓宽自己的知识面,对于大学生毕业后的行为处世都有积极的意义。大学生平日在食堂用餐时,要珍惜食物,讲究吃相,文明用餐。在参加聚餐、答谢宴等大型活动时,一定要注意餐桌礼仪。好的行为和修养不是一日便可修得的,需要长时间的知识积累和自我完善。大学生要从自身做起,从小事做起,才能更好地完善自我,提高综合素质。

四、使用手机和接打电话的礼仪

手机和电话具有迅速传递、使用方便、效率高等优势,是一种不可取代的家用和社交用的通信工具。注重使用手机和接打电话的礼仪,对提高通讯效率、改善人际关系都大有益处。下面分两部分加以说明。

(一)使用手机的礼仪

手机的用途越来越广,已经深入我们的生活,成为必备的工具。我们很有必要了解使用手机的一些礼仪。

1. 使用手机时要注意尊重他人

第一,开会时要关机或调成静音。第二,和别人进行面对面会议或谈话时,一般不要接电话。如必须接听时,应先向对方道歉。第三,随身带手机。第四,会客、聚会等社交场合不要沉溺于翻看手机。

2. 使用手机时不要打扰他人

第一,不要在图书馆、博物馆、影剧院、音乐厅、美术馆、电梯以及其他周围封闭的公众场合使用手机。第二,在公共场合接听电话时不要大声通话,不要进行情绪化交谈。第三,来电、短信提示音不要用夸张、怪异的声音。

3. 使用手机时要注意安全

在飞机上、急救室要关机。

(二)接打电话的礼仪

1. 接电话的礼仪

听到电话铃声,不要过早过晚接,铃声响三声内接。电话铃声响一声大约3秒钟,若长时间无人接电话,或让对方久等是很不礼貌的,对方在等待时心里会十分急躁,会留下不好印象。如果是代接电话要告诉对方他找的人不在,然后再问对方是谁。如果有外人在和你谈话,来电话也要接,接电话时要说明身边有谁在,暗示对方不能说深层次问题,然后主动提出让对方选择一个时间以便回电话给他。

2. 打电话的礼仪

打电话前要选好通话的时间和地点,以保证通话顺利进行。通常在晚上10点后、早上7点之前不打电话,就餐时以及节假日不要打电话。并且私人电话最好在家里打,工作电话在单位打。不乱用单位电话谈私事,不在公众场所打电话。除了选择合适的通话地点和时间外,打电话时要保持良好的心情,这样即使对方看不见你,但是从欢快的语调中也会被你感染,给对方留下极佳的印象。由于面部表情会影响声音的变化,所以即使在电话中,也要抱着"对方看着我"的心态去应对。因此,打电话时,即使看不见对方,也要当作对方就在眼前,尽可能注意自己的姿势。通话的时间宜短不宜长。长话短说,废话不说。把最重要的事放在前面。

大学生在给老师或不是很熟悉的朋友打电话时,一定要养成一个良好的习惯,那就是接通电话就自报家门:"××老师,您好!我是××专业××年级×× ……"一定要说清楚自己是谁,有什么事情需要求助,并由老师先挂电话。在学校的图书馆、自习室使用手机时应调成静音模式,不要影响他人。上课、听学术讲座时不要使用手机。

日常生活中诸如发邮件、着装、用餐以及打电话的行为,都可以体现个体的文化修养。当代大学生应该注重自身礼仪修养,知行合一,促进自身的思想观念、行为导向和为人处世等方面发生积极改变,提高思想道德素质和就业竞争能力。俗话说"天下大事必作于细",礼仪需要从细节入手,细节决定成败。荀子也说过:"人无礼则不生,事无礼则不成,国无礼则不宁。"社会在进步,需要更多的人意识到礼仪的重要性,从而懂礼、守礼、以礼相待,做一个文明人,弘扬礼仪之邦的文化传统。

推荐书目:

1. 张岩松. 现代交际礼仪. 北京:清华大学出版社,2008.
2. 金井良子. 礼仪基础. 万友等,译. 北京:中国人民大学出版社,2004.
3. 胡锐. 现代礼仪教程. 杭州:浙江大学出版社,1995.